DER LACHENDE KONTINENT

Bernd Dörries

Der lachende Kontinent

Expeditionen ins unbekannte Afrika

BOOKS

Quelle zum Wirtschaftswachstum: Statistikdatenbank www.statista.com
Die Anzahl der chin. Restaurants ist einer online Touristikwebsite entnommen, es wird kein Anspruch auf Vollständigkeit erhoben.

Sämtliche Angaben in diesem Werk erfolgen trotz sorgfältiger Bearbeitung ohne Gewähr. Eine Haftung der Autoren bzw. Herausgeber und des Verlages ist ausgeschlossen.

2. Auflage 2020
© 2019 TERRA MATER BOOKS bei Benevento Publishing Salzburg – München, eine Marke der Red Bull Media House GmbH, Wals bei Salzburg

Alle Rechte vorbehalten, insbesondere das des öffentlichen Vortrags, der Übertragung durch Rundfunk und Fernsehen sowie der Übersetzung, auch einzelner Teile. Kein Teil des Werkes darf in irgendeiner Form (durch Fotografie, Mikrofilm oder andere Verfahren) ohne schriftliche Genehmigung des Verlages reproduziert oder unter Verwendung elektronischer Systeme verarbeitet, vervielfältigt oder verbreitet werden.
Gesetzt aus der Palatino, Cera Condensed

Medieninhaber, Verleger und Herausgeber:
Red Bull Media House GmbH
Oberst-Lepperdinger-Straße 11–15
5071 Wals bei Salzburg, Österreich

Satz: MEDIA DESIGN: RIZNER.AT
Umschlaggestaltung: Hauptmann & Kompanie Werbeagentur, Zürich
Printed by GGP Media GmbH, Germany
ISBN 978-3-99055-020-5

Inhalt

Einleitung 11

Angola
Es riecht nach Öl. 15

Äquatorialguinea
Wieso lacht hier keiner? Besuch in einem Land,
das verschlossener ist als Nordkorea. 25

Äthiopien
Im Wein liegt die Wahrheit – selbst Bob Geldof
hat es nun verstanden: Investieren ist die bessere
Entwicklungshilfe. Besuch auf seinem Weingut,
das einen guten Rotwein keltert. 33

Benin
Wiedersehen – Boris war mein einziger schwarzer
Freund in Deutschland. Nach dem Kindergarten
ging er zurück. Erst jetzt treffen wir uns wieder. 43

Botswana
Das Musterland Afrikas, in dem es kaum Korruption
gibt und sogar die Krankenversicherung umsonst ist.
Das nun aber auch die Jagd auf Elefanten wieder
erlauben will. 49

Burkina Faso
Burkina was? Die Hauptstadt Ouagadougou ist für
viele das afrikanische Buxtehude, hat aber das größte
Filmfestival des Kontinents. 57

Demokratische Republik Kongo
Das große Missverständnis – eine Bootsfahrt in Joseph
Conrads Herz der Finsternis, das erstaunlich heiter ist. 63

Elfenbeinküste
Mitten im Dschungel steht die größte Kirche der Welt,
die dem Petersdom erstaunlich ähnlich ist. 79

Eritrea
Schöner Wohnen – Asmara ist die angenehmste
Hauptstadt Afrikas. Trotzdem wollen viele weg. 87

Eswatini
Warum Swasiland seinen Namen änderte, ansonsten
aber alles gleich blieb. 101

Gabun
Auf den Spuren Albert Schweitzers. 107

The Gambia
Achtung Kehrmaschine – als ich einmal fast von der
Wagenkolonne des Diktators überrollt wurde. 115

Ghana
Nachspielzeit – Warten auf eine Audienz bei
Sammy Kuffour. 121

Guinea
Puh, die Hauptstadt Conakry macht es den Besuchern
nicht einfach. 127

Kamerun
Die Deutschen sind seit hundert Jahren weg, dennoch
hätten manche gerne die Kolonialzeit zurück. 133

Kenia
Africa Online – die Start-up-Szene in Nairobi bringt
Erfindungen hervor, die nun nach Europa kommen. 141

Lesotho
Einkehrschwung – ein Österreicher baut das größte
Skigebiet Afrikas. 151

Liberia
Das Land hat die schlimmsten Kriege des Kontinents
erlebt – besitzt aber auch die schönsten Surfspots. 155

Malawi
Die Ärmel hoch – warum Eltern in Afrika tagelang
anstehen, um eine Impfung zu bekommen. Und
europäische Impfverweigerer für verrückt halten. 163

Mali
Von Brandenburg nach Bamako – wie Bundeswehrsoldaten über ihre Mission in Afrika denken. 169

Mauritius
Steueroasen gelten im Westen als verwerflich –
auf der Insel fragen sie sich, was sie sonst machen
sollen, um zu überleben. 177

Mosambik
Zur Kasse bitte – in keinem anderen Land Afrikas
wird man so stilvoll übers Ohr gehauen. 183

Namibia
Früher war nicht alles schlecht. Die Deutschnamibier
konservieren ein Deutschland, das es so gar nicht
mehr gibt. 189

Nigeria
Warum nur sind alle in Nigeria so verrückt
nach Scrabble? 195

Republik Kongo
Falsche Adresse – die Republik Kongo leidet darunter,
immer mit dem großen Nachbarn verwechselt
zu werden. 203

Ruanda
Wie daheim. Ruanda ist die Schwäbische Alb Afrikas.
Alles ist sauber, alle sind pünktlich. Nicht mal den Rasen
darf man betreten. Ist das überhaupt noch Afrika? 209

Sambia
Nirgendwo in Afrika gibt es so viele Chinesen,
das gefällt nicht allen. 219

Senegal
Die hohe Kunst des Improvisierens. Warum es in
Afrika kaum Adressen gibt, man aber doch meist
zum Ziel findet. 227

Sierra Leone
In Gottes Hand. Auf einem chinesischen Motorrad
unterwegs zu den Diamantenminen im Urwald. 235

Simbabwe
Etwas mehr Begeisterung. Ein Putsch, der sich nicht
wie einer anfühlt – mit Soldaten, die die Bürger
auffordern, ihre Fähnchen zu schwenken. 241

Südafrika
In Kapstadt wird man von vorn bis hinten bedient. 247

Sudan
Das erste Haus am Platz – drei Griechen betreiben ein
Hotel in Khartum, das schon Leni Riefenstahl besuchte. 257

Togo
Wünsch dir was – in Lomé gibt es den größten
Voodoo-Markt der Welt. 267

Uganda
Mama Africa – zu Besuch bei der Mutter von
38 Kindern. 275

Einleitung

An Schlangen hatte ich gedacht, an große gefährliche Tiere und kleine sehr giftige. Ich hatte mir die Kriminalitätsstatistiken Südafrikas angeschaut und nach Stadtteilen gesucht, in denen möglichst wenig Menschen umgebracht wurden, wo man leben und überleben kann. Ich bin an manchen Sonntagmorgen mit einem leichten Ziehen in der Brust aufgewacht und habe gegoogelt, wie viele Journalisten denn in Afrika ums Leben gekommen sind in den vergangenen Jahren. Ich habe mich Afrika letztlich so genähert, wie viele andere auch, mit Respekt, manchmal auch mit Angst.

Nach zwei Jahren kann ich sagen, es geht mir gut, besser denn je vielleicht. Seit zwei Jahren bin ich jetzt hier, in Afrika, genau genommen in Südafrika, und berichte für die *Süddeutsche Zeitung* über Subsahara-Afrika, über 49 Staaten, von denen ich bereits mehr als zwei Drittel selbst besucht habe und die ich in diesem Buch vorstelle.

Ich habe auf meinen Reisen manchmal eine Schlange gesehen und Schüsse gehört, es gab brenzlige Situationen. Ich habe mich aber nie wirklich unwohl gefühlt, auch ein Putsch, wie ich ihn in Simbabwe erlebt habe, fühlt sich erstaunlich normal an.

Wenn ich Afrika mit einem Geräusch verbinde, dann mit einem ständigen »He, he, he«, einer steten Salve des Lachens, die ich immer irgendwo im Nacken habe. Auch wenn es manchmal wenig zu lachen gibt.

Jede Stadt war besser, als ich gedachte habe, jedes Land anders. Freunden empfehle ich, doch mal nach Addis Abeba oder Nairobi zu fahren, auch Kinshasa ist einen Besuch wert. »Du bist wohl verrückt«, sagen manche Freunde dann. Für viele ist Afrika der Kontinent der gefährlichen Tiere und noch gefährlicheren Menschen. Es ist ein Bild, das in vielen Medien gerne transportiert wird, weil es den Erwartungen entspricht. Was wäre aber, wenn Afrika sehr oft ganz anders ist?

Wenn man sich einen großen Teil der Afrika-Berichterstattung der vergangenen Jahre anschaut, dann geht es immer darum, warum es dem Kontinent so schlecht geht oder wie es ihm besser gehen könnte. Es geht um Zahlen, Statistiken und hin und wieder um ein Einzelschicksal. Was jedoch fehlt, ist, dass es in vielen Ländern auch viel Normalität gibt. Es wird in Afrika mehr gelacht als geschossen. In Kinshasa gibt es fantastische Baguettes. In Mosambik die besten Krabben. Nigeria hat die besten Scrabble-Spieler der Welt. Und eine Bevölkerung, die wahrscheinlich auch im Schlaf noch Witze reißt.

Die Menschen sind nicht nur Kranke, Arme und Flüchtlinge, die den ganzen Tag an Europa denken. Es sind Menschen mit guten und mit schlechten Tagen, die oft einen Alltag haben, der sich von unserem nicht so sehr unterscheidet und der in den Medien und Köpfen in Europa aber überhaupt keinen Platz findet. Auch nicht in der Zeitung, in der es oft um Politik geht, in der manchmal der Alltag zu kurz kommt. Und dieser Alltag ist oft erstaunlich angenehm, auch wenn es mal wieder keinen Strom oder kein Wasser gibt. Aber immer gibt es jemanden, der einem helfen möchte, der ein Schwätzchen sucht oder neugierig ist. Ich hatte in fast jedem Land immer sofort das Gefühl, mittendrin zu sein. Manche Protagonisten tauchten auch schon in meinen Reportagen für die SZ auf, sehr viele Länder habe ich aber nur für dieses Buch besucht. Zu jedem Land gibt es ein paar Dinge, die man wissen sollte: Historisches oder Skurriles, dazu die Zahl der chinesischen Restaurants, an der man ablesen kann, wie aktiv China im jeweiligen Staat ist. Kein Kapitel ist vollständig, es wird immer etwas fehlen, Putsche oder Revolution bleiben unerwähnt. Dafür beschreibt das Buch hoffentlich einiges, was sonst fehlt, wenn wir über Afrika reden: Freude und Normalität, Gastfreundschaft und die Kunst der Improvisation. Es wird nicht immer gelacht, aber erstaunlich oft.

Angola

Es riecht nach Öl.

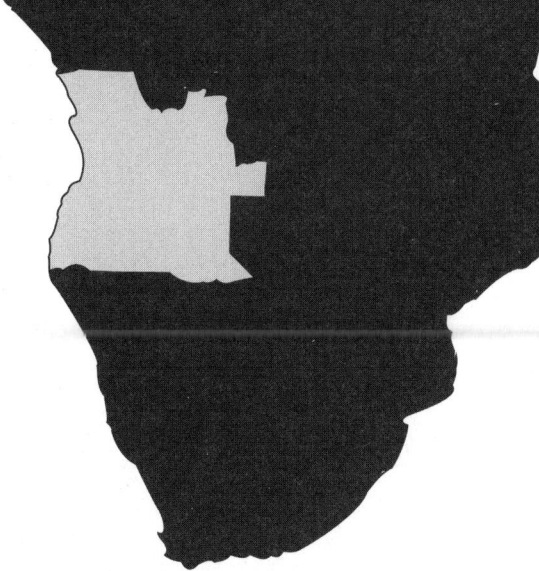

Einwohner: 29 Millionen
Wirtschaftswachstum: −1,7 Prozent
Unabhängigkeit: 1975
Anzahl chinesischer Restaurants: Fünf.
Nationalgericht: Chouriço, eine sehr grobe Bratwurst.
Das sollte man gesehen haben: Die Ilha de Luanda, die Sandstrände vor der Hauptstadt.
Das muss man wissen: Die Portugiesen wollten in Angola einmal eine Kolonie für europäische Juden gründen.
Darüber redet das Land: Wann wird der Ölpreis wieder steigen?

Die Fahne vor dem Jachtklub von Luanda hängt etwas schlapp im Wind, immer mal wieder kommt ein kleiner Windstoß vorbei, der das Tuch gerade weht, sodass man sie erkennen kann, die Nationalflagge Angolas: Die eine Hälfte ist rot, die andere schwarz. In der Mitte prangt ein fünfzackiger Stern, daneben eine Machete und ein halbes Zahnrad. Als das Land 1975 unabhängig wurde, stand es noch recht gut um den Kommunismus, beim großen Bruder in Moskau prangten noch stolz Hammer und Sichel auf den Fahnen der Sowjetunion, als Symbol der Eintracht zwischen Arbeitern und Bauern. So sollte es auch in Angola sein, wo auf dem Land das Zuckerrohr mit der Machete geschlagen wird.

Ein paar Jahre später ging das Sowjetreich unter und damit auch der Kommunismus, der Stern der sozialistischen Internationalen geriet ins Trudeln, was aber in Angola noch lange nicht zu einer Umgestaltung der Flagge führte. Das Rot, das früher einmal die marxistisch-leninistische Ideologie des Staates zur Geltung bringen sollte, sei nun einfach als das Blut zu verstehen, das im Freiheitskampf gegen die Kolonialisten aus Portugal vergossen wurde, teilte die allmächtige Partei mit. Weil das aber nicht alle Angolaner zufriedenstellte und manche schon länger damit haderten, dass das Zahnrad auf der Flagge irgendwie zerbrochen und kaputt aussah, gab es 2003 noch einen Versuch einiger Politiker, ein »optimistischeres« Landeswappen zu gestalten – Vorschläge mit einer großen Sonne wurden gemacht und wieder verworfen. Und so weht bis heute die sehr düster-kommunistisch wirkende Flagge vor dem Jachtklub von Luanda. Dahinter liegen die Boote der Superreichen, von denen es nicht wenige gibt im Land. Auf der Terrasse wird schon am frühen Nachmittag Champagner getrunken, Teller voller Meeresfrüchte liegen auf den Tischen. Wenn der Wind günstig steht, weht ein Ölgeruch herüber von den Verladeterminals in der Bucht. Das schwarze Gold, es ist auch hier mehr Fluch als Segen. Eine kleine und korrupte Elite hat sich viele Jahre lang einen großen Teil der Öleinnahmen in die eigene Tasche gesteckt, hat sich riesige Jachten gekauft, während Millionen Menschen auf dem Land leben wie vor 100 Jahren, in einfachen Hütten ohne Wasser und Strom. Hin und wieder hat sich die korrupte Regierung daran erinnert, dass man auch der Allgemeinheit ein bisschen etwas zugutekommen lassen muss. Luanda hat in den vergangenen Jahren eine Uferpromenade bekommen, die in Afrika ihresgleichen sucht. Jeden Abend flanieren Tausende entlang des Wassers, es gibt kleine Restaurants und Galerien, es gibt Spielplätze und den womöglich größten Fahrradweg des Kontinents. Nur Fahrräder gibt es nicht zu sehen, in einer Woche treffe ich ganze zwei Radfahrer, die durch die Stadt fahren. Ferraris sind da schon häufiger.

Luanda wird seit Jahren immer wieder zur teuersten Stadt der Welt gewählt, in der Hotelzimmer schnell mal 500 US-Dollar die Nacht kosten, wobei sich diese Listen immer an den Lebenshaltungskosten für Ausländer orientieren, die von ihren Unternehmen oder Regierungen dort hingeschickt werden und sich dann offenbar auch alle möglichen Preise andrehen lassen. Wenige Tage nach meinem Besuch meldete sich ein britischer Kollege in den sozialen Medien und berichtete davon, dass er für eine Taxifahrt vom Flughafen in die Innenstadt 100 US-Dollar gezahlt habe. Er habe den Fahrer aber zumindest von seinem ursprünglichen Preis von 200 US-Dollar heruntererhandeln können, berichtete er stolz. Ich habe für ein Taxi auf derselben Strecke zwölf US-Dollar bezahlt, das ist der Festpreis der Taxiapp, die man sich einfach herunterladen kann. Außer, man möchte sich damit brüsten, übers Ohr gehauen worden zu sein, in der angeblich teuersten Stadt der Welt.

In die angeblich bald auch der britische Prinz Harry und seine Frau Meghan kommen wollen, um das Erbe von Prinzessin Diana fortzuführen, die sich gegen die Verbreitung von Landminen eingesetzt hatte. Die beiden jungen Adligen würden in ein vom »Krieg geschundenes Land« kommen, berichteten die britischen Zeitungen nach Bekanntgabe der Pläne, obwohl der Krieg in Angola bereits seit fast 20 Jahren zu Ende ist. Zumindest was die aktiven Kampfhandlungen angeht.

Im Sommer 2019 reiste ich aber auch deshalb ins Land, um mir die Beerdigung eines Mannes anzuschauen, der für die einen ein großer Unabhängigkeitskrieger war, für die anderen einer der übelsten Kriegstreiber.

In den Bäumen hängen riesige Plakate, die Jonas Savimbi mit den Großen dieser Welt zeigen und ihn so wohl selbst zu einem machen sollen. »Den alten Mann« haben sie ihn schon genannt, als er noch recht jung war, auf den Plakaten ist er im Weißen Haus mit Ronald Reagan und mit George Bush dem Älteren zu sehen. In den Archiven hätten sich womöglich auch Fotos gefunden, die Jonas Savimbi mit Franz Josef Strauß zeigen, die beiden in der Staatskanzlei in München. Aber vielleicht war das der Familie zu klein und provinziell für die letzte große Bühne für Jonas Savimbi, von der er ja eigentlich schon seit vielen Jahren verschwunden war.

Vor 17 Jahren wurde der Unabhängigkeitskrieger von angolanischen Regierungssoldaten erschossen und unter einem Baum verscharrt. Erst im Juni 2019 durfte ihn die Familie beisetzen. Etwa 20 000 Menschen sind in sein Heimatdorf Lopitanga gekommen. In einer Feldküche gibt es wässrige Suppe aus riesigen Töpfen und warmes Bier. Zwei Brunnen wurden gebaut, weil es hier in der tiefsten Provinz Angolas kein fließendes Wasser gibt und keinen Strom. Auf dem großen Platz des Dorfes exerzieren junge Frauen und singen revolutionäre Lieder, auf großen Transparenten wird die Revolution gepriesen. Savimbi hätte es wahrscheinlich gefallen. Der »ewige Rebell« wurde er auch genannt, weil er den größten Teil seines

Lebens im Busch verbrachte, Lager aufschlagen, Brunnen bohren und seine Leute exerzieren ließ – alles für den großen Kampf ums Vaterland. Bis zu 70 000 Leute hatte seine UNITA, erst führte er Krieg gegen die portugiesischen Kolonialisten und nach der Unabhängigkeit 1975 noch 27 Jahre gegen das kommunistische Regime, Angolaner gegen Angolaner. Es war Afrikas Dreißigjähriger Krieg, mit einer halben Million Toten.

»Wir können endlich ein Kapitel schließen«, sagt Rafael Savimbi. Er trägt ein T-Shirt mit dem Foto seines Vaters, wie viele der Trauergäste, die sich an diesem Samstag zu Fuß auf den Weg durch den Busch gemacht haben oder auf den Ladeflächen von Lkws hierhergekommen sind. Sie singen, sie lachen, sie tanzen den halben Tag, und immer wieder wischen sie sich die Tränen aus den Augen. »Es ist alles sehr emotional«, sagt Rafael Savimbi. In der afrikanischen Kultur sei es die schlimmstmögliche Demütigung, den Angehörigen den Leichnam eines der ihren vorzuenthalten: Ohne Beerdigung in der Heimat können sie keinen Kontakt zu den Geistern der Vorfahren aufnehmen. »17 Jahre haben wir es versucht, aber die Regierung hat uns nicht gelassen, so groß war der Hass«, sagt Rafael Savimbi.

Angola war eine der Gegenden auf der Welt, die der Kalte Krieg zu einem ziemlich heißen Ort gemacht hat. Die beiden Blöcke kämpften auf dem ganzen Kontinent um Einfluss, Angola war durch seine späte Unabhängigkeit ein Land, das sich noch auf keine der beiden Seiten geschlagen hatte. Jonas Savimbi ließ sich einst in China zum maoistischen Buschkrieger ausbilden und nahm dann den Kampf gegen die portugiesischen Kolonialisten auf. Weil es aber bereits eine andere marxistische Befreiungsbewegung gab, die MPLA, die Waffen, Soldaten und Geld aus dem Ostblock bekam, wurde Savimbi halt Antikommunist und treuer Gefährte Washingtons im Kampf gegen das Böse aus Moskau. Auch er bekam Waffen und Geld. Beide Seiten rüsteten sich wie in einen Wahn, Kuba schickte 50 000 Soldaten über das Meer, die südafrikanische Armee rückte mit Panzern und Militärgeheimdienstlern ein.

»Es war eine unglaublich schöne Zeit«, sagt Daniel de la Rey, 69, über die damalige Zeit. Er hat einen schwarzen Anzug an und sitzt in der ersten Reihe der Trauergäste, an seiner Brust baumeln ein paar Dutzend Orden: 1979 hat ihn die südafrikanische Armee in den Krieg geschickt, 1981 riss ihm eine Mine beide Arme ab. Die Armee wollte ihn nach Hause holen und entlassen, Savimbi wollte ihn aber bei sich behalten, und ein paar Monate später war er wieder im Dienst. Im Jahr 1983 heiratete er seine Frau, die dann in den Lagern der UNITA die Verletzten pflegte. Ein weißes Ehepaar aus der Apartheidarmee verfällt den schwarzen Unabhängigkeitskriegern. »Es gab einen ungeheuren Zusammenhalt, die UNITA-Anhänger kamen aus den Dörfern und wollten lernen, wollten ihr Land verändern und in den Kampf ziehen. Ich bin wegen der Menschen geblieben.« Zusammen mit sieben weiteren Veteranen ist de la Rey am Samstag zur Beerdigung gekommen. Drei von ihnen wurden schwer verwundet, aber alle sagen: »Angola ist ein Teil von uns. Es war die Zeit unseres Lebens.« Sie waren jung, es war ein Abenteuer. Und in der Mitte stand Jonas Savimbi, ein Mann, der auf den Bildern eher wie ein Discogänger aussieht, den breiten weißen Hemdkragen immer über Jacken oder Anzug geschlagen. Er hat uns in die Augen gesehen und in seinen Bann gezogen, sagen viele Kämpfer und Sympathisanten von damals.

In den 1980er-Jahren hatte die Linke in Europa und den USA Che Guevara und Thomas Sankara als revolutionäre Ikonen, Rechte und Konservative hielten sich gerne Savimbi als afrikanischen Hausrevolutionär. Zumindest solange es Sinn hatte. Solange der Kalte Krieg tobte und manchmal überhitzte.

»Es war keine Freundschaft, nur Mittel zum Zweck«, sagt der Sohn Savimbis heute. Als die Sowjetunion zerbrach, wurde

Angola uninteressant, Wahlen wurden abgehalten, Savimbi verlor. Womöglich weil der Urnengang gefälscht war und weil Savimbi den USA zu unabhängig war, die angolanischen Ölreserven nationalisieren wollte. Beweise gibt es keine. Aus dem charismatischen Freiheitskrieger wurde ein Tyrann, der Friedensverträge schloss und sie nicht einhielt, der einen sinnlosen Krieg immer länger machte und auch engste Vertraute hinrichten ließ, der Frauen angezündet haben soll, die ihm nicht willig genug waren. Auf der Bühne der Trauerfeier wird nur der Held besungen, der das Beste zum Wohle aller wollte. Der Sohn Savimbis sagt, vor allem junge Leute würden sich heute wieder für die Reden und Ziele seines Vaters interessieren. »Dem Land geht es miserabel, die vielen Milliarden aus dem Öl wurden von der korrupten Elite gestohlen.« Der Vater habe nie gestohlen. Savimbi junior ist bereits stellvertretender Generalsekretär der UNITA und will weiter nach oben. Wie seine Chancen dafür stehen, hängt auch von dem Blick auf die Vergangenheit ab, wie das Erbe seines Vaters gesehen wird. »Er hat auch Fehler gemacht und sich 2001 ein Jahr vor seinem Tod dafür entschuldigt«, sagt der Sohn.

Der Veteran Daniel de la Rey hat eine Savimbi-Biografie zur Trauerfeier gebracht, mit der Unterschrift des alten Mannes, die nun weitere Widmungen von Veteranen bekommt. Das Buch ist 1987 erschienen und wird von Savimbis Kritikern als eine naive Verehrung gesehen. Auch der Autor sagt mittlerweile, Savimbi habe eine psychopathische Seite gehabt. »Es hat mich traurig gemacht, als ich von diesen Vorwürfen gehört habe«, sagt de la Rey. Immer wieder habe er darüber nachgedacht, wie es dazu habe kommen können. »Auch Savimbi hat schlimme Massaker der anderen Seite erlebt, das hat ihn nicht kaltgelassen, das hat etwas mit ihm gemacht.« Er und seine Kameraden sagen, es seien die Politiker, die Kriege beginnen, nicht die Soldaten. Die wüssten, wie sich Krieg anfühlt.

Fast 20 Jahre ist der Bürgerkrieg in Angola nun vorbei, das Land ist »stabil«, wie es die westlichen Diplomaten nennen, was meist eine Chiffre dafür ist, dass eine reiche Clique an der Macht ist, die sich die Reichtümer unter den Nagel reißt, man sich aber nicht die Köpfe einschlägt. In Angola bestand die Hoffnung, dass die Beerdigung Savimbis dazu beiträgt, die verfeindeten Lager zu versöhnen. Die Beisetzung wurde erst möglich, nachdem Savimbis Gegenspieler Präsident José Eduardo dos Santos 2017 aus dem Amt geschieden war und sein Nachfolger willens schien, nach all den Jahren die Vergangenheit ruhen zu lassen.

Bei Hochzeiten weiß man manchmal nicht, ob beide Brautleute auch wirklich erscheinen, bei Beerdigungen ist zumindest davon auszugehen, dass die Teilnahme der Leiche gesichert ist: In den Tagen vor der Beisetzung begann die MPLA-Regierung aber eine Art Versteckspiel mit den sterblichen Überresten, sie waren nie an dem Ort, an dem die Übergabe vereinbart war. Savimbis Familie wollte einen kleinen Trauerzug durch die Region, die Regierung möglichst wenig Aufsehen. Erst in letzter Minute kam die Leiche an. Das Flugzeug, das von der Hauptstadt Luanda in die Provinz flog und mit dem ein Teil der ausländischen Delegation anreiste, wurde stundenlang am Boden gehalten. Ein niederländischer Geschäftsmann, der seit Jahrzehnten in Afrika Geschäfte machte und in Angola eine Landebahn gebaut hat, erinnert sich in der Abflughalle lachend daran, wie hier immer wieder Flugzeuge mit politischen Gegnern vom Himmel fielen – und nimmt dann lieber das Auto. Auf der Trauerfeier sagt er, Savimbi werde viel zu kritisch gesehen. Viele der Gegner seien einfach falsch informiert.

Angelino Cheia hat seine Informationen aus erster Hand, er steht vor der Beerdigung auf einem nahen Parkplatz, hat ein paar Gäste mit dem Auto gebracht, ist also beruflich hier. 1994 wurde seine Mutter erschossen, mit dem kleinen Bruder auf dem Rücken, erzählt er. »Es war ein sinnloser Tod, der vermeidbar gewesen wäre, wenn Savimbi nicht immer weitergekämpft hätte«, sagt Cheia. Wie es ihm gehe, wenn er die Reden auf Savimbi höre? »Es ist seltsam«, sagt Angelino Cheia. Aber vielleicht ist es ja doch ein Schritt zur Versöhnung. Irgendetwas müsse sich ja ändern in Angola.

Äquatorialguinea

Wieso lacht hier keiner?
Besuch in einem Land,
das verschlossener ist als
Nordkorea.

Einwohner: 1 Million
Wirtschaftswachstum: −5,7 Prozent
Unabhängigkeit: 1968
Anzahl chinesischer Restaurants: Mindestens drei, in denen man auch noch rauchen darf, was die Chinesen gerne tun.
Nationalgericht: Paella.
Das sollte man gesehen haben: Im Restaurant *Luna* kann man der korrupten Elite beim Champagnertrinken am Pool zuschauen.
Das muss man wissen: Äquatorialguinea ist das reichste Land Afrikas.
Darüber redet das Land: Das Land redet nicht unbedingt mit Besuchern.

Es wird schnell klar, dass etwas nicht stimmt mit diesem Land, das fängt gleich am Flughafen an. Eine Truppe wichtiger VIP-Gestalten mit goldenen Sonnenbrillen wird von Polizisten an der Schlange vor den Grenzbeamten vorbeigeleitet, wer nicht gleich zur Seite springt, bekommt einen Ellbogen in die Rippen. Dann müssen für die Einreise verschiedene Dokumente ausgefüllt werden, denen, die gerade keinen Stift haben, bietet der Grenzbeamte an, ihnen seinen zu leihen, für zehn US-Dollar. Ein paar Meter weiter steht eine finster dreinschauende Zöllnerin, die fragt, ob man denn für die Einfuhr der Maske, die sie gerade im Koffer gefunden hat, auch eine entsprechende Einfuhrgenehmigung vorweisen kann. Die ist aus Kamerun und kostet fünf Euro, ich nehme sie auch wieder mit nach Hause, sage ich wütend zur Zöllnerin. Wut ist in solchen Momenten immer ein Fehler.

»Immer freundlich bleiben«, hatte der große Anthony Bourdain einmal als seine oberste Regel genannt. Der Koch und Entdecker Bourdain reiste für seine Fernsehserie auf CNN wie manisch um die Welt, er blieb immer freundlich, wenn mal etwas nicht so funktionierte, wie er es sich vorstellte. Nur so sei es erträglich, sagte er. Ich bin nicht Bourdain und neige dazu, hin und wieder etwas die Fassung zu verlieren. »Das macht 20.000 Franc«, sagt die Zöllnerin und hält ihre Hand auf. Natürlich gibt es keine Quittung, natürlich gab es auch überhaupt keine Genehmigungen für Fünf-Euro-Masken aus Kamerun. All das weiß natürlich auch die Zöllnerin, sie schiebt sich das Geld langsam in die Hosentasche, in aller Öffentlichkeit. Ich hatte bisher wenig Korruption erlebt in Afrika, so eine plumpe schon gar nicht. Die Zöllnerin grinst hämisch – hätte ich gewusst, dass es fast das einzige Lächeln meines ganzen Besuches sein würde, so hätte ich vielleicht zurückgelächelt. So aber war ich wütend, kurz vor der Schnappatmung.

So beginnt der Besuch in Äquatorialguinea, diesem seltsamen Land. In den Foren der Landhopper, jener Backpacker, die sich zum Ziel gesetzt haben, jedes Land der Welt zu bereisen, hat Äquatorialguinea einen ganz besonderen Ruf, als ein fast unbereisbares Land, das Visum zählt als so etwas wie die Blaue Mauritius unter den Einreisegenehmigungen, Nordkorea könne dagegen als offen wie ein Scheunentor gelten, so die Meinung zahlreicher Vielgereister. Ganz so schwierig war es dann nicht, überhaupt ins Land zu kommen, ganz einfach aber auch nicht. Äquatorialguinea verlangt als wohl einziges Land in Subsahara-Afrika ein polizeiliches Führungszeugnis für die Einreise, mit dem der Reisende seine Unbescholtenheit beweisen muss. Würde diese Regelung auch für den Sohn des lokalen Diktators gelten, er dürfte nicht mehr in sein eigenes Land. In Paris wurde er rechtskräftig verurteilt, weil er mehrere Hundert Millionen Euro aus dem Staatshaushalt abgezweigt und sich in Frankreich viele teure Autos und Wohnungen gekauft hat, wie auch in der Schweiz, wo die Behörden traditionell aber nachsichtiger sind, was das Vermögen von Diktatoren und ihren Söhnen angeht. Ich verfüge als Journalist nicht über große Immobilien im Ausland und habe ein blütenweißes Führungszeugnis, weshalb mir die Einreise nach einem freundlichen Telefonat mit der Botschaft dann doch gestattet wurde. »Ich möchte Ihr schönes Land kennenlernen«, hatte ich gesagt. Für die Botschaft klang das offenbar überzeugend.

Das Land hat in den vergangenen Jahren eine kleine Tourismusoffensive gestartet, möchte Besucher an seine schönen Strände und in den Regenwald locken. Bisher galt das Land eher nicht als Urlauberparadies, sondern als Prototyp der afrikanischen Bananenrepublik. Googelt man nach der Hauptstadt Malabo, dann schlägt einem die Suchmaschine »Black Beach« vor, ein berüchtigtes Foltergefängnis mit Meerblick, das in der tropischen Hitze vor sich hin modert.

Frederick Forsyth hatte hier einst einen Bestseller geschrieben, der dann mit Christopher Walken in der Hauptrolle verfilmt wurde. *Die Hunde des Krieges* handelt von einem Attentatsversuch auf den Präsidenten eines afrikanischen Landes – den es in Äquatorialguinea wirklich gab, der Sohn von Margaret Thatcher wollte mit einer Gruppe von Söldnern Staatschef Teodoro Obiang Nguema Mbasogo umbringen, um an die reichen Ölvorräte des Landes zu kommen. Der dilettantische Plan scheiterte, Margaret Thatcher musste für ihren Sohn eine Kaution von 200.000 Euro zahlen, später wurde er in Südafrika rechtskräftig verurteilt. Nichts scheint verrückt genug für dieses Land.

Das fängt schon bei der Geografie an, Äquatorialguinea liegt viele Kilometer vom Äquator entfernt, es ist auf mehrere Inseln und ein größeres Gebiet auf dem Festland verteilt. Die Hauptstadt Malabo ist auf der Hauptinsel, die wiederum näher an Kamerun liegt als am Rest Äquatorialguineas auf dem Kontinent. Diese seltsame Verteilung ist ein Erbe der Kolonialzeit, es ist die einzige ehemalige spanische Kolonie in Subsahara-Afrika, die Iberer kamen erst spät auf die Idee, Afrika zu kolonisieren, Äquatorialguinea ist der Rest, der noch übrig war, den niemand wollte, weil es dort kaum Rohstoffe gab, die man ausbeuten konnte.

Das änderte sich in den 1990er-Jahren, als riesige Ölvorkommen entdeckt wurden. Mittlerweile ist Äquatorialguinea das reichste Land Afrikas, mit einem geschätzten Bruttoinlandsprodukt von 20.000 US-Dollar pro Einwohner, so steht es zumindest auf den Papieren der Weltbank. In der Realität muss die Hälfte aller Einwohner mit weniger als zwei US-Dollar am Tag auskommen.

Die vielen Millionen aus den Ölverkäufen schiebt sich der Präsident und seine Clique in die Tasche, der Rest wird in seltsame Projekte gesteckt. Vom Flughafen Malabo aus fährt man auf einer sechsspurigen Straße in die Innenstadt, an diesem Tag sind wir fast das einzige Auto. 20 Kilometer von der Hauptstadt entfernt hat sich der Präsident einen neuen Stadtteil bauen lassen, Anlass war der Gipfel der Afrikanischen Union. Eine riesige sechsspurige Straße führt hinaus zu einem sehr großen Kongresszentrum, das genauso leer steht wie das Einkaufszentrum daneben. Ein paar Meter weiter langweilen sich die Portiers im Luxushotel, das so gut wie leer ist. Höhepunkt der ganzen Anlage sind die 54 mehrgeschossigen Villen, die der Präsident für die 54 zum AU-Gipfel angereisten Staatschefs hat bauen lassen, sie stehen nun seit Jahren leer und verfallen vor sich hin. Ein bisschen belebter ist es hier draußen nur am Sonntag, wenn die, die es sich leisten können, mit ihren Geländewagen zum Strand hinausfahren, die grimmigen Polizisten an den Straßensperren passieren und sich dann in den braunen Sand legen.

Alle paar Meter sind riesige Boxen aufgestellt, deren Musik so laut ist, dass jede Unterhaltung unmöglich ist. Tanzen tut trotzdem keiner, es wird herumgestanden und gesessen, hin und wieder trinkt jemand ein Bier oder holt sich einen gebratenen Hähnchenschlegel. Ansonsten schaut man auf das Meer, am Horizont ist ein Kriegsschiff zu sehen, so als sollten die Bewohner dieser Insel zu keinem Zeitpunkt vergessen, in welchem Staat sie leben.

»Das hier ist Malabo, das hat nichts mit dem Rest Afrikas zu tun. Haben Sie irgendjemand hier lächeln sehen?«, so zitiert ein *Spiegel*-Reporter im Jahr 2006 den Besitzer eines französischen Restaurants. Seitdem hat sich wenig geändert. Wenn ich mit meinem bisschen Spanisch versuche, Einheimische anzusprechen, werde ich im besten Fall grimmig und schweigend angeschaut. An einer Imbissbude nach dem Preis einer Cola zu fragen, scheint ein schweres Vergehen zu sein, das Geld wird einem wortlos aus der Hand gerissen. Diskussionen über den

Zustand des Landes braucht man erst gar nicht anzufangen. Die Einzigen, die Lust haben, sich ein bisschen zu unterhalten, sind die vielen Migranten aus Nigeria und Kamerun, die dann gerne erzählen, wie seltsam sie dieses Land finden, wie unafrikanisch. Sonst sieht man überall auf dem Kontinent Gewusel, Menschen, die in Trauben zusammenstehen und diskutieren oder lachen. In Äquatorialguinea sind die Straßen ziemlich leer, die Leute ernst. Es gibt nicht einmal Bettler, weil betteln offenbar verboten ist.

Es ist wirklich seltsam, ein ganzes Land scheint schlechte Laune zu haben, jeden Tag. Wahrscheinlich würde es mir auch so gehen, müsste ich in Äquatorialguinea leben. Die Insel ist nett anzusehen, aber das Klima ziemlich schwül, in der trockenen Zeit weht aus der Sahara ein ständiger Sandwind herüber. Die Innenstadt liegt zwar sehr schön an der Küste, mit Bauten aus der spanischen Kolonialzeit, die meisten Bewohner müssen aber in recht ärmlichen Hütten hausen, während ihr Präsident sich gerade wieder seinen Palast erweitert. Auch eine neue Nationalbibliothek hat er bauen lassen, die während meines Besuches aber geschlossen ist. Lesen macht verdächtig in Malabo, einer Stadt, in der es keine Buchhandlung gibt und keine Zeitung. Im staatlichen Fernsehen laufen in Dauerschleife Lobpreisungen des Präsidenten, der so lange regiert wie kein anderer auf der Welt. An die Macht gekommen war er, indem er seinen Amtsvorgänger umbringen ließ, der auch sein Neffe war. 2019 feiert er sein 40-jähriges Jubiläum im Amt. Die Hoffnungen, er würde endlich seinem Prostataleiden erliegen, haben sich in den vergangenen Jahrzehnten als unbegründet erwiesen.

Im Fernsehen wiederholen sich gerade Bilder, die sein jüngstes Großprojekt zeigen, eine neue Hauptstadt am Festland, mitten im Dschungel. Warum sie gebaut werden muss, ist ein Rätsel. Teodoro Obiang Nguema Mbasogo sagte in einem seiner seltenen Interviews, die neue Hauptstadt solle ihn vor weiteren Putschversuchen schützen. Eigentlich böte da doch die Insel besseren Schutz, aber der Präsident ist anderer Meinung, und so fahren mitten im Urwald Bagger durch die Gegend, planieren Raupen den gerodeten Urwald. Wieder wird ein riesiges Luxushotel gebaut, in dem keiner wohnen will. Wer überhaupt in diese Stadt mit geplanten 200 000 Einwohnern ziehen soll und will, ist ohnehin schleierhaft. Andererseits hat man in diesem Land keine große Wahl.

Äthiopien

Im Wein liegt die Wahrheit – selbst Bob Geldof
hat es nun verstanden: Investieren ist die bessere
Entwicklungshilfe. Besuch auf seinem Weingut,
das einen guten Rotwein keltert.

Einwohner: 94 Millionen
Wirtschaftswachstum: 7,7 Prozent
Unabhängigkeit: Nie kolonialisiert.
Anzahl chinesischer Restaurants: Elf.
Nationalgericht: Eintöpfe, Soßengerichte mit Injera, einem säuerlichen Fladenbrot.
Das muss man gesehen haben: In Harar kann man wilde Hyänen füttern.
Das muss man wissen: In Addis Abeba fährt die einzige Straßenbahn des Kontinents.
Darüber redet das Land: Nach Jahrzehnten herrscht endlich Frieden mit dem Nachbarn Eritrea.

Es dauerte ein bisschen, bis ich merkte, dass sie mich auslachen. Immer wieder, in jeder Runde, die ich drehte. Äthiopien ist das Land der Läufer, aber als solcher hat man es nicht leicht in der Hauptstadt Addis Abeba. Es gibt Straßenbahnen, Pizza Hut und riesige Autobahnen, alles also, was man in Europa eher nicht unbedingt von Afrika erwartet. Nur Platz zum Laufen gibt es nicht, der einzige Ort, an dem es ein bisschen Raum gibt, ein wenig Weite, ist die alte Pferderennbahn, die Kaiser Haile Selassie bauen ließ, hoch oben über der Stadt. Während sein Volk hungerte, tat der Kaiser hier so, als sei alles in Ordnung, lud seine adligen Freunde aus Europa ein, man trank Champagner und wettete ein wenig. Was dann auch ein Grund war, warum die Beliebtheit des Kaisers eher abnahm und die Pferderennbahn nach seinem Sturz dem Verfall überlassen wurde.

Heute rennen hier nur noch Menschen auf etwa 2700 Meter über dem Meeresspiegel, wer die Höhe nicht gewohnt ist, hat das Gefühl, sehr langsam von innen zu verbrennen, der Sauerstoff wird knapp, das Blut heiß, es setzt eine Schnappatmung ein. Anders als der Gast rennen die Äthiopier auf der Bahn meist nicht, um in Form zu bleiben oder zum Spaß, sie rennen für ein besseres Leben, dafür, einmal an den großen Rennen teilzunehmen. Sie rennen in Gruppen, wenn sie von hinten kommen, hört es sich so an wie der Galopp von Pferden, beim Überholen fangen sie an zu lachen, drehen sich prustend nach dem Fremden um, der mit hochrotem Kopf über die Rennbahn schleicht.

Äthiopier sind nicht besonders gut darin, ihre Gefühle zu verbergen oder sich gar zu verstellen, sie sind sehr direkt, ein stolzes Volk. Wenn man sich mit einem Äthiopier unterhält, dauert es in der Regel nicht länger als 80 Sekunden, bis man darauf hingewiesen wird, dass Äthiopien als einziges Land in Afrika nie kolonialisiert wurde. An dieser Stelle muss der Gast dann etwas Anerkennendes sagen.

Jedes Jahr wird der Jahrestag der großen Schlacht von Adua 1896 gefeiert, als die italienische Armee vernichtend geschlagen wurde, ein Datum, das in Äthiopien jedes Kind kennt. Was die Äthiopier einem nicht sofort sagen: Später siegten die Italiener dann doch noch, weil sie keine Skrupel hatten, auch Giftgas einzusetzen, aber mehr als ein paar Jahre konnten sie sich nicht halten, eine wirkliche Kolonialisierung gab es tatsächlich nicht.

Eine der wenigen Spuren der kurzen italienischen Zeit ist das Stadtviertel Piazza, die Altstadt von Addis Abeba, in der es weniger verspiegelte Hochhäuser gibt und mehr Bauten aus Stein, die ganz schwarz geworden sind mit der Zeit. In einem ist das *Castelli* untergebracht, das sich selbst für das beste italienische Restaurant der Stadt, wenn nicht des ganzen Kontinents hält. An der Tür sitzt der alte Wirt, der abwechselnd seine Mitarbeiter und die Gäste beschimpft. So etwas geht für viele als authentisch italienisch durch, weshalb das *Castelli* trotz seiner eher unspektakulären Küche sehr beliebt ist, auch bei Prominenten. Brad Pitt und Angelina Jolie waren hier und auch Bob Geldof. Zusammen saßen sie dann vielleicht bei einem kühlen Weißwein in kolonialer Atmosphäre und haben überlegt, wie man diesen Afrikanern nur helfen kann.

Geldof macht das nun schon sein Leben lang, Afrika helfen und damit auch sich selbst, es ist ein gut funktionierendes Geschäftsmodell. An seine Musik kann sich kein Mensch erinnern, was auch an der Musik liegt. Vor allem aber daran, dass Geldof Live Aid organisierte, mit den Konzerten viele Millionen einspielte, um in Äthiopien den Hunger zu bekämpfen. Was einerseits ehrenwert ist, andererseits aber auch dazu führte, dass die meisten Menschen in Europa bei Afrika und Äthiopien im Besonderen immer noch vor allem an Hungerbäuche denken, was mit der Realität nur bedingt zu tun hat.

Was Geldof mittlerweile auch eingesehen hat: Investitionen sind die bessere Entwicklungshilfe, sagt er, er selbst hat einen Investitionsfonds gegründet, der auch in ein Weingut investiert hat.

Zu den Weingütern des Landes sind es von Addis Abeba nur ein paar Stunden. Die Straßen sind neu, auf ihnen fährt ein nicht abreißender Strom von weißen Toyota Land Cruiser, die Japaner scheinen einen Großteil ihrer Produktion nach Ostafrika zu verschiffen. Den Statistiken nach ist Äthiopien ein armes Land, aber eben eines im Aufbruch, nirgends auf dem Kontinent ist das Wachstum so groß. Man fährt vorbei an riesigen Gewerbeparks, in denen vor allem chinesische Firmen Handys und Textilien fertigen lassen. An endlosen Gewächshäusern, in denen die Rosen für Europa gezüchtet werden. Man sieht Seen, grüne Hochebenen und dichte Wälder. Und äthiopische Männer, die am Straßenrand pinkeln, was eine Art Volkssport ist. Natürlich pinkelt man mit dem Gesicht und Körper zur Straße hin, um nichts zu verpassen.

Das Weingut Castel liegt im Großen Grabenbruch von Afrika, dem Rift Valley. Jedes Jahr driften hier zwei Platten des Kontinents zwei Zentimeter auseinander, in einigen Millionen Jahren wird ein kleiner neuer Kontinent entstehen. Bis dahin eignet sich der sandige Boden aber hervorragend zum Weinanbau. Als ich am Weingut ankomme, sehe ich ein paar Männer wie wild durch die Reben rennen.

Es ist ein aussichtsloser Kampf, der aber umso verbissener geführt wird. Immer wieder rennen die Männer von Rebe zu Rebe, immer wieder schwingen sie ihre Peitschen nach den Vögeln, die es auf die Weintrauben abgesehen haben. Immer wieder verfehlen sie die Tiere. So geht das den ganzen Tag. »Wir könnten natürlich auch Netze aufspannen, aber dann würden ja die Arbeitsplätze verloren gehen«, sagt Yitbarek Girma, der Produktionschef des Weingutes Castel.

Man kann sich nun fragen, was ungewöhnlicher ist. Dass Männer mittleren Alters mit Peitschen Vögeln nachlaufen, um diese von Weintrauben fernzuhalten? Oder dass sie das in Äthiopien tun, einem Land, das man mit vielem verbindet, aber eher nicht mit Weinbau? »Es denken doch immer noch alle an die Hungerkatastrophen«, sagt Yitbarek Girma – der auch angetreten ist, um diesen Blick auf sein Land zu ändern. »Wenn man begreift, es gibt Wein ›Made in Ethiopia‹, dann ändert sich die Perspektive, dann sieht man uns anders.«

Auf dem Tisch hat er den Klassiker *1000 Vins du Monde* liegen, ein Nachschlagewerk, das südafrikanische Weine verzeichnet hat, für den der Rest des Kontinents aber ein weißer Fleck ist. Was daran liegt, dass sehr wenig Wein angebaut wird in Afrika – wenn man Südafrika einmal außer Acht lässt. Vereinzelte Weingüter gibt es in Namibia, im Atlas-Gebirge wachsen ein paar Trauben, einige Hektar gibt es in Ägypten, Algerien, Tansania, Kongo und Tunesien. Ansonsten ist Afrika ziemlich trockengelegt. Zu heiß, zu wenig Niederschlag, zu schlechte Böden, so lautete das Urteil. »Das ist Quatsch«, sagt Yitbarek Girma. Das Klima sei in Äthiopien ideal, etwa 25 Grad das ganze Jahr über, mit ausreichend Niederschlägen und sandigen Böden. »Wir könnten sogar zweimal pro Jahr ernten, der besseren Qualität wegen belassen wir es aber bei einem Mal«, sagt Yitbarek, in Äthiopien ist der erste Name der Nachname.

Seit 2011 keltern sie nun Weine, mit teilweise beachtlichem Ergebnis. Das Spitzenprodukt ist eine Cuvée aus Cabernet Sauvignon und Merlot, Jahrgang 2014. Mit einer tiefroten Farbe, trocken, harmonisch und samtig, schmeckt er nach Aromen von Schokolade und dunklen Beeren. Es ist kein Massenwein, selbst in Äthiopien kostet er umgerechnet sieben Euro pro Flasche. Was für große Teile der Bevölkerung in etwa der durchschnittliche Wochenverdienst ist.

Die Weine gibt es in der Businessclass von Ethiopian Airlines und in einigen Luxushotels, es ist ein anderes Ambiente als die Weltläden, in denen man sonst Produkte aus Afrika kaufen kann. Und das meist, um zu helfen – nicht, weil es schmeckt. »Wir wollen in Europa erweitern«, sagt Yitbarek. Das Weingut wird bald um weitere 60 Hektar wachsen. Es liegt in einer breiten Ebene am Fuße einer Bergkette. Dort sieht es gar nicht so anders aus als in den Weinbaugebieten in Europa. Und ist doch eine ganz andere Welt. Um die Reben ist ein hoher Zaun gespannt worden, um Pythonschlangen abzuhalten, die Nilpferde und die Hyänen. »Vielleicht bauen wir ja auch noch einen Zoo dazu«, sagt Yitbarek.

Wer Tiere beobachten will, fährt in Afrika meist in andere Länder, nach Kenia oder Südafrika, wo es die *Big Five* zu sehen gibt, Elefant, Nashorn, Büffel, Löwe und Leopard, die von Großwildjägern so genannt wurden, wegen ihrer Größe und den Schwierigkeiten bei der Jagd auf sie. Die *Big Five* gibt es auch in Äthiopien, nur sind sie schwerer zu entdecken und nicht an einem Ort.

Ich fahre in den Süden, in den Bale-Mountains-Nationalpark, es geht über neue Straßen, vorbei an einer Reihe von schönen Seen, bis ich ein Plateau von 4000 Metern Höhe erreiche.

Dort stellt sich dann die Frage, wer eigentlich erstaunter ist, wen zu sehen. Die Touristen darüber, so nah an einem der seltenen Wölfe zu sein. Oder die Wölfe darüber, so nah an einem der seltenen Touristen zu sein. Und so steht man sich eine Weile gegenüber, hier im Süden Äthiopiens, auf 4000 Meter Höhe. Der Äthiopische Wolf sieht ein bisschen aus wie ein Fuchs.

Es ist eine unglaubliche Umgebung. Einsame Täler, endlose Schluchten, rauschende Wasserfälle und ein dunkler Nebelwald. Es gab hier lange wenig Mensch und viel Getier, was den Tieren ganz gutgetan hat. Es gibt nur wenige Regionen auf der Welt, die so viele endemische Arten haben, Tiere also, die es sonst nirgends gibt. Die man aber auch nicht immer sieht. Ich sehe viele bunte Vögel, aber der Nebel-Löwe, er bleibt im Nebelwald verschollen.

Mit ein paar Jugendlichen, die in einer Lodge arbeiten, fahre ich weiter nach Süden, der Wald öffnet sich, es wird lichter und noch heißer. Ein kleines Dorf taucht auf, die Erde ist so trocken, dass die Autos eine riesige Staubwolke hinter sich herziehen. Am Rand der Siedlung ist ein kleiner Markt, mit einem sehr beschränkten Angebot, Frauen sitzen vor einem Haufen Tomaten und ein paar Chilischoten, stundenlang warten sie auf Kunden. Ein paar Meter weiter ist ein großes Durcheinander, ein paar Ballen grüner Blätter werden abgeladen, frisches Khat. Wir kaufen ein großes Bündel, von dem man aus meiner Sicht auch eine Kuh einen Tag hätte durchfüttern können, aber meine einheimischen Begleiter sagen, das gehe schon in Ordnung. Sie zeigen mir, wie man nur die kleinen und ganz frischen Blätter abzupft und dann auf ihnen herumkaut.

Khat wird seit vielen Hundert Jahren in Ostafrika angebaut, eine ganze Industrie ist um die kleinen Blätter entstanden, die mit Kleinflugzeugen in arabische Länder exportiert wurden, früher sogar nach Europa, bis Khat als Droge verboten wurde. Die Blätter enthalten ein leichtes Amphetamin, sind von der Wirkung aus meiner Sicht aber eher mit ein paar Tassen Kaffee zu vergleichen als mit harten Drogen, obwohl ich da natürlich keinerlei Erfahrung habe. Zwei Stunden kauen wir auf den Blättern herum, zum Ende merke ich ein bisschen Veränderung, fange an zu grinsen, lache euphorisch über meine eigenen Witze. Andererseits ist der Mund ziemlich bitter. Zumindest aber hat man am nächsten Morgen keinen Kater.

Ein paar Tage später geht es zurück in den Norden. Fast einen Monat bin ich nun in Äthiopien, das von Anfang an mein Lieblingsland war. Ich bin nur dem Injera überdrüssig, das ich fast jeden Tag gegessen habe. In China fragen sich die Menschen zur Begrüßung, ob man heute schon gegessen habe. In Äthiopien wird man ein halbes Dutzend Mal am Tag gefragt, ob man schon Injera gegessen habe, ein gesäuertes Fladenbrot aus Teffmehl. Man kann dann Ja oder Nein sagen, bekommt aber in jedem Fall weiteres Injera gereicht. Das man dann in großartige Soßen tunken kann. Die äthiopische Küche ist eine der besten Afrikas, aber nach einem knappen Monat im Land bemerke ich dann doch eine gewisse Injera-Müdigkeit. Alternativen sind rar, eine mögliche ist der Verzehr von rohem Fleisch, eines der wenigen Gerichte, die man auch ohne Injera zu sich nehmen darf.

Leider ist rohes Fleisch während der Fastenzeit schwierig aufzutreiben, weshalb ich den äthiopischen Begleitern tagelang damit auf die Nerven gehe, doch bitte rohes Fleisch zu organisieren.

In der heiligen Stadt Harar war es dann so weit, am frühen Morgen wurde eine offene Metzgerei entdeckt. Tagelang hatte man allen erzählt, wie gerne man rohes Fleisch essen würde, sich wie ein Halbwilder gebärdet. Dann kommt das Fleisch, es sind dicke Filetscheiben, ohne jegliche Gewürze. Das Fleisch ist zart, aber so viel und so dick, dass man es kaum hinunterbekommt. Es hat sich nun eine kleine Zuschauergruppe gebildet, die freundlich Ratschläge erteilt. Man solle doch ein Bier dazu trinken, dann würde das Fleisch schon flutschen. Schließlich hat der Metzger ein Einsehen und hackt das große Fleisch zu einem feinen Tartar. Ob man dazu vielleicht etwas Injera haben könnte, fragt man nun kleinlaut.

Als ich damals im März 2017 das erste Mal das rohe Fleisch esse, ist Äthiopien noch eine Diktatur, als ich etwas mehr als ein Jahr später zurückkomme, ziehen Hunderttausende jubelnd durch die Straßen, das Land hat einen neuen, jungen

Ministerpräsidenten, der Hoffnung weckt auf eine bessere Zukunft, der politische Gefangene entlässt, freie Wahlen ankündigt und Frieden mit Eritrea schließt. Ich bin gerade in Addis Abeba, als der junge Ministerpräsident Abiy Ahmed den Frieden mit Eritrea feiert, in einer riesigen Halle sind vielleicht 20 000 Menschen zusammengekommen, die singen und feiern. Oben auf der Empore sind die Ehrengäste untergebracht, ich habe keinerlei Einlasskarte und probiere es einfach mal, laufe an den mit Maschinengewehren bewaffneten Soldaten am Zugang zum VIP-Bereich vorbei, keiner macht Anstalten, mich aufzuhalten, obwohl ich nicht mal einen Anzug trage, alle anderen aber schon.

Dort oben sitzen vielleicht 80 Leute, ich stehe plötzlich neben Abiy und Isayas Afewerki, dem Diktator aus Eritrea. Kellner bringen heimischen Roséwein zu den Tischen und sehr dünn geschnittenes Fleisch, das ich neulich auch schon kosten durfte. Neben Isayas Afewerki wird ein Gasgrill bereitgestellt, man weiß ja nicht, ob der neue Freund es auch roh mag oder doch lieber gegrillt. Als Feind war man sich sehr vertraut, als Freund ist vieles neu. »Nichts darf uns mehr zerreißen«, rufen die beiden dem Publikum zu. »Friede, Friede, Friede«, schreit das Volk.

Benin

Wiedersehen – Boris war mein einziger
schwarzer Freund in Deutschland.
Nach dem Kindergarten ging er zurück.
Erst jetzt treffen wir uns wieder.

Einwohner: 11 Millionen
Wirtschaftswachstum: 6,6 Prozent
Unabhängigkeit: 1960
Anzahl chinesischer Restaurants: Eins, und ein Inder, der auch chinesisch kocht.
Nationalgericht: Poulet bicyclette, Hühnchen mit Chilisoße, das frei gelebt hat wie ein Fahrrad. Bio auf Afrikanisch.
Das sollte man gesehen haben: Den Strand von Grand-Popo. Die Bewohner bitten, auf Namenswitze zu verzichten.
Das muss man wissen: Voodoo ist hier eine offizielle Religion.
Darüber redet das Land: Im Index der glücklichsten Menschen hat Benin in der Tabelle gerade den größten Sprung nach oben gemacht.

Fotoalben haben in meiner Familie nie eine große Rolle gespielt, wir sind nicht oft zusammengesessen und haben darüber gesprochen, was war. Was auch daran lag, dass ich als Kind und Heranwachsender eigentlich kaum zu erkennen war, mein Gesicht hinter zwei riesigen milchigen Brillengläsern verschwand, an diese Zeit erinnerte ich mich ungern. Da gab es dann aber diese beiden Bilder, die mich im Familienalbum meiner Mutter immer faszinierten. Boris und ich in der Badewanne. Boris und ich an einem Baggersee in Lederhosen. Boris ist schwarz, ich bin weiß oder eher rosa. Boris war zwei Jahre älter, man sieht eine klare Hierarchie auf den Bildern, er kümmert sich um den Typen mit der komischen Brille. Vielleicht bilde ich es mir auch nur ein. Aber darum ging es mir gar nicht, zumindest nicht nur. Was ich als Kind so faszinierend fand, wenn ich in die Fotoalben schaute, war, dass da jemand mir mal offenbar ziemlich nahestand, wir Zeit in einer Badewanne verbracht hatten, der nun einfach verschwunden war, weg, auf einem anderen Kontinent. Das hatte ich bisher nicht erlebt, dass jemand einfach nicht mehr da war, außer Reichweite.

Auf dem Foto sitzen wir in einer dieser Nachkriegsbadewannen, die nicht groß waren, die aber das ganze Badezimmer ausfüllten. Meine Mutter hatte den Vater von Boris Ende der 1960er-Jahre in einem Sanatorium in Süddeutschland kennengelernt, wo beide wegen ihrer Tuberkulose in Kur waren. Viele Wochen lang gab es nichts zu tun, außer dem Warten, dass die Zeit vergeht, beide freundeten sich an und trafen sich später in Esslingen wieder, wo sie studierten. Über Jahre hinweg haben sich unsere Familien immer wieder getroffen, bis der Vater von Boris an Krebs starb und er und die Mutter nach Afrika zogen. Ende der 1970er-Jahre war das, danach haben wir den Kontakt verloren. Es war immer klar, wenn ich einmal nach Benin fahren würde, dann würde ich Boris suchen.

Es dauert ein paar Minuten, bis ich seine E-Mail-Adresse gefunden habe, ein paar weitere Minuten, bis er antwortet. Am nächsten Tag sitzen wir auf der Terrasse des Hotels *Du Lac* in Cotonou. Die Terrasse hat die Größe von zwei Fußballfeldern, man sieht über die Bucht und die Stelle, an der der große See ins Meer fließt. »Ich dachte erst, du wärst ein Betrüger«, sagt Boris und lacht. Andererseits habe er sich gefragt, worin denn der Betrug bestehen sollte, wenn da einer behauptet, man habe einmal zusammen in einer Badewanne gesessen. Erst das Foto mit uns beiden habe ihn dann überzeugt. Boris kann immer noch gut Deutsch, obwohl er es seit damals kaum mehr gesprochen hat. Er erinnert sich an Deutschland, aber nicht an meine Mutter oder mich. Ich erinnere mich auch nicht, außer an das Foto. Was wir haben, ist eine gemeinsame Kindheit, in denselben Städten, im selben Land.

Die Zeit endete für ihn ziemlich plötzlich, mit dem Tod des Vaters. Er kam mit fast acht Jahren in ein Land, das er nie gesehen hatte, auf einen Kontinent, der anders war als Deutschland. Was er damals aber nicht als dramatisch empfunden habe, schon in Stuttgart war er auf eine französische Schule gegangen, die Sprache war also kein Problem. Später studierte er, heiratete und bekam mit seiner Frau zwei Kinder, einen Jungen und ein Mädchen. Er arbeitete erst für eine Ölfirma und jetzt für eine UN-Organisation, er ist erfolgreich wie seine Frau, die gerade in Istanbul arbeitet, der Sohn ist in Frankreich auf einem Internat.

Vor ein paar Jahren, erzählt Boris, sei er wieder in Deutschland gewesen, zu Besuch, er war in Stuttgart und Umgebung unterwegs. Schön sei es gewesen, sehr emotional. Wir trinken noch ein Bier zusammen, obwohl es erst der späte Nachmittag ist, schütteln die Köpfe und lachen über die Situation, über das Date mit einem Fremden, mit dem man schon einmal nackt in einer Badewanne saß. Boris ruft seine Mutter an, die gerade krank im Bett liegt. »Ah, Bernd, du bist es, ich erinnere mich gut«, sagt sie. Ich erinnere mich nicht, habe kein Bild vor Augen, aber die Stimme kommt mir vertraut vor. Boris muss los, wir geben uns die Hand und vergessen vor lauter Aufregung, ein Foto zu machen. Bald, so versprechen wir uns, wollen wir uns wiedersehen.

Auf der Terrasse des Hotels wird es jetzt voller, europäische und amerikanische Backpacker kommen an, von denen es in Benin ziemlich viele gibt. Als »Afrika für Anfänger« wird es in manchen Reiseführern beschrieben, weil es einfach zu bereisen ist, die Straßen sind gut, das Essen günstig und die Leute freundlich. So ist es zwar in vielen afrikanischen Ländern, was sich aber offenbar noch nicht herumgesprochen hat.

Cotonou ist eine schöne Stadt, die sich um den Nokoué-See herumgruppiert. Auf den Straßen knattern noch einmal mehr chinesische Mopeds und Motorräder als anderswo. Die Entfernungen sind groß, kein Mensch flaniert einfach nur herum, das machen nur die Touristen, alle Einheimischen nehmen das Motorradtaxi. Wie wirkt es wohl auf sie, dass diese reichen Europäer lieber durch die Hitze laufen, als ein paar Cent für ein Taxi auszugeben?

Es gibt in Cotonou schöne Restaurants und eines der besten Kunstmuseen Afrikas, die Fondation Zinsou, die von außen ein gesichtsloser Kasten mit verspiegelter Glasfassade ist, von innen aber ein ziemlich beeindruckender Ausstellungsraum. Als ich ihn besuche, werden gerade Fotos von Malick Sidibé ausgestellt, einem Fotografen aus Mali, den man das »Auge von Bamako« nennt und der in den 1960er-Jahren die Zeit nach der Unabhängigkeit von Frankreich festgehalten hat. Er hat junge Malier in den Diskotheken fotografiert und Hochzeitspaare in seinem Studio. Er hat stolze Besitzer eines neuen japanischen Motorrads abgelichtet und verträumte Tänzer beim Twist. Eine melancholische Aura des Aufbruchs umweht die Bilder, die gerade ziemlich gefragt sind auf dem Kunstmarkt, ein großes Original kostet bis zu 40.000 Euro.

Eine Summe, die für die meisten Menschen in Cotonou ziemlich unvorstellbar ist. Natürlich gibt es hier auch viele Reiche, die in großen Häusern leben, und eine wachsende Mittelschicht, aber es gibt eben auch noch viele, die mit ein paar Dollar am Tag auskommen müssen. In Benin sind es nach den Tabellen der internationalen Organisationen genau 2,11 US-Dollar pro Tag durchschnittliches Bruttonationaleinkommen, was dem Land den 169. Platz weltweit zuweist. Das klingt nach Abstiegsrang, nach einem Verliererplatz in den Statistiken. Was diese Statistiken aber nicht erzählen, ist, dass es auch viele Menschen gibt, die sich gar nicht innerhalb des kapitalistischen Systems befinden, in dem wir uns aufhalten, in dem wir alles bewerten nach Einkommen und Reichtum. 2,11 US-Dollar würden uns in Europa nicht zum Überleben reichen – umgekehrt sagen solche Zahlen manchmal wenig aus, wie das Leben in Benin wirklich ist. Weil es nicht immer nur um Geld geht. Weil viele Menschen auch nur von dem Leben, was sie selber anbauen und fangen. Und dieses Leben mögen.

Mitten im großen See, der von der Stadt umrundet wird, liegt das Ganvié Lake Village, wo sich das Leben der Menschen gar nicht so sehr verändert hat die letzten hundert Jahre. Fischer sind die Leute hier, sie wohnen auf Pfahlbauten, die nur mit dem Boot zu erreichen sind und ihnen natürlich den Namen »Venedig Afrikas« eingebracht haben. Etwa 10 000 Menschen wohnen so, die Männer fahren mit Einbäumen hinaus auf den See, wo sie eine ziemlich ausgefeilte Fischzucht betreiben. Sie rammen Baumäste in den Grund des Sees, der nicht sonderlich tief ist, eng nebeneinander zu einem großen Kreis oder Quadrat, innerhalb dessen die kleinen Fische größer werden und den Bambus abknabbern. Sind sie groß genug, öffnen die Fischer ein paar Spalte des Gefängnisses und lassen die Fische in ihre Netze schwimmen. Den Fang essen sie dann entweder selber oder verkaufen oder tauschen sie auf dem Markt.

In vielen westafrikanischen Ländern ist die Fischerei ein prekäres Geschäft geworden, seit die riesigen Trawler aus China und Europa die Küste leer fischen. Jobs und Traditionen gehen verloren, viele Männer wissen nichts mehr mit sich anzufangen und machen sich auf den Weg nach Europa. In Benin haben sie das Glück, dass der See von so geringer Tiefe ist, dass keine großen Boote hineinfahren können. »Wir haben, was wir brauchen, das reicht uns«, sagt ein alter Mann, der gerade dabei ist, sein Netz auszuwerfen.

Botswana

Das Musterland Afrikas, in dem es kaum Korruption gibt und sogar die Krankenversicherung umsonst ist. Das nun aber auch die Jagd auf Elefanten wieder erlauben will.

Einwohner: 2 Millionen
Wirtschaftswachstum: 4,6 Prozent
Unabhängigkeit: 1966
Anzahl chinesischer Restaurants: Acht.
Nationalgericht: Seswaa, ein stundenlang über offenem Feuer gekochter Fleischeintopf.
Das sollte man gesehen haben: Die Elefanten im Okavangodelta.
Das muss man wissen: In Botswana leben die meisten Elefanten Afrikas.
Darüber redet das Land: Dürfen wir bald wieder Elefanten jagen?

Manchmal riecht es in unserer Wohnung in Kapstadt nach Elefant, obwohl es hier unten am Kap weit und breit keine Elefanten mehr gibt. Es riecht aber trotzdem nach Elefant, nach totem Elefant, ein süßlich stechender Geruch, der sich über alle anderen Gerüche legt und mich wahnsinnig macht. Quelle des Geruchs sind mein Rucksack und ein paar Adidas-Laufschuhe. Die hatte ich bei einer Reise nach Botswana an den Füßen, als ich ein paar Soldaten begleitete, die dort im Einsatz sind, um Elefanten vor Wilderern zu schützen – nicht immer mit Erfolg. Wir flogen mit einem Armeehubschrauber durch den Norden Botswanas, wo es die meisten Elefanten Afrikas gibt, mehr als 120 000 leben hier und werden so gut geschützt wie sonst nirgends in Afrika. Forscher wollen herausgefunden haben, dass sich das unter Elefanten offenbar herumspricht, dass also die einen Elefanten den anderen sagen: »Hey, kommt doch hier runter nach Botswana, hier ist es sicher und schön.« Ich bin mir nicht sicher, ob das wirklich so ist.

So oder so scheint es den Elefanten ganz gut zu gehen in Botswana, so sieht es zumindest vom Hubschrauber aus. Hunderte, wenn nicht Tausende Elefanten ziehen im Okavangodelta umher, sie traben durch das flache Wasser und wälzen sich im Schlamm, es sieht so aus, als hätten sie beschlossen, den Besuchern heute mal das Bilderbuchafrika vorzuspielen. Aber hier ist es einfach so.

Zur Realität gehört aber eben, dass die Elefanten auch hier gefährdet sind, deshalb sind die Ranger unterwegs, deshalb kann ich sie begleiten. Wir fliegen mit dem Hubschrauber weiter, über endlose Weite, eine Halbwüste mit kleinen Büschen, die sich über Hunderte Kilometer erstreckt. Gegen Mittag landen wir an einer Stelle, an der Wilderer mehrere Elefanten getötet haben.

Der größte von ihnen sieht aus wie ein Zelt, das in sich zusammengefallen ist. Auf Höhe des Bauches ist ein großes Loch, durch das man dorthin sehen kann, wo früher die Innereien waren. Neben dem Kadaver des Elefanten hat sich eine zähe schwarze Flüssigkeit gebildet, ich bin so damit beschäftigt, die Ranger vor dem Elefanten zu fotografieren, dass ich gar nicht merke, wie ich in die zähe Pampe trete, fast darin versinke und beim Hinausziehen des Fußes auch noch meinen Rucksack, der am Boden liegt, damit vollmache. Viele Monate muss ich an den Elefanten denken, immer, wenn ich ihn rieche. Wochenlang versuche ich ihn loszuwerden, ich rühre spezielle Essigmischungen auf, die aber auch nicht weiterhelfen. Im Internet gibt es zu vielen Dingen gute Ratschläge, die Googlesuche nach einem Reinigungsmittel gegen die Kadaverflüssigkeit von toten Elefanten führt aber zu keinem Ergebnis. Der tote Elefant lebt in unserer Wohnung weiter.

Die Wilderer hatten ihm die Stoßzähne abgeschnitten, sie aus dem Schädel herausgerissen mit Äxten oder Macheten und schließlich Zweige über den Kadaver gelegt, damit die Aasgeier die Beute nicht entdecken hier im Norden Botswanas. Aasgeier sind von Weitem zu sehen, sie helfen, die Wilderer zu finden, die es auf das Elfenbein abgesehen haben, um es für viele Tausend Dollar nach China zu verkaufen, wo viele Männer der Ansicht sind, dass es die Potenz steigert. Medizinisch gesehen ist das völliger Quatsch, aber vielen Chinesen nicht auszureden, weshalb die Elefanten weiter sterben.

Der Chef der Soldaten Colonel George Bogatsu klopft mit dem Knöchel seiner Hand ein paar Mal auf die harte Haut des toten Elefanten und lauscht dem hohlen Ton hinterher, als könne er daraus etwas schließen über die Todesumstände. »Das waren Wilderer«, sagt er, »zuerst haben sie geschossen, dann haben sie, um Munition zu sparen und das Tier bewegungsunfähig zu machen, dem Elefanten die Wirbelsäule durchgeschnitten.« Er zeigt auf zwei Einschnitte am Rücken.

Seit sechs Jahren leitet Bogatsu die Einheiten der Botswana Defence Forces, die hier im Norden des Landes die Tierwelt vor Wilderern schützen. Sie leben ein Leben, das sich gar nicht so sehr von dem der Wilderer unterscheidet: Sie leben wochenlang im Busch, schlafen in Zelten, haben kein fließendes Wasser und können oft kein Feuer machen, weil man sie sonst schon von Weitem erkennen würde. Colonel George Bogatsu hat ein Maschinengewehr dabei, eine ziemlich große Waffe. Ob er schon einmal damit geschossen hat, frage ich ihn. Er lächelt, ohne zu antworten.

Es ist die dunkle Seite des Schutzes der Elefanten, über die die Regierung nicht so gerne spricht. Seit mehreren Jahren verfolgt das Militär eine *Shoot on sight*-Politik, es feuert also sofort, wenn es auf Wilderer trifft.

Wie viele Wilderer in Botswana getötet werden, ist unklar, die Regierung gibt keine Zahlen bekannt. Lokale Medien berichten, dass in den vergangenen Jahren allein 52 Staatsbürger aus Namibia und Simbabwe erschossen wurden, oft unter unklaren Umständen, die nicht öffentlich untersucht werden. Letztlich laufe die Praxis in vielen Fällen auf ein Todesurteil ohne Verhandlung hinaus, sagen Kritiker. Es geht auch um die Frage, wer eigentlich mehr wert ist, Mensch oder Tier?

Als ich in Botswana war, ist gerade ein neuer Präsident ins Amt gekommen, der einiges anders machen möchte. Er hat ein paar Rangern die automatischen Waffen weggenommen, für die sie keine Berechtigung gehabt hätten. Außerdem will die Regierung prüfen, das Jagdverbot für Elefanten vielleicht aufzuheben. Ein Sturm der Entrüstung bricht los, Tierschutzorganisationen werfen dem neuen Präsidenten vor, das Überleben der Elefanten aufs Spiel zu setzen.

Das sei völliger Quatsch, sagt hingegen Churchill Collyer, der stellvertretende Direktor der Naturschutzbehörde. Er sitzt im Konferenzraum eines großen Hotels in Kasane, Karohemd, Trekkinghose, er sieht aus wie ein Tourist. »Wir haben nur den Wildhütern ihre Maschinengewehre abgenommen, die sie ohne gesetzliche Grundlage getragen haben, sie dürfen aber weiter normale Gewehre tragen. Die Soldaten, die im Nationalpark patrouillieren, wo es die meisten Elefanten gibt, tragen weiter Maschinengewehre.« Für Collyer geht es in dem Streit um Grundsätzliches. Die Politik in Botswana war in den vergangenen Jahren meist auf Seite derer, die vom Tourismus profitierten, der etwa 15 Prozent des Bruttosozialproduktes ausmacht und 30 000 Arbeitsplätze geschaffen hat. Auch der ehemalige Präsident ist an vielen Lodges beteiligt. Fällt das Jagdverbot für Elefanten, wäre das schlecht für sein Geschäft. Touristen aus dem Westen würden womöglich fernbleiben, sie mögen keine toten Elefanten, wollen die heile Welt sehen, das Bilderbuchafrika.

»Manche sehen das Töten von Elefanten aber nicht als Wilderei, sie jagen, um zu überleben«, sagt Collyer von der Naturschutzbehörde. So sei es in vielen Regionen des Landes Tradition, ein Brauch, der lange nicht dazu geführt habe, dass die Elefanten vor der Ausrottung standen, weil die Gemeinschaften gemeinsam entschieden haben, wie viele Tiere getötet werden. Vor allem im Süden des Landes werden Elefanten gejagt. Die Dörfer dort haben wenig vom Tourismus, Unmut macht sich breit, es gibt Proteste gegen das totale Jagdverbot, das seit 2014 gilt. »Wir haben eine Expertengruppe eingesetzt, die das Verbot untersuchen soll«, sagt Churchill Collyer. Er findet, dass die in den vergangenen Jahren stark gestiegene Population der Elefanten für viele Farmer ein Problem geworden ist.

»Ernten werden vernichtet und Häuser zerstört«, sagt Collyer. Deshalb könne es sinnvoll sein, die Jagd auf eine festgelegte Zahl von Elefanten wieder zu erlauben. Möglicherweise auch Konzessionen an internationale Großwildjäger zu vergeben. Es ist wohl vor allem diese Möglichkeit, die Tierschützer auf der ganzen Welt empört.

Für sie war es viele Jahre Konsens, dass Naturschutzgebiete zu Festungen ausgebaut werden, zu denen der Mensch keinen

Zutritt hat, außer er ist ein zahlender Tourist. Die Naturvölker wurden so oft an den Rand gedrängt. In manchen Gebieten in Botswana ist die Population der Elefanten so stark gestiegen, dass es mehr Tiere gibt als Menschen.

Es ist eine schwierige Frage, auf die die Regierung auch fast ein Jahr später keine wirkliche Antwort gefunden hat. Es steht viel auf dem Spiel, die Einnahmen aus dem Tourismus und auch der Ruf, das Musterland Afrikas zu sein. Die »Schweiz des Kontinents« wurde das Land genannt, ich habe keine Ahnung warum, es gibt keine Berge, keine Kühe und keinen Schnee.

Was es gibt, sind Regierungen, die seit der Unabhängigkeit 1966 eine ziemlich gute Politik gemacht haben. Die Engländer hatten ihr sogenanntes Protektorat ziemlich schlecht behandelt, nur ein paar Kilometer Straßen gebaut und keine Universität, Botswana war für sie uninteressant, weil es keine Bodenschätze hatte. Die Diamanten wurden erst nach der Unabhängigkeit gefunden, was wohl ein großes Glück war. Vom Wert her stammen etwa 30 Prozent der jährlichen Diamantenfunde aus Botswana. Die Gewinne versickern nicht in dunklen Kanälen oder nur auf den Konten internationaler Konzerne. Sie bleiben im Land und werden in Infrastruktur, Bildung und Gesundheit investiert. Die Korruption ist gering, das Pro-Kopf-Einkommen mit 8000 US-Dollar eines der höchsten Afrikas.

Man merkt schon am Flughafen der Hauptstadt Gaborone, dass es dem Land gut geht, als ich ankomme, gibt es keine Taxis. Es ist Sonntag und schon spät, da arbeitet keiner mehr, der nicht dringend muss. Wo in anderen Ländern sonst Dutzende Fahrer um die wenigen Fahrgäste kämpfen, wo an den wenigen Touristen herumgezerrt wird, steht nun einfach niemand vor dem Flughafen. Ein Einheimischer nimmt mich schließlich mit, in einem grünen tiefergelegten Toyota, an dessen Unterseite auch noch grüne Lampen angebracht sind. Bis heute schickt mir der junge Mann Bilder von seinen Reisen, er ist in einem Kirchenchor aktiv, der Chor fliegt häufig um die Welt, neulich grüßte er mich aus Nebraska. Er ist ein schönes Beispiel dafür, dass Afrika nicht nur aus Menschen besteht, die von morgens bis abends an Europa denken, an die Flucht. Aus Botswana wollen nur wenige weg, warum auch?

Die einzige Fluchtursache könnte sein, dass es ein bisschen langweilig ist im Musterland, zumindest wenn man nicht gerade auf Safari ist. Was es denn so zu tun gebe in Gaborone, frage ich den jungen Mann. Er guckt mich fragend an. Schließlich lande ich in einem Fischrestaurant, in einem Land in der Wüste, das weit und breit keine Küste hat. Vor neun Uhr abends bin ich im Bett, so früh wie seit Jahrzehnten nicht mehr.

Burkina Faso

Burkina was? Die Hauptstadt Ouagadougou ist für viele das afrikanische Buxtehude, hat aber das größte Filmfestival des Kontinents.

Einwohner: 19 Millionen
Wirtschaftswachstum: 6 Prozent
Unabhängigkeit: 1960
Anzahl chinesischer Restaurants: Eins.
Nationalgericht: Riz Gras, Reis mit einer Soße aus Tomaten und Chilis.
Das sollte man gesehen haben: Auf dem lokalen Markt kann man alles Nötige für eine kleine Voodoo-Zeremonie bekommen, von Tierknochen bis zu Krokodilköpfen.
Das muss man wissen: Burkina Faso heißt das »Land der aufrechten Menschen«.
Darüber redet das Land: Wer gewinnt das größte Filmfestival Afrikas?

Es dreht sich tatsächlich alles ums Kino in dieser Stadt. Hunderte Autos und Motorräder drehen sich im Kreis, fahren um den Kreisverkehr in der Innenstadt von Ouagadougou, in dessen Mitte ein paar Filmrollen aus Stein stehen, bunt angemalt und ziemlich groß. »Platz der Cineasten« heißt der Ort im Zentrum der Hauptstadt von Burkina Faso. Die Filmrollen sind ein Denkmal an alle Filmemacher, das vielleicht einzige auf der Welt. Mit jedem Taxifahrer kann man über die Favoriten reden, die gerade im Programm sind. Im Radio und Fernsehen geht es tagelang um nichts anderes. Die Welt steht still, nur die Filmrollen drehen sich.

Ouagadougou ist für viele europäische Ohren so etwas wie das Buxtehude Afrikas, irgendwo da unten, ein Name, der nach Buschtrommel klingt, in einem Land, dessen Namen sich doch kein Mensch merken kann, Burkina was? Und wenn dann doch einer mal etwas von Burkina Faso gehört hat, dann wahrscheinlich wegen der islamistischen Terroristen, die hin und wieder europäische Bürger angreifen – nur dann ist das Ganze überhaupt eine Nachricht wert.

Aus afrikanischer Sicht ist Burkina Faso nicht die Hauptstadt des Terrors, sondern des Kinos, Schauplatz des größten Filmfestivals Afrikas FESPACO, was für »Pan-African Film and Television Festival of Ouagadougou« steht. Als ich im März 2019 in Burkina bin, feiert es gerade sein 50-jähriges Bestehen. Das »Cannes Afrikas« nennen es manche, warum aber muss es eigentlich solche Vergleiche geben, die dann doch nur wie eine Kopie klingen, nicht ans Original reichen, wo doch das FESPACO-Festival auf seine Art doch ziemlich einzigartig ist. Allein schon wegen des Ortes, an dem es stattfindet, Ouagadougou liegt auf einem Hochplateau, trotzdem wird es bis zu 40 Grad heiß, was sich aber nicht so anfühlt, weil immer ein frischer Wind aus dem Sahel herüberweht.

Der größte Saal hat etwa 500 Plätze und eine Klimaanlage. Zum Jubiläum sind 4000 Regisseure und Schauspieler angereist, mehr als 100 000 Besucher schauen sich etwa 200 Filme an. Sie sitzen in den Kinos und lachen und klatschen und buhen, wenn ihnen etwas nicht gefällt. Kino ist hier wie sonst auch oft in Afrika kein Raum, in dem das zu laute Rascheln des Popcorns mit den grimmigen Blicken des Nachbarn quittiert wird, man weiß, dass es nur ein Film ist, verhält sich aber so, als sei er lebendig, vielleicht sogar noch veränderbar.

FESPACO ist ein Filmfestival, aber letztlich nur der Anlass für Burkina Faso, sich auch ein bisschen selbst zu feiern, den Umständen zu trotzen, denn in Teilen des Landes treiben die Islamisten ihr Unwesen, die letztlich vor allem Banditen sind, denen es darum geht, ihre Schmuggelrouten nach Nordafrika zu sichern, auf denen sie dann Menschen verschachern, Gold transportieren und auf dem Rückweg tatsächlich auch tonnenweise Pasta nach Afrika schmuggeln.

Mehr als 2000 Sicherheitskräfte beschützen das Festival, an seinen Eingängen geht es zu wie am Flughafen, man geht durch einen Scanner, Feuerzeuge oder scharfe Gegenstände werden einem abgenommen. Drinnen auf einem der Hauptgelände sieht es aus wie auf einem riesigen Biergarten mit großer Musikbühne. An Dutzenden Ständen liegen Brochettes auf dem Grill, leckere Fleischspießchen, zu denen Brakina getrunken wird, das lokale Bier, das in praktischen 0,67-Liter-Flaschen gereicht wird. Das Musikprogramm besteht aus gewöhnlichen Gruppen, die fleißig trommeln, und eher ungewöhnlichen Bands. An einem Abend spielt eine Gruppe von vier Frauen in engen Kleidern, die ein Kopftuch tragen und Elektrogitarren, sie machen eine beinahe hypnotische Musik, die dem Publikum gefällt, aber nicht dem Moderator des Abends, der die vier Frauen ruppig zum Gehen auffordert. Das Publikum antwortet mit einem Pfeifkonzert, die Frauen bleiben und spielen weiter. Die Burkinabe sind mehrheitlich muslimisch, die Vorurteile, die man über die Rolle der Frau hat, greifen hier aber nicht unbedingt. Das merkt man schon im Straßenbild, nirgends in Afrika habe ich so viele Frauen auf Motorrädern und -rollern gesehen wie hier in Burkina Faso. Der Internationale Frauentag soll ein noch größeres Fest sein als das Filmfestival.

Die Rolle der Frau und der Stellenwert des Kinos wurden beide von Thomas Sankara beeinflusst, den man oft den Che Guevara Afrikas nennt, dessen Biografie aber unvergleichlich ist. Er wird bis heute von Millionen Jugendlichen verehrt, sein Name mit einem Seufzen ausgesprochen, der bedeuten soll: Ach, was wäre gewesen, wenn Sankara noch leben würde, wenn man ihn nicht umgebracht hätte. Sankara war ein echter Revolutionär, als er 1983 an die Macht kam, benannte er das damalige Obervolta, ein Name der Kolonialisten, in Burkina Faso um, das »Land der aufrechten Menschen«. Er bekämpfte die Korruption und verordnete sich und den Ministern kleine Renaults als Dienstwagen. Er ließ Wälder wieder aufforsten und das Gesundheitssystem verbessern. Sankara war ein früher Feminist, der Frauen stärkte, und ein Cineast, der das einheimische Kino förderte, 15 Prozent der Gewinne der internationalen Produktionen mussten in einen Fonds zur Förderung des lokalen Films eingezahlt werden. Er ist mit seiner radikalen Politik vielen auf die Nerven gegangen – dem alten Kolonialherren Frankreich, weil er die Schulden im Westen nicht zurückzahlen wollte. Sein einst enger Freund Blaise Compaoré warf ihm vor, autoritär zu regieren, und zettelte einen Putsch gegen ihn an, um dann fast 30 Jahre die Menschen zu unterdrücken. Mittlerweile wurde auch Compaoré weggeputscht, mittlerweile ist es nicht mehr verboten, mit einer gewissen Melancholie auf Sankara zurückzublicken. Am letzten Tag meines Besuches wurde ein großes Denkmal eingeweiht, das seiner gedenkt, ein Museum und Mausoleum sollen folgen.

Über Sankara gibt es Dutzende Dokumentarfilme, von denen die meisten von Europäern oder Amerikanern gedreht wurden. Den eigenen Blick auf Sankara durften die Burkinabe bisher nur selten der Welt präsentieren. Vielleicht auch, weil die westliche Welt eine ziemlich genaue Vorstellung hat, wie Afrika zu sein hat. »Wenn man europäisches Geld haben möchte, dann muss man einen richtig afrikanischen Film machen«, sagte der Regisseur Nweze Ngangura vor einigen Jahren, »oder vielmehr das, was sich die Europäer darunter vorstellen.«

Viele der afrikanischen Filme, die in den vergangenen Jahren in Ouagadougou gezeigt wurden, werden von europäischen Sendern und Förderprogrammen unterstützt, sie werden von Afrikanern gedreht, die in Europa leben, und sind eher im europäischen Fernsehen und auf Festivals zu sehen als im afrikanischen Kino oder TV, das mit Billigproduktionen und Zweitklassigem aus Bollywood überschwemmt wird. Was sich aber in letzter Zeit ändert, weil es dank der günstigen digitalen Technik billiger geworden ist, einen Film zu produzieren, der dann auch einfach mit einem Beamer im Hinterhof auf eine weiße Fläche geworfen werden kann. »Im Grunde beginnt die Geschichte des afrikanischen Films erst jetzt, mit den digitalen Produktionsmitteln«, sagte Idrissa Ouédraogo, einer der bekanntesten Filmemacher Burkina Fasos, schon vor Jahren einem Reporter des *Tagesspiegels*.

Das Jubiläumsfestival gewann ein Film aus Ruanda, auf den Bildern der Preisverleihung sieht man drei Reiter den Preis auf die Bühne bringen, ein goldenes Pferd. Das ruandische Staatsballett tanzt temperamentvoll, die geladenen Berühmtheiten tragen enge Glitzerkleider. Aus den USA wird schließlich Martin Scorsese zugeschaltet, der davon erzählt, wie seine Wertschätzung des afrikanischen Kinos ständig wachse. Fast wie in Hollywood, könnte man sagen. Was aber nicht stimmt, denn Ouagadougou ist ein einzigartiger Ort.

Demokratische Republik Kongo

Das große Missverständnis –
eine Bootsfahrt in Joseph Conrads Herz
der Finsternis, das erstaunlich heiter ist.

Einwohner: 95 Millionen
Wirtschaftswachstum: 4 Prozent
Unabhängigkeit: 1960
Anzahl chinesischer Restaurants: Fünf.
Nationalgericht: Poulet à la Moambé – Hühnchen in Palmölsoße.
Das sollte man gesehen haben: Den Sonnenuntergang über dem Kongo-Fluss.
Das muss man wissen: Die Demokratische Republik Kongo ist so groß wie Westeuropa.
Darüber redet das Land: Bringt der neue Präsident Félix Tshisekedi auch den Wandel?

Stolpere nicht. Sei nicht arrogant. Lass dich nicht mit den Frauen von anderen ein. Das sind die drei goldenen Regeln, die es zu beachten gibt an Bord, sagt der kleine Mann. Er stellt sich vor als so etwas wie der Maat der *MB Nathasha Belle*. Um ihn herum werden gerade Motorräder, Maissäcke, Hühner und rohe Fleischstücke an Bord gebracht. Ein Träger fällt beim Versuch, eine schwere Tasche auf die Ladefläche zu hieven, ins schlammige Wasser zwischen Boot und Ufer. Der Maat führt zu einer Kabine auf dem oberen Deck. Man habe Glück, sagt er, schon morgen in der Früh lege das Boot ab. Die »Kabine« ist eine Abstellkammer, in der ein wackliger Schreibtisch steht. »Das richten wir tipptopp her«, sagt der Maat. Eine Woche nicht stolpern, nicht arrogant sein, sich nicht mit den Frauen anderer Passagiere einlassen. Das müsste doch zu schaffen sein.

Etwa 450 Kilometer von Kisangani bis nach Bumba wird man unterwegs sein, sieben Tage und sechs Nächte an Bord der *MB Nathasha Belle*, in einer Kammer, die etwa zwei Quadratmeter groß ist, aber zusehends schrumpft, denn es kommen immer mehr Maissäcke dazu und ein weiterer Passagier, schlafen geht nur mit angewinkelten Beinen. Es ist eine Reise durch den eigenen Gefühlshaushalt. Es gibt die große Euphorie, wenn die Sonne am Morgen den noch nebligen Fluss beleuchtet. Es gibt Momente, in denen man zweifelt, ob das alles eine gute Idee war, wenn der Kapitän ohne Beleuchtung in die Nacht hineinfährt, blind. Und es gibt die unglaubliche Langeweile. Stundenlanges Mensch-ärgere-dich-nicht-Spielen mit den Mitreisenden, wenn es mal wieder nicht weitergeht. Rückzugsraum oder Privatsphäre gibt es nicht, alle sitzen in einem Boot.

Die *MB Nathasha Belle* besteht für diese Reise aus dem Schlepper und vier Frachtkähnen, von denen zwei längs vor das schiebende Motorboot gespannt sind und jeweils einer links und rechts davon. Eine Schönheit ist die *MB Nathasha Belle* nicht. Das Schiff mit seinen vier Schuten sieht von oben aus wie ein auf dem Wasser liegendes, schwimmendes Kreuz, rund 80 Meter lang und 30 Meter breit, größer als drei Tennisplätze. Auf den Decks steht eine wilde Mischung aus Autos und Containern, dazwischen haben sich rund 200 Passagiere ihre Lager eingerichtet.

Jeder Bootsteil trägt den Namen eines Erdteils. »China« heißt China, weil es oben auf den Containern überbevölkert ist, sich die Leute am dichtesten drängen. In »Amerika«, dem ersten Stock des Motorbootes, wären alle gerne, auf einer Veranda hinter der Brücke gibt es ein wenig Platz und Ruhe, zumindest zu Beginn der Reise. Doch auch hier wird nach und nach jeder Zentimeter des Bootes mit Fracht zugestellt.

»Europa« liegt im Erdgeschoss des Schleppers, wo es die besseren Toiletten gibt, die auch Duschen sind, Stahlkabinen mit einem Loch im Boden, in die man einen Eimer Flusswasser mit hineinnimmt. Die Duschtoiletten sind überraschend sauber. Man hockt sich hin und säubert den Boden mit Wasser und einem Besen, dann wird geduscht. Selten hat man Menschen gesehen, die sich so lange und intensiv duschen, waschen und anschließend eincremen. Jeder hinterlässt eine saubere Stahlkabine. Die Abwässer, übrigens, fließen in einen Tank – und vom Tank in den Fluss. Schließlich »Afrika«. Das sind die Gassen, die längs und quer über das Schiff verlaufen. Zwischen Schiff und Schuten klaffen Spalten, in die jeder seinen Abfall wirft. Es gibt Marktstände und Garküchen, Friseure und Kosmetiker. Es gibt eine Art Bar mit einem Kühlschrank und kaltem Bier, an der an manchen Tagen und bei günstiger Position Satellitenfernsehen zu empfangen ist. Und es gibt einen Rotlichtbezirk, in dem einige Damen sich den Fahrpreis der Schifffahrt verdienen.

»Ich hatte große Angst vor dieser Reise«, sagt Jean-Claude Mangila. Der Pfarrer hatte sich auf Youtube einige Videos angeschaut von den überfüllten Booten auf dem Kongo. Niemals wollte er auf einem dieser Seelenverkäufer fahren, zu gefährlich. Im Hafen von Kisangani hatte er die Schiffe angeschaut und Preise verglichen. Nun sitzt er doch auf einem solchen Boot.

Einen Fahrplan gibt es nicht. Es wird abgelegt, wenn an Bord kein Platz mehr ist für weitere Fracht oder Menschen, was Tage dauern kann oder Wochen. Mangila hatte ebenfalls Glück gehabt und nur ein paar Tage warten müssen auf die Abfahrt der *MB Nathasha Belle*, die nach ihrer Besitzerin benannt ist, einer Kongolesin, die in der Hauptstadt Kinshasa wohnt. Ihr Boot hatte auf den Pfarrer einen guten Eindruck gemacht, zumindest wenn man es damit vergleicht, was sonst noch so zur Auswahl stand. Er hatte Bohnen und Kohle eingekauft, für Wasser hatte es nicht mehr gereicht. Wasser trinkt er jetzt aus dem Fluss, was zu Infektionen führen kann.

Seine Reise führt Jean-Claude Mangila bis zur Endstation in Kinshasa. 1900 Flusskilometer und vier Wochen sind es bis dorthin. Mangila hat als Pfarrer lange im Osten des Landes missioniert. »Ich arbeite in einer sehr instabilen Region, es ist dort sehr schmerzvoll und hart«, sagt er. »Ich möchte nach Kinshasa, um mich auszuruhen.« Er sitzt auf einer kleinen Matratze inmitten eines Durcheinanders aus Containern, Autos, Hühnern, Menschen, glühenden Kohlegrills und spielenden Kindern. »Ich habe erst versucht, mit dem Bus zu fahren, aber es gibt keine Busse mehr«, sagt er. Vor allem nicht, wenn man in der Demokratischen Republik Kongo von einem Ende des Landes in das andere will, es ist eine Flussfahrt, so lange wie durch ganz Westeuropa.

Die Reise über den halben Kontinent führt durch nebligen Regenwald und die Spuren der Vergangenheit, die Geister und Schrecken der Eroberung Afrikas. Es ist ein Abenteuer, das nicht gefährlich sein muss, aber gefährlich werden kann. Einmal braust, wie aus dem Nichts, ein Sturm auf, peitscht die

Wellen und reißt die Plastikzelte mit, die viele Passagiere gegen die stechende Sonne aufgebaut haben.

Alle paar Monate sinkt auf dem Kongo ein überbeladenes Schiff, und es gibt Dutzende Tote, die es aber nur selten in die Nachrichten schaffen. Wer mit einem Boot untergeht, ist auf sich gestellt, es gibt keine Wasserpolizei oder sonst jemanden, den man zu Hilfe rufen könnte. In manchen Flussabschnitten leben Krokodile, die aber, so sagen es die Leute an Bord, nur diejenigen fressen, die durch ihre Sünden dafür vorbestimmt seien. So wie alles im Leben vorbestimmt sei. Man könne also eh nichts machen und solle die Reise genießen, sagen die Mitreisenden.

Das gelingt ihnen selbst aber auch nicht immer, denn Schlaf gibt es wenig. Nachts dröhnt und rattert der Generator bis zwei Uhr. Um 4.30 Uhr beginnt ein Kollege Mangilas mit dem Gebet, oben auf einem der Container, die Hände ausgebreitet zum morgenroten Himmel. Manche beten mit, andere drehen sich fluchend um im Bett.

Etwa 50 US-Dollar hat Mangila für die Fahrt bezahlt, das ist viel Geld in einem Land, in dem 70 Prozent der Einwohner mit weniger als zwei US-Dollar am Tag zurechtkommen müssen. Mangila ist bisher zufrieden mit der Fahrt, zwei Tage ist die *MB Nathasha Belle* nun unterwegs, er hat einen Platz gefunden, über den seine Nachbarn und er eine Zeltplane gespannt haben gegen die Sonne. Fast schon Luxusklasse. Er kann sich am Tag an einen Container lehnen, nachts hat er so viel Platz, dass er seine Beine ausstrecken kann. »Wir sind hier sicher, es gibt keine körperlichen Angriffe, anders als dort, wo ich herkomme«, sagt er.

Was für ihn eher ein Problem sei: die »spirituelle Unsicherheit«. Nachts habe er mitanhören müssen, wie Passagiere Sex hatten, womöglich, spekuliert er, vor oder neben der Ehe. In solch unsicheren Momenten wirft Pfarrer Mangila einen Blick in die Bibel oder in eine Broschüre, die er sehr oft zur Hand nimmt. Sie ist etwa 80 Seiten dick. »Darin steht alles über die Helden unserer Unabhängigkeit«, sagt Pfarrer Mangila. Immer wieder sieht man ihn an seinem Platz sitzen und in den Biografien der frühen Helden lesen.

Die Route der *MB Nathasha Belle* ist jene Wegstrecke, mit deren Entdeckung das Unheil in Afrika so richtig seinen Lauf nahm. Der heutige Kongo war im späten 19. Jahrhundert ein weitgehend unerforschtes Gebiet. Lokale Bantustämme hatten an den Ufern des Flusses ein Königreich gegründet, später kamen arabische Sklavenhändler und portugiesische Entdecker. 1877 gründete der britische Abenteurer und Expeditionsreisende Henry Morton Stanley von Tansania kommend das heutige Kisangani und reiste flussabwärts dorthin, wo nun Kinshasa liegt. Er entdeckte den genauen Verlauf des Kongo-Flusses, der bis dato in seiner ganzen Länge unbekannt war. Der belgische König Leopold II. heuerte Stanley später an, um Land aufzukaufen. Der König machte den Kongo zu seiner persönlichen Kolonie. Entlang des Flusses ließ er Kautschukplantagen anlegen und Handelsstationen bauen. Als Fotos belgischer Gräueltaten Europa erreichten, von abgeschlagenen Gliedmaßen und Millionen ermordeten Kongolesen, gründete sich die erste internationale Menschenrechtsbewegung, die den König zumindest dazu bewegen konnte, seine Privatkolonie 1908 dem belgischen Staat zu übertragen.

In Kisangani haben die Belgier dem Entdecker Stanley einst ein riesiges Denkmal gesetzt. Viele Jahre später, als sie längst unabhängig geworden waren, ließen die Kongolesen es abreißen, den Sockel aber stehen. Als seien sie sich nicht ganz sicher, wie sie mit ihrer eigenen Geschichte umgehen sollten. Die Demokratische Republik Kongo mit ihren 95 Millionen Einwohnern ist eines der wenigen Länder, das sich zurückzuentwickeln scheint, in dem die Unabhängigkeit nicht unbedingt ein Fortschritt war, in dem die Ausbeutung nun von einer lokalen Elite weiterbetrieben wird. Mit einem Bruttoinlandsprodukt von 448 US-Dollar pro Kopf gehört die DR Kongo zu den ärmsten Ländern der Welt.

Jeder muss sich selbst helfen, so in etwa lautet die wichtigste Maxime in diesem Land. Bei Fahrtantritt war der Hafen menschenleer, nur ein Soldat stand am Tor und verbot das Fotografieren, was sich aber gegen eine »Gebühr« leicht regeln ließ. Für die Schiffe, die den Kongo hinunterfahren, ist der Liegeplatz im Hafen zu teuer – sie machen ihre Boote entlang des schlammigen Ufers fest, wobei nicht leicht auseinanderzuhalten ist, wo ein Boot anfängt und wo es endet.

Einst brachten Eisenbahnen Kautschuk, Palmöl, Blei, Kupfer und Diamanten an den Fluss, wo sie mit Kränen auf die Schiffe verladen wurden. Heute sind die Gleise mit Gras und Büschen überwuchert, die Hafenkräne rosten. Als Belgien den Kongo 1960 in die Unabhängigkeit entließ, soll das Land etwa 2000 Kilometer geteerte Straßen gehabt haben. Mehr sind es bis heute nicht geworden – Deutschland hat auf einem Siebtel der Fläche ungefähr 700 000 Kilometer. Eine kleine Elite im Kongo hat das Geld, sich Tickets für die paar Flüge zu kaufen, die es jeden Tag im Land gibt. Für die meisten bleibt aber der Fluss die wichtigste Verkehrsader.

Von außen betrachtet ist der Kongo-Strom das *Herz der Finsternis*. So lautet der Titel des berühmten Romans von Joseph Conrad, der einst selbst als Kapitän den Kongo hoch- und runtergefahren ist und in seinem 1899 erschienenen Buch wieder ein Boot den Fluss hinaufreisen lässt, zu den Handelsstationen der Belgier, hinein in den Horror des Kolonialismus. »Das Grauen, das Grauen«, so lautet einer der bekanntesten Sätze des Buches.

Mit *Herz der Finsternis* meinte der britisch-polnische Schriftsteller Conrad nicht den Kongo, sondern die moralische Verkommenheit der Kolonialisten. So genau haben sein Buch aber wenige gelesen, den Ruf der Finsternis werden das Land und der Fluss nicht mehr los. Es ist eine Sicht, die sich verkauft. *Blood River* nannte ein englischer Journalist sein Buch über eine Reise durch die Rebellengebiete zum Kongo. »Eine tödliche Fahrt auf dem wilden Kongo«, heißt eine TV-Dokumentation, in der aber gar niemand ums Leben kam.

»Ich fühle mich hier sehr sicher, es ist immer jemand über uns, der auf uns aufpasst«, sagt Pfarrer Mangila. Er meint damit Gott, aber auch den Kapitän und seine Offiziere auf der Brücke direkt über ihm. Es ist immer jemand da, der dort oben steht und hinunterschaut auf die Boote. Von oben betrachtet sehen sie aus wie ein kleines Dorf. »Es ist ein kleines Land«, korrigiert Kapitän Philipe Yatshi. »Es ist mein Land, und ich bin der Präsident. Und ich regiere mein Land besser als der andere Präsident da draußen. Draußen an Land herrschen Willkür und Chaos. Hier an Bord hat alles seine Ordnung.«

Yatshi ist 48 Jahre alt und der Kapitän der *MB Nathasha Belle*, meist trägt er ein weiß-rotes ärmelloses Shirt. Er steuert das Boot an den Sandbänken vorbei und hat immer ein Auge darauf, was an Bord seines Schiffes passiert. Er schlichtet Streitereien und sorgt dafür, dass sich seine Passagiere hier sicherer fühlen als an Land. Und manchmal muss er jemanden verhaften.

Im Erdgeschoss des Schleppers hat Yatshi zwei kleine Zimmer und ein Bad, einen Luxus, den es sonst für niemanden gibt. Zwei seiner Söhne sind mit an Bord, so wie er früher auch mit an Bord war, als sein Vater diesen Fluss befuhr. »Mit fünf Jahren wollte ich Kapitän werden, aber mein Vater war dagegen. Er sagte, das ist zu gefährlich.« Irgendwann gab der Vater nach und war der erste Lehrer für den Sohn, danach ging es noch in die Schifffahrtsakademie. Jetzt steht Philipe Yatshi schon seit 20 Jahren auf der Brücke, die im Falle der *MB Nathasha Belle* ziemlich übersichtlich ist. Vor ihm sind ein paar Instrumente eingebaut, ein Messgerät für die Temperatur des Motors und eines für die des Öls, daneben ein GPS-Gerät, das, genau wie die beiden anderen Geräte, nicht funktioniert. Über dem Kopf von Yatshi hängen verschiedene Vorrichtungen, in die Navigationsinstrumente eingeklinkt werden könnten, die aber leer sind. Das Einzige, was funktioniert, sind Ruder und Regler für die Geschwindigkeit. Mehr braucht der Kapitän nicht. Die letzten Karten des Flusses wurden während der belgischen Kolonialzeit gedruckt, sie sind nicht mehr zu gebrauchen.

Der Kongo ist ein gewaltiger Strom. An seiner breitesten Stelle misst er 21 Kilometer, sodass man leicht die Orientierung verliert. Er scheint auch kaum zu fließen. Das Ufer sieht immer gleich aus, Bäume, Bäume, Bäume, ein dichter Regenwald, von dem man nur die ersten drei oder vier Baumreihen sieht. Hin und wieder tauchen Markierungen an den Ufern auf, die Yatshi sagen, dass er auf die andere Seite steuern muss, um nicht auf eine Sandbank zu laufen. Die Belgier hatten die Fahrrinne einst ausgebaut, es gab beleuchtete Bojen, Schifffahrtszeichen und Kilometermarken. Fast alle sind sie mittlerweile überwuchert, zerstört oder gestohlen. Es ist so wie im Rest des Landes.

Da aber die *MB Nathasha Belle* ihr eigenes Land ist und Kapitän Yatshi ihr Präsident, haben sie sich eben selbst geholfen. Sie haben in den Dörfern entlang des Flusses so etwas wie kleine Botschaften eingerichtet mit Mitarbeitern, die für das Boot die Wassertiefe messen und Aufträge für Waren annehmen, die geliefert oder abgeholt werden sollen. An diesem Punkt trennen sich die Interessen des Präsidenten von denen seines Volkes. Die Passagiere wollen möglichst schnell ans Ziel kommen, der Kapitän will möglichst viel Ladung aufnehmen und abladen, damit möglichst viel Geld in die Kasse kommt. Das nervt alle.

Grob gesagt gibt es drei Gruppen an Bord: Da sind die einen, die vor dem seit Jahrzehnten andauernden Krieg im Osten des Landes flüchten, die sich in der Hauptstadt ein neues Leben aufbauen wollen. Menschen wie Alliance, 25 Jahre alt, die in Uganda studiert hat, aber keinen Job findet. »Ich hoffe, dass es in Kinshasa für mich besser wird.« In einer Stadt, die mithin grausam sein kann zu denen, die nichts haben. Dann gibt es jene, die auf dem Boot arbeiten, die eine kleine Küche haben, in der sie Fisch frittieren oder auch Fledermäuse, die Dorfbewohner im Wald gefangen haben. Und dann gibt es die Händler, die mit ihren Waren reisen und sie bewachen.

Jimmy Alexandre etwa. Den ganzen Tag sitzt er vor seinem Toyota Land Cruiser, nachts schläft er auf den Sitzen. Das Auto lässt er nicht aus den Augen, obwohl es schwer sein dürfte, den Geländewagen vom Boot zu stehlen. Der Tacho zeigt 308 000 Kilometer. Das Auto wurde gebraucht von Japan nach Tansania geschafft, dort hat es Alexandre für 8000 US-Dollar gekauft und nach Kisangani gebracht, in Kinshasa will er es für 20.000 verkaufen.

Das Schiff hält an einer Ansammlung von Hütten. Drei Gestalten kommen angerannt in zerrissenen Hosen und den Überresten von Flipflops. Einer stellt sich als René vor und beginnt, zwei Geschichten gleichzeitig zu erzählen. In der einen ist er der Sohn eines Belgiers und einer Kongolesin. In der anderen stellvertretender Polizeichef des Ortes. Beide Geschichten enden mit der Forderung nach Geld.

Hinter ihm plötzlich Geschrei und Durcheinander. Die Säcke mit dem Mais, die man abholen sollte, sind noch nicht am Platz, die Fischerleute des Dorfes wollen sie auch nicht gegen großzügige Bezahlung an Bord bringen. »Wir sind Fischer, wir machen das nicht«, sagen sie, obwohl ihre Umgebung und ihre zerlumpte Kleidung nicht so wirken, als hätten sie eine Wahl. Ein Erkundungstrupp bricht ins Landesinnere auf, um dort unter den Bauern Träger zu finden. Erst gegen Abend werden die 50 Maissäcke aufs Schiff geladen. Einen ganzen Tag hat die Abholung gekostet. Unter den Reisenden herrscht große Unruhe.

»Jeder weitere Tag kostet uns Geld, jeder Tag bringt unsere Kalkulation durcheinander«, sagt François, der 19 Jahre alt ist und auf dem Weg nach Kinshasa. Er sitzt mit etwa 50 Gleichaltrigen auf einem Frachtcontainer. Sie haben Matratzen dabei und Plastikplanen, die sie zu einem Sonnensegel gespannt haben. Wer es sich leisten konnte, hat sich im Hafen noch einen Plastikstuhl gekauft. So sitzen sie Tage und Wochen auf den Containern und spielen Mensch ärgere dich nicht. Sie fragen mich, ob die Spielregeln dort, wo ich herkomme, genauso sind (nein, die kongolesische Version ist anspruchsvoller) und warum ich so bescheuert bin, auf diesem Boot zu fahren. Sie fragen mich, ob ich dasselbe Essen esse und dieselbe Toilette benutze wie sie, was beides bejaht werden kann. Erst als der Gast sich dann auch noch als äußerst schlechter Mensch-ärger-dich-nicht-Spieler entpuppt, der sich über jede Niederlage ärgert, weicht ihr Misstrauen.

Mehr gibt es nicht zu tun hier oben. Hin und wieder schippert das Boot an einem Dorf mit Handymast vorbei, was dazu führt, dass alle auf ihre Bildschirme starren. Danach werden wieder die Spielbretter ausgepackt. Keiner trinkt, keiner raucht, weil es zu teuer ist und weil die Zigaretten das Boot in Brand setzen könnten und man vom Alkohol immer aufs Klo muss, das eine ziemliche Klettertour vom Container herunter entfernt ist. Gegessen wird meist einmal am Tag, es gibt Reis mit Bohnen oder Maispampe mit Thomson-Fisch. Dieser Fisch heißt so, weil ihn früher die Firma Thomson aus Südafrika importierte: Makrelen, die gefroren im Kongo ankommen und dennoch billiger sind als der Fisch, den die Fischer im Fluss fangen.

Wenn es um sechs Uhr dunkel wird, legen sich die Jungs auf ihre Matratzen, alle parallel nebeneinander, wie Thomson-Sardinen in der Dose. So geht es jeden Tag, bis am vierten Tag der Reise die Festnahme eines Diebes etwas Abwechslung in den Alltag bringt. Ein junger Mann mit gelähmten Beinen, der nur kriechen kann, hatte einem Passagier das Handy gestohlen. Der Dieb wird zum Kapitän in die Kajüte gebracht, wo eine Art Gerichtsverhandlung stattfindet. Der Verdächtige bestreitet seine Tat, dann findet man das Telefon in seiner Tasche, so geht die Sache zu seinem Nachteil aus. Der Kapitän füllt eine Quittung aus, die dem Fahrgast bescheinigt, »ins Exil« geschickt worden zu sein. Durch seine Unterschrift bestätigt er, dass er vor der Verbannung gehört worden war, also alles rechtens zugegangen sei. Dann wird er mit einem kleinen Boot an Land gebracht, wo man ihn an einem Weiler ablädt. Die Passagiere nicken zufrieden, der Kapitän sagt: »Es gibt Kriminelle, die uns infiltrieren. Wir finden und verurteilen sie. Sie haben keinen Platz auf dem Boot.«

Am nächsten Tag ist der Mann wieder an Bord. Er hat sich in der Nacht von einem Einbaum zum Schiff bringen lassen und wird sofort wieder beim Diebstahl erwischt, dieses Mal wollte er Zucker klauen. Die Angelegenheit wird nun brenzlig, das Volk ist aufgebracht und will ihm an den Kragen, besonders ein Armeeoffizier, der als Passagier an Bord ist, fordert mit eindeutigen Gesten den Tod des Jungen.

Es entsteht ein Handgemenge. Pfarrer Mangila wirft sich so gut es geht dazwischen, schreit, dass Gott es nicht dulde, sich an einem »Krüppel« zu vergehen. Der Kapitän sagt, er dulde in seinem Staat keine Selbstjustiz, und gewährt dem Dieb in seiner Kabine Schutz. Am nächsten Tag soll dieser wieder von Bord gebracht werden. Was sich verzögert, weil das Boot eine Gegend passiert, in der es viele Piraten geben soll, die an Bord kommen und die Passagiere überfallen könnten. Der Kapitän entscheidet sich daher zur schnellen Weiterfahrt.

Es ist ein ständiges Kommen und Gehen an Bord. Taucht irgendwo eine Siedlung am Ufer auf, sieht man von dort auch schon ein Geschwader Einbäume auf das große Boot zukommen, meist in friedlicher Absicht. Es sind Frauen und Kinder, die gebratene Fledermäuse oder frittiertes Affenfleisch verkaufen. Andere Dörfer haben sich auf Tische und Stühle aus einer Art Bast spezialisiert. Wieder andere holen Fahrräder ab und Mopeds, die sie bestellt hatten. Lautlos landen die kleinen Boote, lautlos legen sie ab, verschwinden in eine andere Welt, die man als ursprünglich bezeichnen könnte, in der die Einwohner noch von und mit der Natur leben. Manchmal wirkt diese Welt aber auch nur hoffnungslos, weil der Wunsch nach Erfüllung der Grundbedürfnisse auf immer unerhört zu bleiben scheint. Sauberes Wasser, saubere Kleidung, eine saubere Toilette.

Die Regierung hat diesen Teil des Landes vergessen. Straßen oder Brücken werden hier keine gebaut, Pflanzen überwuchern auch das bisschen Infrastruktur, das sich finden lässt. Seit Jahrzehnten gibt es immer wieder Pläne, einen riesigen Staudamm zu bauen, der ganz Afrika mit Strom versorgen könnte.

Und seit Jahrzehnten passiert – nichts.

Vor einigen Jahren hatte die Regierung die Idee, dass ein bisschen Veränderung der Region doch ganz guttun würde. Sie hatte die Idee, dass auf dem Kongo-Fluss vielleicht sogar etwas Tourismus möglich wäre, zumindest eine andere Art des Reisens als die abenteuerlichen Schubverbände, deren Zugschiffe oft noch aus der Kolonialzeit stammen. Für mehrere Millionen Euro ließ die Regierung ein großes Schiff modernisieren, es gab luxuriöse Schlafkabinen mit Fernseher. Dreimal ist das Schiff den Fluss hochgefahren, dreimal hat es dabei so viel Miese produziert, dass es wieder aus dem Verkehr gezogen wurde. Es gab kaum jemanden, der sich die teuren Tickets leisten konnte.

Die *MB Nathasha Belle* wird dagegen mit jedem Stopp voller. Es werden immer neue Waren geladen, überall stehen neue Maissäcke, werden Holzbretter verstaut, zum Schluss kann man sich kaum noch bewegen. Die Stühle werden einfach über Bord geworfen, die Passagiere sitzen nun auf Maissäcken.

Die Abendstunden sind die einzige Zeit, in der so etwas wie Ruhe einkehrt, wo man zusammensitzt. Estelle, die Frau, die einem eine Woche lang die Bohnen und den Reis gekocht hat, erzählt, wie sie vor ihrem Mann geflohen ist, der sie geschlagen und immer wieder vergewaltigt hat. Sie hat sich auf das Boot gerettet, für das Ticket bezahlt sie, in dem sie jeden Tag für einen Teil der Mannschaft kocht. Hin und wieder kommt ein Mann abends an ihre Matratze und will Sex mit ihr haben. Bisher hat sie alle abwehren können, hat ihr immer jemand geholfen, ist es für sie noch immer sicherer gewesen als auf dem Land.

Eine andere Frau erzählt, wie sie einmal ihre Ersparnisse in einem Rucksack mit aufs Schiff genommen hatte, ein paar Millionen kongolesische Franc, umgerechnet über 1000 Euro. So schwer sei der Rucksack gewesen, dass er sie nach hinten gezogen habe und sie ins Wasser gefallen sei. Andere Passagiere seien ihr hinterhergesprungen und hätten sie herausgezogen, ohne ihren Rucksack. »Jetzt fahre ich zum ersten Mal wieder. Man muss gleich wieder damit anfangen. Ohne das Schiff geht es einfach nicht.« Alle lachen. Drei Wochen auf dem Kongo haben sie noch vor sich, die Frauen, der Pfarrer, der Händler des Toyota Land Cruisers und der Schiffspräsident. Wer aber nur nach Bumba wollte, erlebt hier seinen letzten Abend.

Am Flughafen wartet man dann vier Tage lang auf ein Flugzeug, dessen Ankunft sich immer wieder verzögert. Bis eine alte sowjetische *Antonov* landet, eine, wie sie alle paar Wochen im Kongo vom Himmel fällt. Schnell wünscht man sich wieder auf das Boot zurück, die *MB Nathasha Belle*, zurück ins Herz der Finsternis, dessen Inneres so finster gar nicht ist.

Elfenbeinküste

Mitten im Dschungel steht die größte Kirche der Welt, die dem Petersdom erstaunlich ähnlich ist.

Einwohner: 26 Millionen
Wirtschaftswachstum: 7,4 Prozent
Unabhängigkeit: 1960
Anzahl chinesischer Restaurants: Im Bereich der asiatischen Küche dominiert eher die vietnamesische. Auch eine ehemalige französische Kolonie.
Nationalgericht: Foutou banane, Brei aus Jamswurzeln mit Kochbanane. Serviert mit scharfer Soße aus Erdnüssen oder Fleisch.
Das sollte man gesehen haben: Die Basilika Notre-Dame-de-la-Paix in Yamoussoukro, die größte Kirche der Welt.
Das muss man wissen: Mitten im Bürgerkrieg 2005 qualifizierte sich die Fußballnationalmannschaft für die WM. Kapitän Didier Drogba rief die Menschen daheim zum Frieden auf, tatsächlich schwiegen kurz darauf die Waffen. Drogba ist der beliebteste Ivorer aller Zeiten. Nach ihm sind Biere, Mobiltelefone, Tanzschritte und ein ganzes Dorf benannt.
Darüber redet das Land: Wann wird Drogba Präsident?

Natürlich gehen die Aufzüge nicht. Vier Stück haben sie in diese Kirche eingebaut, die größte der Welt, in der an alles gedacht ist: Die 7000 Sitzplätze haben eine eigene Klimaanlage, kleine Gitter in der Rückseite der hölzernen Sitzbänke. Die Fenster sind 7400 Quadratmeter groß, auf der rechten Seite sieht man Szenen aus dem Neuen Testament, auf der anderen aus dem Alten. Eine Orgel gibt es natürlich auch, die mit ihren 56 Lautsprechern auf eine Lautstärke von 90 Dezibel kommt. Alles funktioniert, alles ist gut in Schuss. Nur der Aufzug geht nicht. »Das ist Afrika«, sagt der Touristenführer und lacht. Dann verschwindet er zu den engen Treppen, die am Rande des Kirchenschiffes in die Kuppel hinaufgehen. Es scheint immer enger zu werden, heißer und stickiger. Dann stehen wir oben auf der ersten Plattform und schauen auf die Kuppel und den dichten Wald, der dahinterliegt. Daneben steht die Residenz des Papstes, ein Palast mit 40 Zimmern und Swimmingpool, gebaut für einen Besuch von 20 Stunden.

Die größte Kirche der Welt nennt das Guinnessbuch der Rekorde die Basilika Notre-Dame-de-la-Paix. Man könnte sie auch als die verrückteste der Welt bezeichnen. In Yamoussoukro steht sie, der Hauptstadt der Elfenbeinküste. Wobei das mit der Hauptstadt so eine Sache ist. Im Jahr 1960 wurde das Land von Frankreich unabhängig und Félix Houphouët-Boigny der erste Präsident. Mehr als 30 Jahre lang regierte er und hielt es für eine gute Idee, die Hauptstadt von der Küstenmetropole Abidjan in sein Heimatdorf Yamoussoukro zu verlegen, in ein Kaff mitten im Dschungel. In das dann eine Autobahn gebaut wurde, ein Kongresszentrum, ein Präsidentenpalast und ein 300-Zimmer-Luxushotel.

Schließlich fehlte nur noch eine Kirche, die nicht irgendeine werden sollte, sondern eine der größten der Welt. Zur Weihung sollte natürlich der Papst anreisen, darunter machte es der Präsident nicht. Im Gegenzug sollte der Kirchenstaat die riesige Kirche im Urwald geschenkt bekommen, im Jahr 1985 war Baubeginn, drei Jahre später alles fertig. Etwa 1500 Handwerker aus Frankreich, Italien und Israel wurden eingeflogen, die drei Hektar Marmor verlegten und 128 riesige Säulen errichteten. Preiset den Herrn.

Im Vatikan reagierte man zuerst sehr zurückhaltend auf das große Geschenk. Der Papst könne leider an der Eröffnung nicht teilnehmen, so schrieb es der Vatikan, er weile im Ausland, in einem unbestimmten Ausland, das aber nicht die Elfenbeinküste sei. Zwei Dinge störten die Leute im Vatikan offenbar besonders: dass die Basilika im Dschungel eine auffallende Ähnlichkeit mit dem Petersdom in Rom hat und ihn noch um ein paar Meter überragend wird. Und dass es in der Öffentlichkeit vielleicht nicht so gut ankommt, dass der Papst solch ein verschwenderisches Bauwerk segnet in einem Land, in dem viele täglich ums Überleben kämpften. Also teilten sie dem Präsidenten mit: Der Papst kommt, wenn die Kirche unter den 136 Metern des Petersdoms bleibt und ihr ein Krankenhaus baut für die Bedürftigen.

Jaja, sagten sie in der Elfenbeinküste. Der Papst sagte zu, und in Yamoussoukro setzten sie noch ein riesiges Kreuz auf die Kuppel, die den Petersdom nun um 25 Meter überragt. Das Krankenhaus wurde 27 Jahre nach dem Besuch des Papstes fertig. Beides, Hospital und Kirche, sehen nicht so aus, als könnten sie sich kaum vor Besuchern retten. Etwa ein Drittel der Menschen in der Elfenbeinküste sind katholisch, der Rest Muslime oder traditionellen Glaubens. An guten Tagen kommen vielleicht 500 Menschen zur Messe, besonders an heißen Tagen ist die Basilika beliebt, wegen der Klimaanlage. Eigentlich ist es aber immer heiß.

Man habe viel Zeit zu beten, sagt der Fremdenführer, der sich John nennt, und lacht. Er zeigt auf eine Wand, an der sie Zeichnungen und Fotos der »anderen großen Kirchen der

Welt« aufgehängt haben. »Der Petersdom ist 25 Meter kleiner, die Bauzeit betrug 120 Jahre, wir hier waren in drei Jahren fertig«, sagt der Führer. Ich erzähle ihm, dass ich aus Ulm komme, der Stadt mit dem höchsten Kirchturm der Welt, 161,5 Meter. »Wie lange habt ihr gebraucht?«, fragt John. »Mehrere Hundert Jahre«, sage ich. John lacht und geht weiter.

Was er gar nicht mag, ist, wenn Leute die Basilika für eine schlechte Kopie des Petersdoms halten. Klar, man habe sich ein wenig davon inspirieren lassen, aber doch etwas Eigenes geschaffen. »Der Petersdom hat zum Beispiel weniger Säulen«, sagt John. An einer Stelle der Kirche haben sie eine Holzschnitzerei aufgestellt, die »afrikanische Maria«, die schwarz ist und deren Porträt unterschiedlich wirkt, je nachdem, von wo man es anschaut. Aus der Nähe schaut sie streng, aus der Distanz freundlich.

Auf einem Wandfenster hat sich der Präsident selbst mit ins Abendmahl geschmuggelt. Das haben die Baumeister der Kirchen des Abendlandes auch gemacht, vielleicht nicht ganz so prominent, sie haben sich eher eine kleine Büste oder Figur in einer dunklen Ecke gewidmet.

Bescheidenheit war aber nicht unbedingt eine Kerneigenschaft von Félix Houphouët-Boigny. Er war früher der Häuptling des Dorfes Yamoussoukro, später wurde er der Häuptling des ganzen Landes. Er ließ sich einen großen Palast bauen, genau dort, wo früher der Häuptling seine Hütte hatte. Er ließ ein Hotel errichten mit wahnwitzigem Luxus und einen Golfplatz. Man kann das aus heutiger Sicht eine sinnlose Verschwendung nennen, eine Kritik, die es schon bei der Eröffnung der Kirche gab. Die habe er mit seinem eigenen Geld bezahlt, entgegnete der Präsident damals. Er machte keinen großen Unterschied zwischen der Staatskasse und seinem eigenen Konto, Hunderte Millionen verschwanden in seinen Privatprojekten. Damals ging es aber nicht nur um persönliche Bereicherung.

»Entdecken Sie die Spuren des traditionellen Dorfes des Präsidenten und den Prototypen des modernen Afrikas«, hieß es in der ersten Broschüre des Hotels *Du President* in Yamoussoukro. Denn darum ging es ja vor allem, ein neues Afrika zu schaffen, mit seinen eigenen Symbolen, seiner eigenen Zukunft. Aus geknechteten Staaten sollten blühende Gemeinschaften werden. Aus Opfern selbstbewusste Gestalter. Aus dem Urwald sollten stolze Kirchen ragen.

Das Problem des Kolonialismus waren ja nicht nur seine Grausamkeiten und Verbrechen, sondern auch, dass er künstliche Staaten geschaffen, verschiedene Völker mit verschiedenen Sprachen und Traditionen in ein Staatsgebiet gepresst hatte. Und sich dann nach einigen Jahrzehnten wieder verabschiedete und sagte: Nun macht mal alleine weiter, ohne zu sagen, wie denn eigentlich.

Also machten Präsidenten wie Houphouët-Boigny alleine weiter. Er war Stammeshäuptling und ausgebildeter Mediziner. Er war Parlamentsabgeordneter in Frankreich und dann Präsident in einem Land voller Analphabeten. Er versuchte sich an einer Mischung aus gestern und morgen, aus Tradition und Zukunft, aus Demokratie und Stammesdenken. Er war anfangs durchaus erfolgreich und verzehnfachte das Durchschnittseinkommen innerhalb weniger Jahre. Aus der rückständigen Elfenbeinküste wurde plötzlich das nach Südafrika erfolgreichste Land Afrikas. Einmal fuhr der Präsident mit seiner Frau nach New York. Danach ließ er Manhattan daheim nachbauen, es wurden auf einer Insel der Hauptstadt Abidjan Hochhäuser hochgezogen, wie drüben in Amerika.

In Yamousoukro wurden die alten Hütten des Dorfes der neue Mittelpunkt des Palastes, davor ließ er drei riesige Seen bauen, in denen ein paar Dutzend Krokodile ausgesetzt wurden, um Touristen anzuziehen, aber auch um die Geister der Vorfahren gnädig zu stimmen. Die Vorfahren des Präsidenten sind aus dem heutigen Ghana eingewandert. Damals soll der Flussgott eines besonders wilden Stromes der Königin des Volkes befohlen haben, ihr einziges Kind zu opfern, Krokodile und Nilpferde sollen dem Volk dann eine Brücke über die reißenden Gewässer geformt und es so gerettet haben. Als der Präsident noch lebte, ließ er es seinen Krokodilen gut gehen, Hähnchen und Leber sollen sie bekommen haben. Als Houphouët-Boigny 1993 starb, soll sich ein Mann den Krokodilen lebend zum Fraß vorgeworfen haben, weil es ohne den großen Führer nichts mehr gebe, wofür es sich zu leben lohne. Es war wahrscheinlich eine der letzten großen Mahlzeiten.

Heute machen die Becken einen ziemlich verwahrlosten Eindruck, sind voller Plastikmüll. Zwei Krokodile heben ihre Köpfe aus dem Schlamm, als ich an einem heißen Nachmittag vorbeischaue. Es dauert nicht lang, bis mich ein Soldat verscheucht und sagt, die Krokodile seien besonders auf das Fleisch von Weißen scharf. Hahaha, lacht er mir hinterher.

Von anderen Touristen ist nichts zu sehen, außer einem jungen Paar aus der Hauptstadt, das auch wegen der Krokodile gekommen ist. Bis vor ein paar Jahren, erzählen sie, habe es einen alten Mann gegeben, der für die Touristen Fütterungen organisierte. Dicko hieß er, man kann sich seine Videos noch auf Youtube anschauen. Er stieg zu den Krokodilen in den Teich hinunter, hob mit einem Stöckchen ihren Schwanz, wenn sie vollgefressen und müde waren. Er gab ihnen Namen wie Kommandant oder Kabinettschef. An einem Nachmittag im Jahr 2017 schätzte er den Sättigungsgrad seiner Tiere falsch ein und wurde von einem gefressen. Es gibt unterschiedliche Ansichten, ob es nun Kommandant war oder Kabinettschef, der ihn auffraß. Der örtliche Bürgermeister wertete es so oder so als schlechtes Zeichen der Geister.

In der Provinz glauben sie noch an solche Sachen. In der Hauptstadt eher nicht. Abidjan ist eine der schönsten und interessantesten Metropolen des Kontinents, eine moderne Großstadt, die sich auf verschiedene Inseln verteilt. Die Wirtschaft wächst seit Jahren auf Hochtouren, überall werden neue Bürohochhäuser hochgezogen. Das Hotel *D'Ivoire*, auch so ein Großprojekt des ersten Präsidenten, wurde, nachdem es lange leer stand, auf Hochglanz renoviert. Der Pool ist so groß, dass auch Tretboote vermietet werden. Es ist das etwas überdrehte neue Afrika, das sich der alte Präsident vorgestellt hatte.

Africa is today oder *Africa is tomorrow* steht auf den T-Shirts der Kellner im *Bushman Café*, dem wahrscheinlich schönsten Ort in Abidjan. Der Name hatte mich skeptisch gemacht, weil in jedem Kaff in Südafrika eine Kneipe so heißt, die sich dann oft als ziemlich gewöhnlich herausstellt. Das *Bushman Café* in Abidjan sieht auf den Fotos eher so aus, als habe da jemand ziemlich viel Nippes in enge Räume gestellt, der dort nun als Staubfänger fungiert.

Ist man dann aber erst einmal da, sieht man die Schätze, die das Besitzerehepaar hier angehäuft hat. Da stehen Designklassiker von Philippe Starck neben traditionellen afrikanischen Möbeln. In den kleinen Zimmern des Hotels gibt es Objekte aus den Nachbarländern, aus jeder Epoche der Geschichte: Masken neben modernen Lampen. Die riesige Dachterrasse ist Restaurant und Shop in einem: Auf einem Ständer hängen die neusten Designerkleidchen aus Lagos, daneben gibt es Schokolade aus der Elfenbeinküste und Kaffee aus Ghana. Auf der Karte steht ein Best-of der westafrikanischen Küche, Jollof-Reis aus dem Senegal und scharfes Hühnchen aus Nigeria. Es ist auch am späten Abend noch so heiß und schwül, dass die Kellner riesige Ventilatoren an die Tische bringen.

Es ist ein selbstbewusstes und ziemlich cooles Afrika im Kleinen, in dem man sofort für immer bleiben will, eine Idee von Afrika, die natürlicher wirkt als die großen Bauten und Träume des alten Präsidenten. Seine Reden laufen im Hintergrund als eine Art Dauerschleife, untermalt mit elektronischer Musik.

Eritrea

Schöner Wohnen – Asmara ist die
angenehmste Hauptstadt Afrikas.
Trotzdem wollen viele weg.

Einwohner: 6 Millionen
Wirtschaftswachstum: 4,2 Prozent
Unabhängigkeit: 1993
Anzahl chinesischer Restaurants: Eins.
Nationalgericht: Spaghetti Bolognese und Injera, ein säuerliches Fladenbrot.
Das sollte man gesehen haben: Die Altstadt von Asmara erinnert eher an die Toskana als an Afrika. Seit 2017 ist sie Weltkulturerbe.
Das muss man wissen: Als wahrscheinlich einziges Land in Afrika will Eritrea keine staatliche Entwicklungshilfe.
Darüber redet das Land: Wann wird das Internet endlich schneller, bisher lahmt es bei 0,2 Mbit/s.

Wenige Minuten vor Asmara sieht es kurz so aus, als würde dieser historische Flug, nach dem sich viele an Bord seit Jahrzehnten sehnen, sein Ziel nun doch nicht erreichen. Es ist kurz nach Mittag an einem Tag im Sommer 2018, die große Boeing 787 Dreamliner der Ethiopian Airlines nähert sich der Hauptstadt Eritreas, der erste Direktflug seit zwanzig Jahren. Es sind nur noch Minuten bis zur Landung, man sieht schon Menschen auf den Straßen, aber noch immer stehen Passagiere in den Gängen, trinken Champagner, filmen mit Handys. Auch nicht durch die zunehmend eindringlichen Durchsagen sind sie auf ihre Plätze zu bewegen – eine Landung im Stehen? Erst im letzten Moment werden sie von den Stewardessen auf ihre Sitze geschubst, alle lachen.

An Bord sind Menschen, die ihre Kinder, Väter und Mütter seit zwanzig Jahren nicht gesehen haben, deren engste Verwandte zu Feinden wurden, als Äthiopien und Eritrea 1998 in den Krieg gegeneinander zogen. Seitdem durfte es keinen Kontakt mehr geben. Manche hatten nicht mehr geglaubt, ihre Liebsten je wiederzusehen, es gab lange keinerlei Grund zu glauben, dass sich daran etwas ändern sollte. »Ich war am Leben, aber doch schon tot«, sagt Adisalem Abu, ein hagerer Mann, der seinen besten Anzug angezogen hat für diesen Tag, mit einem Kugelschreiber in der Tasche des Jacketts, so, als gebe es etwas zu notieren. Seit 16 Jahren hat er seine Töchter nicht mehr gesehen. »Seit 16 Jahren«, sagt er, »ist mein Leben ohne Geschmack, ohne Bedeutung.«

Adisalem ist Äthiopier, er hatte eine Eritreerin geheiratet, es war eine von vielen Ehen über die Grenzen hinweg, die auf den Karten existierten, aber nicht in allen Köpfen. Als der Krieg ausbrach, war sie nicht mehr erwünscht, durfte nicht arbeiten und ging 2002 ins Nachbarland mit den beiden Töchtern. Die Grenzen schlossen sich. »Ich habe mir oft gewünscht, ich wäre tot«, sagt Adisalem im Flugzeug. Am Flughafen wartet das neue Leben, stehen die beiden Töchter und nehmen den Vater in den Arm, es gibt keine Worte, nur Tränen.

Es ist ein Schauspiel, das sich jeden Tag wiederholt, mit jedem Direktflug ändern sich Schicksale, finden Leben wieder zusammen. Die Menschen drücken sich so fest, als könnten sie selbst nicht glauben, was da passiert. *The State of Eritrea* steht auf den Visaformularen am Flughafen von Asmara, wo die Neuankömmlinge in der Schlange stehen. *The State of Eritrea* hat im Englischen eine interessante Doppeldeutigkeit, weil es den Staat benennt, aber auch den Zustand des Landes.

Hunderttausende Eritreer haben in den vergangenen Jahren mit den Füßen über den Zustand ihres Landes abgestimmt: aus keinem anderen afrikanischen Land fliehen so viele nach Deutschland. Sie fliehen vor dem Wehrdienst, der ein Leben lang dauern kann, und einer Zukunft, die nur aus Warten besteht. Diejenigen, die geblieben sind, wollen nun wissen, ob sich das Bleiben gelohnt hat. »Wie seht ihr uns?«, fragt mich ein Junge auf dem Basketballplatz in einem Hinterhof. Zwei Körbe stehen da und eine kleine Tribüne, auf der eine Handvoll Jugendliche herumhängen und darauf warten, dass das Leben losgeht. »Wie seht ihr uns?« bedeutet letztlich: Wo stehen wir? Gibt es Hoffnung? Viele Jahre galt Eritrea als das »Nordkorea Afrikas«, in dem die Zustände derart katastrophal sind, dass Flüchtlinge von dort meist ohne große Prüfung anerkannt wurden. Die Erzählungen über die Zustände kamen meist von denen, die geflüchtet waren und wenig Interesse hatten, das Bild auch nur ein wenig aufzuhellen.

Was man nun aber sieht, entspricht nicht dem »Nordkorea Afrikas«, man ist eher in der Toskana gelandet. Asmara gilt vielen als die schönste Hauptstadt Afrikas, die Italiener waren hier 1882 gelandet und hatten ihre erste Kolonie gegründet, gegen den heftigen Widerstand der Eritreer. Die Italiener sind seit ihrer Niederlage im Zweiten Weltkrieg wieder weg, geblieben sind ihre Gebäude und ein Großteil ihrer Lebensart. Die koloniale Attitüde, die Rassentrennung und die Grausamkeiten haben die Eritreer den Italienern nicht vergessen, den Macchiato, die vielen Cafés und die grandiose Architektur haben sie gerne behalten und gepflegt. Es wird flaniert, mit einem Panino in der Hand, es ist so angenehm und gemütlich wie in kaum einer anderen afrikanischen Hauptstadt, es macht nicht den Eindruck, als geschähen hier unangenehme Dinge, außer einem Cappuccino, der zu kalt serviert wird. Das täuscht.

»Das Leben hier ist die Hölle, wir haben keine Hoffnung«, sagt der Junge auf dem Basketballplatz, der seinen Namen nicht nennen will. Seit Jahren sieht er seine Freunde wegziehen, seit Jahren überlegt er, ob er mitgehen soll. Er ist 23 Jahre alt, seit mehr als fünf Jahren ist er im National Service, eine Art Wehr- und Arbeitsdienst, der nach Ansicht von Menschenrechtlern der Versklavung recht nahekommt – und der Hauptgrund ist, warum Eritreer in Europa so häufig Asyl bekommen.

Nach dem Gesetz darf der Dienst nur 18 Monate dauern, das Regime hat ihn aber unbegrenzt verlängert, den Menschen das Recht genommen, über ihr eigenes Leben zu bestimmen. »Ich kann mir nichts Eigenes aufbauen, ich muss kommen, wenn man mich ruft«, sagt der junge Mann. Wer Glück und gute Beziehungen hat, der sitzt den Dienst in einer gemütlichen Amtsstube eines Ministeriums ab. Wer Pech hat, der muss in die Küstenebene, wo die Sonne töten kann, muss mit Spitzhacke und ohne Wasser Straßen bauen. Man trifft in Asmara jeden Tag Menschen, die der Dienst zu Krüppeln gemacht hat, seit Jahrzehnten in Ketten gelegt vom Staat. Egal, wen man fragt, die Alten in den Gassen oder die Jugendlichen auf dem Basketballplatz, das Ende des National Service ist das Erste, was sich alle wünschen.

Der Dienst begann einmal als gute Idee. Es war das Jahr 1991, Eritrea war gerade das erste Mal eigenständig geworden, hatte die Unabhängigkeit von Äthiopien erhalten, war zum ersten Mal in der Geschichte frei, so haben es damals viele empfunden. Es gibt wohl nur wenige Nationen auf der Welt, deren Bürger ein so empfindsames kollektives Gedächtnis haben. In Eritrea können viele die Epochen der Geschichte aufzählen, in denen man unter Fremdherrschaft stand: Osmanen, Ägypter, Italiener, Briten und Äthiopier, sie alle dachten zuerst an sich, nicht an Eritrea.

Mit der formalen Unabhängigkeit 1993 sollte alles anders werden, der National Service, ein Dienst zum Aufbau der Nation. Es waren ein paar goldene Jahre voller Euphorie, voller Glück, das Schicksal in der eigenen Hand zu haben. Dann zogen Eritrea und Äthiopien wegen des Zuganges zum Meer, ein paar Grenzstreitigkeiten und der Dickköpfigkeit ihrer Führer in den Krieg – zwei Jahre lang mit 80 000 Toten. Seitdem rechtfertigt das Regime den ewigen Frondienst mit der Bedrohung durch den aggressiven Nachbarn, schiebt den ganzen Zustand des Landes auf den Feind. Ganz falsch ist das nicht. Nach dem Krieg hatten beide Länder vereinbart, einen neutralen Schiedsspruch zur Grenzfrage anzuerkennen. Als der zugunsten Eritreas ausfiel, überlegte es sich Äthiopien anders.

Immer wieder forderten die Eritreer die UN auf, den Schiedsspruch umzusetzen, immer wieder passierte nichts. Die USA und andere Großmächte hatten sich auf die Seite Äthiopiens geschlagen, den Partner im Kampf gegen Terror, der selbst seine Bevölkerung terrorisierte. Eritrea zog sich zurück, machte die Bedrohung von außen zur Staatsräson. Nun ist die Bedrohung auf einmal weg. Seit Anfang 2018 regiert ein neuer Ministerpräsident in Äthiopien, der Liebe anstatt Hass predigt, der Frieden schließt und Demokratie verspricht, der dem Regime in Eritrea die Handlungsgrundlage der vergangenen Jahrzehnte unter den Füßen weggezogen hat.

»Wir müssen das erst einmal verdauen«, sagt Yemane Gebremeskel, der Informationsminister Eritreas. »Für uns kommt das völlig überraschend.« Yemane Gebremeskel sitzt in seinem Büro, ein riesiges Ministerium auf einem Hügel, den damals die Italiener als ersten eingenommen hatten. Von hier aus kontrolliert der Informationsminister nun das, was Zeitungen, Radio und Fernsehsender verbreiten. Alle Medien des Landes sind, um die Arbeitswege zu verkürzen, gleich im selben Gebäude untergebracht. Jahrelang war die Botschaft klar, Äthiopien war der Feind und Präsident Isayas Afewerki der strenge Vater der Nation, dem zu widersprechen Verrat am Befreiungskampf ist.

In diesen Tagen sieht man den Präsidenten oft lächelnd im Fernsehen, einmal sogar in Tränen, für viele Eritreer bisher undenkbar und schon allein ein Zeichen der Hoffnung, dass sich etwas ändert. Aber tut es das auch? Kann sich ein Regime, das sich bisher jedem Wandel widersetzte, selbst reformieren? »Der National Service wird normalisiert, das Gesetz ist klar, es sind nur 18 Monate«, sagt der Informationsminister. Der jetzige Zustand sei eine Folge des Kriegszustandes, der nun aber beendet werden soll. Wann genau? »Das kann ich nicht sicher sagen«, sagt der Minister.

Nach der Unabhängigkeit hatten die Befreiungskrieger in der Hauptstadt Asmara eine riesige Sandale aufgestellt, Monument und Symbol des Kampfes, in dem alle gleich waren, alle das gleiche Schuhwerk trugen. Mit den Jahren wurde das System ungleicher und korrupter, aus Befreiungskriegern in der Regierung wurden Unterdrücker. Die Sandale verschwand plötzlich von ihrem Sockel, sollte mit einem zeitgemäßen Design versehen werden, was bis heute nicht umgesetzt wurde, der Platz ist leer. Das Regime muss nun wohl versuchen, das zu schaffen, was mit der Sandale nicht gelang – den Übergang in eine neue Zeit. Nur wie soll das gehen? »Niemand hat vorhergesagt, dass sich die Dinge in diesem Tempo bewegen. Die

Erleichterung und Freude sind riesig«, sagt der Informationsminister. Er drückt aber auch nicht unbedingt aufs Tempo. »Niemand kann sagen, was in fünf Monaten ist.«

Und niemand kann sagen, ob die Eritreer der Regierung noch so lange Zeit geben. Der junge Premier in Äthiopien, den alle Eritreer jeden Tag im Fernsehen der Nachbarn schauen, gibt den Takt vor, verkündet jeden Tag eine Reform, öffnet jeden Tag das Fenster zur Freiheit einen weiteren Spalt. Der lächelnde Präsident im eigenen Land hat in den Augen mancher zwar an Sympathien zurückgewonnen. »Wir erwarten nun aber, dass er sich von den korrupten Ministern in der Regierung trennen wird, und glauben auch, dass er das tut«, sagt ein junger Mann auf dem Basketballplatz. Bisher hat die Regierung mit keinem Wort deutlich gemacht, ob sie das auch so sieht. Alles ist anders in Eritrea, das plötzlich in Frieden lebt mit dem alten Feind. Und alles ist gleich, alle warten auf ein klares Wort des Präsidenten, der bisher wenig geredet und für seine Verhältnisse viel gelächelt hat.

So wie alle Eritreer viel lächeln in jenen Tagen im Sommer 2018. Eine gute Woche bin ich im Land, es sind seltsame Tage, es gebe der Welt so viel zu berichten vom historischen Friedensschluss, ich kann aber nur ein paar kurze Zeilen nach München schicken, weil das Internet in Eritrea so langsam ist, dass ich nur alle paar Tage ein Internetcafé finde, aus dem man Mails verschicken kann. Was den Vorteil hat, dass ich tagelang durch Asmara laufen kann, mich mit Menschen treffe, was nicht sonderlich schwer ist, jeder Besucher wird euphorisch begrüßt, in den Bars wird nachts der Frieden begossen.

An einem frühen Morgen fahre ich nach Massawa, es ist eine atemberaubende Strecke, von fast 2400 Meter hinunter auf null, von einem Hochplateau ans Ufer des Roten Meeres, von einer angenehmen Frische in den Wahnsinn der Hitze. Die Hitze macht die Menschen offenbar auch wirklich verrückt, denke ich, als ich zwei Männer sehe, die am Strand von Massawa eine Grube ausheben, in die sich einer der Männer hineinlegt. Man will nicht unhöflich sein und tritt den Rückweg an. Dann schreit der Mann: »Mach ein Foto, mach ein Foto.« Der Mann liegt breitbeinig vor einem. Seine Augen und sein Penis schauen erwartungsvoll. Ich will nicht unhöflich sein und hole die Kamera heraus, warte aber, bis die Geschlechtsteile einigermaßen bedeckt sind. Dann frage ich, ob alles in Ordnung sei. »Alles gut«, sagt der Mann im Sand. »Ich habe eine schlimme Grippe und lasse mich hier eine halbe Stunde im Sand eingraben, um alles auszuschwitzen.« Dann lässt er sich das Foto zeigen und versinkt zufrieden im Sand.

Ich laufe ein paar Schritte, nach wenigen Minuten ist mein T-Shirt durchgeschwitzt, auch auf der Hose bilden sich Schweißflecken. Vor mir tauchen ein paar alte Gebäude auf, deren obere Stockwerke in einem prekären Zustand sind. Im Erdgeschoss aber gibt es einen überdachten Säulengang, durch den tatsächlich eine kühle Brise weht. Ein paar Männer und Frauen sitzen auf Plastikstühlen und bitten mich, Platz zu nehmen.

Früher sei das der beste Laden der Stadt gewesen, sagt Samuel. Er sitzt vor der *Gold Navy Bar and Night Club* und macht ein Bier auf. Es ist zehn Uhr am Morgen und etwa 40 Grad heiß. Früher also, setzt Samuel noch einmal an, sei das hier das Paradies gewesen. Seeleute aus aller Welt seien gekommen, als im Hafen an der eritreischen Küste des Roten Meeres rund um die Uhr Schiffe einliefen. »Jeder hatte Arbeit«, sagt Samuel. Heute hat er keine mehr und verbringt seine Tage vor der *Gold Navy Bar*. Von hier aus hat man einen guten Überblick über den Zustand der Stadt. Man sieht zerbombte Häuser und den Hafen, in dem nur ein paar Schiffe liegen. Man sieht auf leere Straßen, in denen jeder Schritt von den Wänden hallt. Man kann hier offenbar nicht viel mehr tun, als sich Gott zu widmen oder dem Alkohol. Beides verspricht zumindest

Schatten, in der Bar oder der Moschee. Samuel macht noch ein Bier auf und seufzt: »Alles war mit dem Krieg zu Ende.«

Nun ist der Krieg auf einmal zu Ende, bereits in dieser Woche sollen die ersten Güter aus Äthiopien im Hafen von Massawa verladen werden, der noch bis vor Kurzem dem Erzfeind gehörte. So teilte es gerade die äthiopische Seeschifffahrtsbehörde mit, eine Institution, die in den vergangenen Jahrzehnten keine Schiffe oder Häfen zu verwalten hatte. Viele Jahrzehnte hatten die Äthiopier ihren Kaffee in den beiden Häfen Assab und Massawa verladen, die einst zu Äthiopien gehörten und mit der Unabhängigkeit Teil Eritreas wurden. Ein paar Jahre florierte der Handel weiter, bis 1998 der Krieg begann. Seitdem ging es bergab mit Massawa.

Niemand glaubte, dass es je wieder anders werden würde. Äthiopien baute eine 700 Kilometer lange Bahnstrecke nach Dschibuti, um seine Waren dort zu verschiffen. Mit dem Frieden wendet sich der Nachbar nun wieder den Häfen Eritreas zu, die von Äthiopien leicht zu erreichen sind.

»Wir sind bereit«, sagt Dawit Mengestab, der oberste Manager des Hafens. Zum Beweis legt er eine kleine Broschüre auf den Tisch, in der die Daten des Hafens vermerkt sind, sechs Liegeplätze mit bis zu 208 Metern und ein Ölterminal. Das ist gar nicht schlecht. In vielen Teilen Eritreas sieht es nicht besonders gut aus mit der Infrastruktur, der Hafen von Massawa wurde in den vergangenen Jahren aber ausgebaut. »Viele Kräne wurden im Krieg zerstört, jetzt ist der Hafen wieder in einem sehr guten Zustand«, sagt Dawit in seinem kühlen Büro, das eine der besten Klimaanlagen der Stadt zu haben scheint und den Gast quasi schockfrostet.

Massawa gilt als einer der heißesten Orte der Welt, die Temperaturen liegen an vielen Tagen über 40 Grad, es gibt wenig Schatten oder Wind. Dazu kommen Malaria und Denguefieber. Das Klima wurde den italienischen Kolonialherren bald zu anstrengend, zehn Jahre lang hatten sie Massawa als Hauptstadt genutzt, danach zogen sie nach Asmara ins Hochland und bauten dort eine Stadt, die aussieht, als läge sie in Italien: mit Straßencafés und Fiat-Händlern, verbunden mit der Küste durch eine atemberaubende Bahnstrecke über 2394 Höhenmeter, mit 1548 Kurven, 35 Tunnels und 69 Brücken. Und weil es aus dem Hafen so viel ins Hochland zu transportieren galt, setzten sie eine 75 Kilometer lange Materialseilbahn daneben.

Doch die wurde von den britischen Besetzern nach dem Ende des Zweiten Weltkriegs abgebaut und in Einzelteilen verkauft, als Kriegsdividende. Die Eritreer fragte damals niemand, so wie sie in der Geschichte oft nicht gefragt wurden, nach ihren Wünschen oder Zielen.

Massawa war in der Geschichte immer eine Schnittstelle zwischen Afrika, Arabien und Europa. Im siebten Jahrhundert flohen Muslime über das Meer, die dem Propheten Mohammed als Erste gefolgt, aber in Mekka noch verfolgt wurden. Später kamen arabische Sklavenhändler, die hier die ersten Afrikaner verschifften, lange bevor die Europäer den Sklavenhandel auch für eine gute Idee hielten. Anschließend bauten die Osmanen riesige Paläste, es folgten portugiesische Entdecker, die italienischen Kolonialisten, dann Briten und einige Jahrzehnte äthiopische Herrschaft.

Es war ein ständiges Kommen und Gehen. Im Kalten Krieg war das Horn von Afrika eines der absurdesten Spielfelder der USA und der Sowjetunion. Mal rüsteten die USA Äthiopien auf, worauf die UdSSR Somalia zu ihrem Verbündeten machte, dann war es wieder umgekehrt. Immer ging es auch um die strategisch wichtige Engstelle des Roten Meeres, den Zugang zum Suezkanal, das Tor zum ganzen Kontinent.

Es könne aber nur besser werden, sagt der Besitzer eines Hotels in Massawa. Es liegt wie ein paar andere an einer kleinen Lagune, das Wasser ist unfassbar blau, der Sand weiß und fein. Alles ist da. Nur die Geschäfte laufen schlecht. »Keine Leute, keine Gäste, kein gar nichts«, sagt der Hotelier. Er hofft wie viele andere auf die große eritreische Diaspora, für die Massawa ein Symbol der Sehnsucht ist: nach einem Land, das nach der Unabhängigkeit eigentlich so schön und reich werden sollte, wie Massawa es einmal war – und womöglich auch wieder wird. In wenigen Wochen sollen zumindest die ersten Direktflüge neue Touristen bringen.

Auch in Asmara würden sie sich über Besuch freuen, die Stadt könnte eine der schönsten und besten Touristenattraktionen des Kontinents sein – sie wurde bereits zum Weltkulturerbe ernannt.

Es ist noch früh am Morgen, aber Medhanie Teklemariam sagt, man müsse jetzt unbedingt einen trinken gehen, sonst verstehe man das alles nicht, sonst habe man letztlich keine Ahnung von Asmara. Medhanie schleppt einen durch die Straßen der Hauptstadt von Eritrea, vorbei an riesigen Art-déco-Kinos, an Villen im Bauhausstil und über große Boulevards in eine Bar, die düster wäre, würden der Tresen und die Spiegel dahinter das wenige Licht nicht reflektieren. Dass die Zeit stehen geblieben ist, sagt sich leicht dahin, aber hier steht sie wirklich am Tresen, die alte Zeit. Das *Crispi* ist eine italienische Bar aus den 1930er-Jahren, wie es sie selbst in Italien nicht mehr gibt. Es ist der Lieblingsort von Medhanie Teklemariam, dem obersten Denkmalschützer der Stadt. Es ist alles original, vom verchromten Tresen über die jahrzehntealten Campari-Flaschen in den Regalen bis hin zu den Asmarinos am Tresen, den alten Männern in ihren Sonntagsanzügen, die einen Espresso trinken. Oder wie Medhanie Teklemariam einen kleinen Anisschnaps. »Das ist Asmara«, sagt er und lacht.

»La piccola Roma« wird die Stadt genannt oder auch »Afrikas Miami«, weil es hier so viele modernistische Gebäude gibt.

Letztlich aber sind alle Vergleiche sinnlos, weil die Stadt unvergleichlich ist.

Die Italiener okkupierten das Nest 1889 und wollten es zur kosmopolitischen Hauptstadt ihrer Kolonien machen, zum Zentrum von »Africa Orientale Italiana«. Das mit dem Großreich klappte nicht so ganz, weil sich die italienischen Truppen an den Äthiopiern die Zähne ausbissen, die überhaupt keine Lust verspürten, kolonisiert zu werden. Asmara wuchs dennoch, vor allem unter Mussolini, es sollte eine Musterstadt des Faschismus werden. Während sich die Nationalsozialisten in Deutschland eher am Klassizismus orientierten, erbauten die Italiener Asmara in allen Stilen der modernen Architektur, junge Architekten wurden nach Afrika geschickt und durften sich hier austoben. Mit dem Ergebnis, dass man nirgends auf der Welt Futurismus, Art déco, Bauhaus, Rationalismus und Monumentalismus so gut studieren kann wie hier.

Manche der Bauwerke sind so extravagant, dass die Arbeiter, die sie bauten, ihnen nicht getraut haben. Da ist die Tankstelle Fiat Tagliero, eine Mischung aus Kreuzfahrtschiff und Flugzeug, mit 15 Meter breiten Tragflächen. Die Legende behauptet, dass der Architekt Giuseppe Pettazzi die Arbeiter nur mithilfe einer Pistole zwingen konnte, die Stützpfeiler der Tragflächen abzunehmen.

Die Tragflächen der Tankstelle stehen immer noch. Überhaupt sind viele der 4300 Gebäude, die die Italiener hinterlassen haben, in einem erstaunlich guten Zustand. Während Italien selbst noch immer keine wirkliche Haltung gefunden hat zu den Bauten des Faschismus, haben die Eritreer das Erbe des Kolonialismus einfach nationalisiert und umgedeutet – als einen Teil ihrer selbst.

»Viele afrikanische Staaten haben negative Ansichten über Kolonialismus. Unsere Väter haben diese Stadt aber mitgebaut. Es gab einen kulturellen Austausch«, sagt Medhanie

Teklemariam. Das ist keine Glorifizierung der alten Zeiten, kein »damals war alles besser«, sondern ein sehr selektiver Kunstgriff in die Geschichte, man nimmt sich daraus, was einem gefällt, die Espressokultur, das Flanieren und die Architektur. Ohne das andere zu vergessen, die Grausamkeit des Faschismus.

So schön Asmara ist, man sieht in dieser Stadt auch einen Vorläufer der Apartheid. Die schönsten Bauten, die Bauhausvillen und die großen Kinos am Corso, sie stehen natürlich in dem Teil der Stadt, der für die Neuankömmlinge gebaut wurde. Dazwischen gibt es eine Mischzone mit Marktplatz, die dann in die beengten Quartiere der *città indigena* führt. In die »Stadt der Eingeborenen«. Das alles wissen die Menschen in Asmara, was der Begeisterung über die eigene Stadt kaum Abbruch tut.

»Es gibt eine starke Verbindung zu den Gebäuden«, sagt Medhanie Teklemariam. »Es gibt viele Besitzer, die den Wert verstehen, die versuchen, alles originalgetreu instand zu setzen.« Und für die, die es nicht gleich verstehen, gebe es eine kommunale Polizei, die darauf achte, dass niemand ohne Genehmigung baut. Aus Sicht des Denkmalschutzes war es natürlich auch ein großer Glücksfall, dass niemand bauen wollte in Asmara in den vergangenen 20 Jahren, als das Land sich im Krieg befand mit Äthiopien und international isoliert war. Die Handwerker, die das Wissen hatten, wie man mit den Gebäuden umgeht, sie sind in den dunklen Jahren zu Tausenden ins Ausland geflohen.

Jetzt aber ist der Friede da, und die ersten Investoren schleichen durch die Stadt. Das kann Segen sein oder auch Fluch. Asmara braucht Geld, um die Substanz zu erhalten, aber eben das richtige. »Ich habe schon etwas Angst, dass Investoren kommen, denen Jobs wichtiger sind als unser Erbe«, sagt Medhanie Teklemariam.

Er und seine Kollegen haben den Stillstand der vergangenen Jahre genutzt, um einen Plan zu erarbeiten, wie die Stadt zu erhalten ist. Sie haben alle Gebäude in sechs Dringlichkeitsstufen kategorisiert und 75 000 Pläne gescannt. Zudem arbeiten sie an neuen Bauvorschriften. Es geht um die Zukunft der Stadt, die großartig sein könnte. Hier könnte ein Zentrum der Architektur entstehen, das Touristen und Fachbesucher anzieht. Westliche Diplomaten in Asmara geraten ins Schwärmen, denken darüber nach, wie man Entwicklungshilfe sinnvoll einsetzen könnte, wie Berufsschulen gebaut werden könnten für die Handwerker, die dann die ganze Stadt sanieren. Das wäre ein großes Konjunkturprogramm, ein Durchlüften Asmaras. Damit braucht man dem Regime aber nicht zu kommen, das immer wieder sagt, dass es auf staatliche Hilfe von außen gerne verzichtet. Auch mit der gigantischen Eisenbahnstrecke an die Küste, eine der steilsten der Welt, hat es das Regime so gehalten. In jahrelanger Kleinarbeit wurde sie erneuert, ohne fremde Hilfe. Man sollte sie einmal gefahren sein.

Eswatini

Warum Swasiland seinen Namen änderte, ansonsten aber alles gleich blieb.

Einwohner: 1 Million
Wirtschaftswachstum: 0,2 Prozent
Unabhängigkeit: 1968
Anzahl chinesischer Restaurants: Drei.
Nationalgericht: Straußensteak.
Das sollte man gesehen haben: Eswatini gehört zu den besten Orten in Afrika, um Nashörner zu beobachten.
Das muss man wissen: Das Land ist die letzte absolute Monarchie Afrikas.
Darüber spricht das Land: Wer wird die nächste Frau im Harem des Königs?

Das Land, das ich 2012 besuchte, gibt es heute nicht mehr, ich war zwei Tage in Swasiland, aber wirklich groß ist das Land auch nicht. Heute heißt es Eswatini. Der König hat es umbenennen lassen zum 50. Jahrestag der Unabhängigkeit von Großbritannien. Es ist nicht die erste ehemalige Kolonie, die sich umbenennt, viele haben den Namen geändert, um ihre Unabhängigkeit von den Eroberern zu demonstrieren, die nicht immer sonderlich einfallsreich waren mit den Namen: Das heutige Ghana hieß einmal Gold Coast, einfach deshalb, weil die Briten das Gold plünderten. Da kann man verstehen, dass Ghana lieber anders heißen wollte.

Im ehemaligen Swasiland gab es nichts zu plündern, der Name bedeutet – keine große Überraschung –, dass dies das Land der Swasi ist, die etwa 90 Prozent der Bevölkerung ausmachen. Der König Mswati III. mochte den Namen nicht mehr, weil er immer mit der Schweiz verwechselt werde, die im Englischen Switzerland heißt.»Immer wenn wir ins Ausland gehen, beziehen sich die Leute auf die Schweiz«, sagte der König. Er ist der letzte absolute Monarch Afrikas und führt sich auch so auf, wenn er ins Ausland reist, dann um für sich oder eine seiner 15 Frauen ein bisschen in den Luxusboutiquen Europas zu shoppen. Warum dort jemand einen schwarzen afrikanischen König in traditionellem Gewand für einen Schweizer halten sollte, ist nicht bekannt. Eswatini bedeutet in der lokalen Sprache genau dasselbe wie der alte Name, das Land der Swasi.

Der König sei nicht der Hellste,»intellektuell nicht weit entwickelt«, so beschreibt ihn laut US-Diplomaten einer seiner früheren Berater, der König sei sprunghaft und hänge dem Hexenglauben an. Diese und andere Nettigkeiten finden sich in den abgefangenen Depeschen von US-Vertretungen in aller Welt, die auf Wikileaks veröffentlicht wurden. Man muss die Meinung von US-Diplomaten nicht immer teilen, aber im Falle von Mswati III. liegen sie womöglich richtig.

Einen Beleg seiner großen Weitsicht lernen jene Besucher kennen, die mit dem Flugzeug einreisen. Den neuen Flughafen hat der Monarch in aller Bescheidenheit nach sich selbst benannt, etwa 200 Millionen US-Dollar soll er gekostet haben, ein Dutzend Berater aus aller Welt wurden angestellt, die dann zusammen auf die Idee kamen, den Flughafen möglichst weit von der Hauptstadt zu bauen, 70 Kilometer entfernt im absoluten Niemandsland.

Die Landebahn könnte eine Boeing 747 benutzen, letztlich fliegen hier aber nur die 40-Sitzer der lokalen Fluggesellschaft ein, die oft nur zur Hälfte besetzt sein sollen. Dafür, dass der Flughafen ein Vermögen kostete, bietet er erstaunlich wenig Annehmlichkeiten, es gab lange keine Restaurants und keine Fluggastbrücken, nicht einmal Busse, die einen vom Flugzeug abholen. Was es natürlich gibt, ist die große Leuchtschrift mit dem Namen des Königs. Der letztlich die Karikatur eines Herrschers ist. Auf den Thron kam er als eine Art Reformer, der das Königreich nach der langen Amtszeit seines Vaters modernisieren wollte. In der Realität ist die größte Veränderung womöglich, dass Mswati III. nicht mehr 130 Frauen hat, sondern nur noch 15, mit denen er mindestens 21 Kinder zeugte. Der Hofstaat des Landes mit einer Million Einwohner ist so groß, dass er nach offiziellen Angaben etwa zehn Prozent des offiziellen Budgets verbraucht, in Wahrheit wird es noch viel mehr sein, weil der Monarch und seine Clique auch Fonds plündern, die eigentlich der Entwicklung des Landes dienen sollten. Die meisten Menschen sind Bauern, etwa zwei Drittel leben unter der Armutsgrenze, Zuckerrohr ist das größte Exportgut, ein Teil wird gleich vor Ort als Coca-Cola abgefüllt.

Als ich durchs Land fahre, demonstrieren gerade die Gewerkschaften für mehr Lohn, ansonsten gibt es keine starke Opposition im Land, was daran liegt, dass der König seine Spitzel überall hat und Gegner gerne ins Gefängnis wirft. Aber auch daran, dass viele Bewohner des Landes es eben nicht als mit der Tradition vereinbar sehen, gegen den König zu protestieren, und so sieht es der König auch. Vor mehr als zehn Jahren wagte eine seiner Töchter einmal einen kleinen Aufstand, sprach sich öffentlich gegen die Vielehe aus und gegen den Umhlanga, einen Tanz, den junge Frauen jedes Jahr fast nackt für den König aufführen sollen.

Bei den Vorfahren von Mswati III. war es noch gute Sitte, sich aus den jungfräulichen Tänzerinnen eine neue Frau für den Harem auszusuchen, der neue König muss etwas Zurückhaltung üben, weil die ganze Sache nicht mehr so richtig in die neue Zeit passen will und er sich als Reformer sieht. Die Regierungsmedien des Landes haben in den vergangenen Jahren beklagt, dass nach dem Tanz die Bilder junger und nackter Mädchen auf Pornoseiten zu sehen gewesen seien, wofür sie ausländische Touristen verantwortlich machten. Trotzdem kommen jedes Jahr wieder Tausende Mädchen zum Tanz, die einen, weil sie müssen, weil es die Eltern und der König verlangen, weil ihnen sonst Zuschüsse für das Schulgeld gestrichen werden. Manche aber auch, weil sie das erste Mal länger von zu Hause weg dürfen, weil es für die Teilnahme Geld gibt und eine neue Schuluniform. Sie schlafen gemeinsam in großen Schlafsälen, es gibt ein wenig Alkohol, die ersten Liebeleien. Eine schöne Abwechslung.

Der Tanz ist die eine große Touristenattraktion, die Nashörner die andere. Kaum ein anderes Großwild stand in den vergangenen Jahren so knapp vor der Ausrottung. Mittlerweile haben sich die Bestände wieder etwas erholt. Besonders erfolgreich bei ihrem Schutz war Eswatini, Wilderern drohen harte Gefängnisstrafen, bewaffnete Ranger bewachen die Tiere, denen man hier erstaunlich nahe kommen kann, mit dem Auto oder auch zu Fuß. Es gibt das *white rhino* und das viel seltenere *black rhino*, wie die Tiere im Englischen heißen, obwohl beide dieselbe eher graue Farbe haben. Zu unterscheiden sind sie dennoch recht leicht. Das weiße Nashorn ist viel größer, kann mit zwei Tonnen doppelt so schwer sein wie das schwarze, das aber die schöneren Lippen hat, die für manche aussehen wie ein Kussmund. Spitzmaulnashorn heißt es deshalb auch im Deutschen.

Gabun

Auf den Spuren
Albert Schweitzers.

Einwohner: 2 Millionen
Wirtschaftswachstum: 1,22 Prozent
Unabhängigkeit: 1960
Anzahl chinesischer Restaurants: Derzeit drei, lustigster Name: *Sino-Plus*.
Nationalgericht: Nyembwe, geräuchertes Hühnchen mit Palmöl.
Das sollte man gesehen haben: Eine Fahrt durch den Regenwald.
Das muss man wissen: In der Provinz gibt es Uranvorkommen, deren Konzentration so hoch ist, dass dort eine natürliche nukleare Kettenreaktion ausgelöst wird, eine Art Bio-Atom-Kernkraftwerk.
Darüber redet das Land: Lebt Präsident Ali Bongo noch, oder wurde er durch einen Doppelgänger ersetzt?

Gäbe es einen panafrikanischen Wettbewerb, bei dem die ästhetisch anspruchsvollste Visaausgabestelle gekürt würde, die vier Schalter im Flughafen von Libreville hätten gute Chancen auf den Ehrentitel. Die Wände sind mit Postern mit den schönsten Panoramen des Landes verziert, es gibt verschiedene Vasen mit Trockenblumen, und auf einem Schrank liegt eine kleine Weihnachtskrippe. Auf einem Schreibtisch scheint sogar ein Familienfoto eines Grenzbeamten zu stehen. Es ist ein ziemlicher Kontrast zu all den anderen Grenzhäuschen in Afrika und eigentlich überall auf der Welt, die so unpersönlich gehalten sind wie nur möglich, die einem vieles signalisieren, nur nicht, dass man hier willkommen ist. Das kann man nun vom Flughafen in Gabuns Hauptstadt nicht behaupten, man trifft auf lächelnde Zöllner, die Bürokratie ist überschaubar, und die Geduld mit den etwas rowdyhaften Chinesen, die in Fußballmannschaftsstärke erschienen, scheint grenzenlos. Die Chinesen können kein Wort französisch und auch keine Schlange bilden, die länger als eine Minute in Form bleibt. Also üben die netten Zöllner mit den Neuankömmlingen, stellen sie immer wieder entlang der gelben Linie auf, bis es dann mal funktioniert – auch eine Art der Entwicklungshilfe, nur andersherum. Hin und wieder ruft einer der Zöllner: »Wo ist Mister Wu?« Ein paar Chinesen recken die Hand, die Beamten lachen sich tot. In Europa haben viele Angst vor der chinesischen Bedrohung und vor der wirtschaftlichen Macht, an der Grenze zu Gabun eher nicht. Und schon gar nicht in diesen Zeiten.

Nur acht Wochen zuvor hatte es einen Putschversuch gegeben, ein paar junge Armee-Offiziere hatten den Fernsehsender besetzt und eine lange Erklärung verlesen, in den folgenden Stunden aber wenig Unterstützer gefunden, weshalb sie dann erschossen wurden. Davon merkt man nichts mehr in der Hauptstadt Libreville, die sich elegant an der Küste entlangzieht. Es gibt einen kleinen Sandstreifen und daneben einen etwas breiteren aus Gras, auf dem im Sonnenuntergang Paare flanieren und ein paar Jogger entlanglaufen. Und ich einen dummen Anfängerfehler mache.

Fotografieren ist in vielen afrikanischen Ländern so eine Sache, wird aus verschiedenen Gründen nicht gerne gesehen. Da ist einmal in manchen Gesellschaften der traditionell überlieferte Glauben, dass die Fotografie mit jedem Blitz ein Stück der Seele des Aufgenommenen raubt. Eine Einschätzung, die in Zeiten von Social Media auf der ganzen Welt eine gewisse Aktualität hat. Gewichtiger ist oft ein Gefühl der Ungleichheit, dass da ein reicher Weißer einen meist ärmeren Schwarzen fotografiert. Und damit womöglich noch Profit macht, während man selbst leer ausgeht. Und letztlich ist es ja so, ich verdiene mein Geld mit Geschichten und Fotografien von Afrikanern, die von diesem Lohn nichts abbekommen, obwohl ihre Lebensumstände oft schwierig sind.

Vor allem aber ist Fotografieren in Afrika oft schwierig, zumindest in den Innenstädten, weil es irgendwo immer einen Polizisten gibt, der seine große Chance wittert, der Geld verlangt, weil man gegen das öffentliche Fotografierverbot verstoßen und ein Regierungsgebäude fotografiert habe. Deshalb sollte man es einfach lassen.

In Libreville glänzt der Präsidentenpalast aber gerade so schön im Abendrot der Sonne, die gerade im Meer untergeht. Ein riesiges Gebäude, das vielleicht entfernt an den Palast der Republik erinnert, nur eben ein Vielfaches so groß. Weil ich zwar einen langen Zaun sehe, viele Sicherheitskameras, aber keinen Wachposten, mache ich eine Ausnahme und tue so, als schaue ich auf das Display, während ich fotografiere.

Es dauert eine halbe Sekunde, bis eine Trillerpfeife ertönt und ein Soldat mit Maschinengewehr hinter dem Zaun auftaucht und anfängt herumzuschreien, mich auffordert, mein Handy herzugeben. Wir sind uns recht nahe, der Soldat streckt die Hand aus, hat aber eben den Nachteil, sich hinter einem Zaun zu befinden. Er hat Probleme, seiner Forderung Nachdruck zu verleihen, außer, er würde von seiner Schusswaffe Gebrauch machen, was selbst in Ländern, in denen vor wenigen Wochen ein Putschversuch stattgefunden hat, wenig realistisch ist. Andererseits weiß man nie. Der Soldat fängt jetzt an, in sein Funkgerät zu schreien, und ich beschleunige das Tempo, biege rechts in ein Viertel ab, das gar nicht mein Ziel gewesen war. Es entpuppt sich als der Stadtteil *Petit Paris*, von dem nicht klar ist, was er mit der französischen Hauptstadt zu tun haben sollte, aber darum geht es wohl auch gar nicht, die Bewohner haben den Namen wahrscheinlich nicht selbst ausgesucht, sondern von ihren Kolonialherren bekommen. Formal hat Frankreich die Kolonie Gabun im Jahr 1960 in die Unabhängigkeit entlassen, letztlich aber nie wirklich losgelassen. Man zahlt hier wie in einem Dutzend weiterer Staaten weiter mit dem Franc, seiner afrikanischen Version, dem CFA-Franc, der seinen Namen aus der Abkürzung für »Colonies Françaises d'Afrique« erhält. Sein Wechselkurs ist fest an den Euro gebunden, letztlich wird also in Europa über die Geldpolitik von 14 afrikanischen Staaten entschieden. »Francafrique« nennt man diese enge Bindung an die ehemalige Kolonialmacht. Omar Bongo, der verstorbene Präsident von Gabun, beschrieb das Verhältnis einmal so: »Gabun ohne Frankreich ist wie ein Auto ohne Fahrer. Frankreich ohne Gabun ist wie ein Auto ohne Benzin.« In Wahrheit war und ist »Françafrique« ein verfilztes System, mit dem sich die Eliten Frankreichs und die ehemaligen Kolonien gegenseitig übervorteilten. Im Falle Gabuns erkannte Frankreich jeden noch so gefälschten Wahlsieg der Herrscherfamilie an. Im Gegenzug gewährten die Bongos dem französischen staatlichen Erdölkonzern Elf großzügige Förderlizenzen, auch Wahlkampfspenden sollen an französische Parteien geflossen sein.

In Libreville sieht man sie schnell, die Symbole der französischen Dominanz, an der Küste logieren die französischen Konzerne in den besten Gebäuden, die Botschaft und deren Residenz in den allerbesten, im Garten der Letzteren steht sogar eine Kanone – was das wohl bedeuten soll.

Als vor einigen Wochen die jungen Offiziere gegen den Sohn des alten Bongo putschten, der ihm als Präsident nachgefolgt war, sollen sich französische Soldaten auch an der Niederschlagung beteiligt haben, es sind unbestätigte Gerüchte, die aber nicht unplausibel erscheinen.

»Vielleicht war es so, vielleicht nicht«, sagt ein junger Mann in einer Kneipe im »Klein-Paris«, es ist ein Samstagabend, im Fernsehen laufen die Spiele der spanischen Liga, die besser ist als die der alten Kolonialmacht, die via Canal Plus aber zumindest die Bilder liefert. »Ach, der Bongo«, sagt der Mann, der seinen Namen lieber nicht nennen will, über den Präsidenten und lacht. Dann zeigt er mir ein paar Geschichten auf den Nachrichtenseiten, in denen ein Regierungssprecher dementiert, dass der Präsident geklont sei: »Menschen haben ihn gesehen, konnten mit ihm reden«, sagt der Regierungssprecher. Viele Monate hatte in Gabun keiner Bongo gesehen, der wahrscheinlich einen Herzinfarkt hatte oder einen Schwächeanfall, sich lange im Ausland zur Behandlung befunden haben soll. Dass er geklont sei, das haben wohl wenig Menschen in Gabun wirklich geglaubt, es war wohl eher eine ironische Art, mit dem Umstand umzugehen, seit vier Jahrzehnten von derselben Familie regiert zu werden, den Bongos. Sich über sie lustig zu machen. »Was sollen wir sonst tun«, sagt der Mann in der Bar und lacht.

Die Bongos kamen zwei Jahre nach dem Tod Albert Schweitzers an die Macht, in einem anderen Jahrhundert, das noch viel weiter entfernt zu sein scheint.

Schweitzer ist einer der nicht so zahlreichen deutschen Friedensnobelpreisträger, von dem sicher viele Deutsche wissen, dass er irgendwas mit Medizin in Afrika machte, Menschen half, aber mehr dann auch nicht. Ich gehörte lange dazu. »Fluss und Wald. Wer kann schon wirklich seine ersten Eindrücke beschreiben? Es war, als ob wir träumten, eine vorsintflutartige Szenerie, die woanders das Produkt der eigenen Einbildung gewesen wäre. Sie sind jetzt Wirklichkeit.« So beschrieb Schweitzer im Jahr 1913 seine Ankunft in Gabun, den Anblick, als er sich auf den Weg in den Regenwald machte, um dort eine Missionsklinik aufzubauen. Es war sein erstes Mal in Afrika.

So viel anders sieht es heute auch nicht aus. Fast 250 Kilometer sind es von Libreville hinaus nach Lambaréné, die Straße beginnt bald zu zerbröseln, so, als halte es sich die Natur noch offen, sich alles wieder zurückzuholen. Es ist die Regenzeit, am Himmel quellen tiefschwarze Wolken auf, die dann zu explodieren scheinen, Regensalven prasseln herab und überschwemmen alles. Fast sechs Stunden dauert es bis zur Klinik, die Schweitzer gegründet hat. Der Deutsch-Franzose war so vieles: Arzt, Philosoph, Theologe, Organist, Musikwissenschaftler und Pazifist. Er wollte Missionar werden, die Afrikaner zu Gott bekehren, war der Kirche aber zu liberal, also versuchte er, als Missionsarzt Gutes zu tun. Er rodete den Urwald, baute eine Klinik auf, die dann bald von Termiten dem Erdboden gleichgemacht wurde. Er fing wieder von vorne an, erdachte eine neue Architektur, ordnete das Hospital an wie ein Dorf, in dem sich die Patienten wohlfühlten und von ihrer Familie umsorgt werden konnten, fast wie zu Hause. Man sieht die Gebäude heute noch, die Luftfeuchtigkeit hat ihnen zugesetzt, in Schweitzers alter Wohnung liegen die Notizen noch auf dem Schreibtisch, so, als sei er gestern gegangen. Sein Eisenbett ist klein für einen Menschen von 1,87 Meter, der darin kaum ausgestreckt schlafen konnte, eine der eher kleinen Entbehrungen hier draußen im Dschungel. In seiner Klinik wurden Leprakranke geheilt und Malariapatienten behandelt, es wurde Gutes getan. Aus heutiger Sicht kann man aber auch fragen, ob Schweitzer nicht auch Teil des kolonialen Systems war, das missionierte und ausbeutete. »Früher hatten wir das Land und ihr die Bibel. Heute haben wir die Bibel und ihr das Land«, so lautet ein afrikanisches Sprichwort.

Heute ist die Klinik um vieles größer als zu Schweitzers Zeiten, vor dem neuen Hauptgebäude wehen die Landesfahnen der Spender. In der alten Kantine, die noch aus alten Zeiten stammt, sitzen sechs Franzosen am Mittagstisch, sie erzählen von den etwa hundert Betten, die sie haben, und den Schwierigkeiten, genug Geld aufzutreiben, weil die Regierung von Gabun nicht immer zahlt, was sie versprochen hat. Warum sollte sie auch, es springt ja immer ein Europäer ein, Schweitzer gab damals Hunderte Klavierkonzerte, um den Etat aufzutreiben, heute zahlen die europäischen Regierungen, wenn es nicht anders geht. Die Mitarbeiter seufzen, dann gibt es Suppe.

Aus den Fenstern der kleinen Mensa blickt man über das leere Klinikgelände, nur ganz oben auf dem Hügel, am Friedhof, stehen Dutzende Menschen unter den Bäumen, lassen einen Sarg zu Boden. Viele haben T-Shirts an mit dem Bild von Yaya Jean Galvin, dem Verstorbenen. »Er war müde«, sagt einer seiner Freunde – eine schöne Art, den Tod zu beschreiben. Yaya, sagt der Freund, habe Jahrzehnte für die Klinik gearbeitet, habe Touristen mit dem Boot über den Ogooué-Fluss gefahren, wo es Krokodile und Nilpferde gibt und mehr als 300 Fischarten. Es war, als sei er mit dem Boot über das Wasser getanzt, sagen seine Freunde. Jetzt muss ein neuer Tänzer gesucht werden.

The Gambia

Achtung Kehrmaschine – als ich einmal fast von der Wagenkolonne des Diktators überrollt wurde.

Einwohner: 2 Millionen
Wirtschaftswachstum: 6,6 Prozent
Unabhängigkeit: 1965
Anzahl chinesischer Restaurants: Fünf.
Nationalgericht: Benachin, Trockenfisch mit Reis und leckerer Soße.
Das sollte man gesehen haben: Die schönsten Strände der Welt liegen nicht unbedingt auf den Malediven, sondern eher hier in Westafrika.
Das muss man wissen: The Gambia ist neben den Bahamas das einzige Land der Welt, das einen Artikel im offiziellen Namen trägt.
Darüber redet das Land: Die neue Brücke über den Gambia-Fluss.

Es war ein Samstagmittag, als ich auf einer Straße mitten in Gambia stand. Es war heiß, die Taxifahrer, die sich sonst fast um mich prügelten, als ob ich der Hauptpreis ihres Lebens wäre, sie standen unter dem Baum im Schatten und bewegten sich nicht. Es sah so aus, als hätten sie gerade beschlossen, doch keine Taxifahrer mehr sein zu wollen. Ihre Autos schmollten in der Sonne. Ich fragte Conrad, mit dem ich schon ein paar Mal herumgefahren war, worauf der plötzliche Stimmungswandel zurückzuführen sei. »Es ist der nationale Putztag, der ist einmal im Monat, bis zum Mittag muss jeder aufräumen, keiner darf Auto fahren.« Die Sonne stand hoch am Himmel, es war kurz vor zwölf Uhr, als ich auf die Uhr schaute. »Wir müssen noch auf die Kehrmaschine warten, die kommt gleich«, sagte Conrad.

Wir schauten auf die Straße, die völlig leer war, so weit man sehen konnte, und eigentlich auch ziemlich sauber. Kehrmaschinen gehören in Afrika nicht unbedingt zum Straßenbild, ich war gespannt. Ein paar Minuten später jagten ein Dutzend Pick-ups heran, mit Maschinengewehren auf der Ladefläche, die auf die paar Menschen am Straßenrand zielten, dahinter kam der verdunkelte Jeep des ziemlich verrückten Diktators herangerast. Ich musste zur Seite springen, um nicht überfahren zu werden. Conrad rannte zur Straße und fing an, hysterisch in die Hände zu klatschen, der Staubwolke hinterherzuwinken. Das war es also, was sie hier »Kehrmaschine« nennen, Soldaten, die die Straßen vom Volk säubern, damit der Präsident freie Fahrt hat.

Conrad hatte sein kleiner Jubel außer Atem gebracht, er setzte sich ins Auto, und ich fragte ihn, ob sich seine Meinung zum damaligen Präsidenten plötzlich geändert habe, gestern habe er Yahya Jammeh doch noch verflucht, ihm den Tod gewünscht. »Jaja, aber wenn er nach dem Putztag durch die Straßen fährt, wirft er manchmal Geld ins Volk, wenn wir genug jubeln.« Da hatte er natürlich einen Punkt.

Es war meine erste Reise nach Afrika, im Jahr 2014, einfach, um mal zu schauen, wie es dort so ist. Warum ich nach Gambia fuhr, weiß ich selbst nicht mehr so genau, es schien die richtige Dosis Afrika zu sein, ein bisschen schöner Strand, ein bisschen irrer Diktator, und einen Direktflug gab es auch. Viel mehr wusste ich nicht. Conrad fuhr mich ein paar Tage lang herum, es war meist über 40 Grad, bei hoher Luftfeuchtigkeit, sein Mercedes 190 hatte die 500 000 Kilometer schon lange überschritten, eine Klimaanlage gab es aber zumindest insofern, dass Conrad alle paar Stunden eine große Flasche gefrorenes Wassers kaufte, die ich mir dann an den Kopf hielt. So sind wir durchs Land gefahren, das nicht besonders groß ist, Gambia sieht von oben aus wie ein Wurm, der sich in die Küste Westafrikas gefressen hat. Die Briten haben sich mit den Franzosen um das Land gestritten, konnten sich nicht einigen, wer was bekommt. Schließlich verständigte man sich darauf, dass die Grenze dort ist, wo die Kanonenkugeln, die sie vom Gambia-Fluss aus in alle Richtungen schossen, landen. Die Geburtsstunde einer Nation. »The Gambia« haben sie das Land genannt, mit einem Artikel, so, als sollte es etwas ganz Besonderes werden. Und das wurde es dann auch, nur anders als gedacht.

Yahya Jammeh war einer der verrücktesten Diktatoren auf einem an verrückten Diktatoren nicht armen Kontinent. Wenn seine Geheimpolizei in den Gefängnissen folterte, ließ er sich die Schreie aufs Handy durchstellen.

Ein paar Kilometer neben den Folterkellern lagen die englischen Pauschaltouristen am Strand und bekamen eine rote Haut. Es gibt nur wenig Dinge auf der Welt, die einen Afrikaner mehr amüsieren, als Weiße mit verbrannter Haut.

Vier Jahre später bin ich wiedergekommen, dieses Mal nicht mit dem Flugzeug. Ich habe in Dakar einen dieser Minibusse genommen, wollte nicht irgendwo einsteigen und ganz woanders wieder aus, sondern die Reise ganz bewusst erleben.

Der Bus wurde immer voller, zum Schluss saßen 16 Frauen und acht Kinder in dem winzigen Mercedes-Bus, einige davon auf meinem Schoß. Zehn Stunden brauchten wir für die 300 Kilometer, obwohl der Bus ständig zu schnell fuhr. Er schlingerte und holperte, die Bremsen schienen nicht mehr die neusten zu sein. Ich beschloss schon nach wenigen Stunden, das nächste Mal wieder das Flugzeug zu nehmen. Meine Mitreisenden dachten ganz anders über den Fahrstil. »Je schneller, desto besser«, sagten sie und lachten. Fahrer von Taxis oder Minibussen, die nicht durch rücksichtsloses Fahren auffallen, haben schon bald ihren Ruf verloren und damit die Geschäftsgrundlage.

Es war eine fröhliche Fahrt in die Zukunft, Yahya Jammeh war gerade ins Exil gejagt und ein neuer Präsident gewählt worden. Im Bus saßen Frauen, die zum ersten Mal wieder nach Hause kamen, die Augen glühten voller Hoffnung.

An der Grenze musste man in ein kleines Zimmer der Zollstation, das bis unter die Decke voller riesiger Bücher war. Jeder Reisende durfte seinen Namen und die Nummer seines Passes in ein Buch eintragen, das dann, wenn es voll war, auf die anderen Stapel gelegt wurde. Würde das jemals noch einmal jemand lesen, versuchen, meine Initialen zu entziffern? Damals, es war der Anfang meiner Zeit in Afrika, fragte ich den Grenzbeamten höflich, ob tatsächlich noch einmal jemand in die Bücher schaue und warum. Es war die falsche Frage.

Ich habe seitdem Tausende Formulare ausgefüllt und in Tausende Bücher meine Initialen vermerkt. Ich dachte immer, Deutschland sei eine Nation, die ein bisweilen schon fast erotisches Verhältnis zur Bürokratie entwickelt hat. Im Vergleich zu Afrika sind wir aber ein ziemlich schlanker Staat. Irgendwo sitzt hier immer jemand mit einem Formular. Nicht, weil es notwendig wäre, sondern die Staatsapparate aufgebläht sind, weil es immer einen Verwandten gibt, der noch einen Job braucht, dem ein Stempel in die Hand gedrückt wird. Das alles sollte sich in Gambia nun ändern, so hatte es der neue Präsident versprochen. Zuerst aber blieb einmal alles beim Alten. Um vom Senegal ins Land zu kommen, muss erst einmal der endlos breite Gambia-Fluss überquert werden. Vom Ufer sieht man noch die Überreste des Sklavenforts, von hier haben die Europäer ihre menschliche Ware nach Übersee verschifft. Ihre Schiffe müssen seetüchtiger gewesen sein als das, was heute auf dem Fluss verkehrt. Seit einer Stunde schon versucht unsere Fähre, am Hafen von Banjul anzulegen. Sie hat es von der linken Seite probiert und von der rechten, von vorne, von hinten. Sie hat jeden Poller im Hafenbecken mindestens fünfmal gerammt. So langsam scheinen dem Kapitän die Ideen auszugehen, wie man das Land noch erreichen könnte. Vom Bug aus hat man einen guten Blick auf den Hafen der Hauptstadt, der eher ein Schiffsfriedhof ist. Irgendwann glückte die Landung schließlich, und ich war wieder in Gambia.

Die erste Reise war nicht immer angenehm gewesen, neben frischem Hummer waren die sogenannten »Bumpster« eine der Spezialitäten, junge Männer, meist als Rastafaris verkleidet, die den ganzen Tag am Strand und an der Hauptstraße herumhingen und entweder den mittelalten und mittelschlanken englischen Frauen Komplimente machten, die auf der Suche nach ein bisschen Liebe hierhergereist sind. Oder eben, wenn keine Frauen in Sicht waren, den anderen auf die Nerven gingen, Ringe, falsche Uhren oder ihre Schwester verkaufen wollten. Dieses Mal waren sie nicht mehr da, alles war ruhig, alles war friedlich, keiner quatschte einen an. Wo sie denn hin sind, fragte ich einen Bekannten. »Alle weg nach Europa, jetzt habt ihr sie am Hals, viel Spaß«, sagte er und lachte. »Das ist unsere Rache.« So wie Europa nicht immer seine besten und schlausten Touristen in die Welt schickt, so schickt Afrika auch nicht immer die, die man unbedingt haben möchte.

Ghana

Nachspielzeit – Warten auf eine
Audienz bei Sammy Kuffour

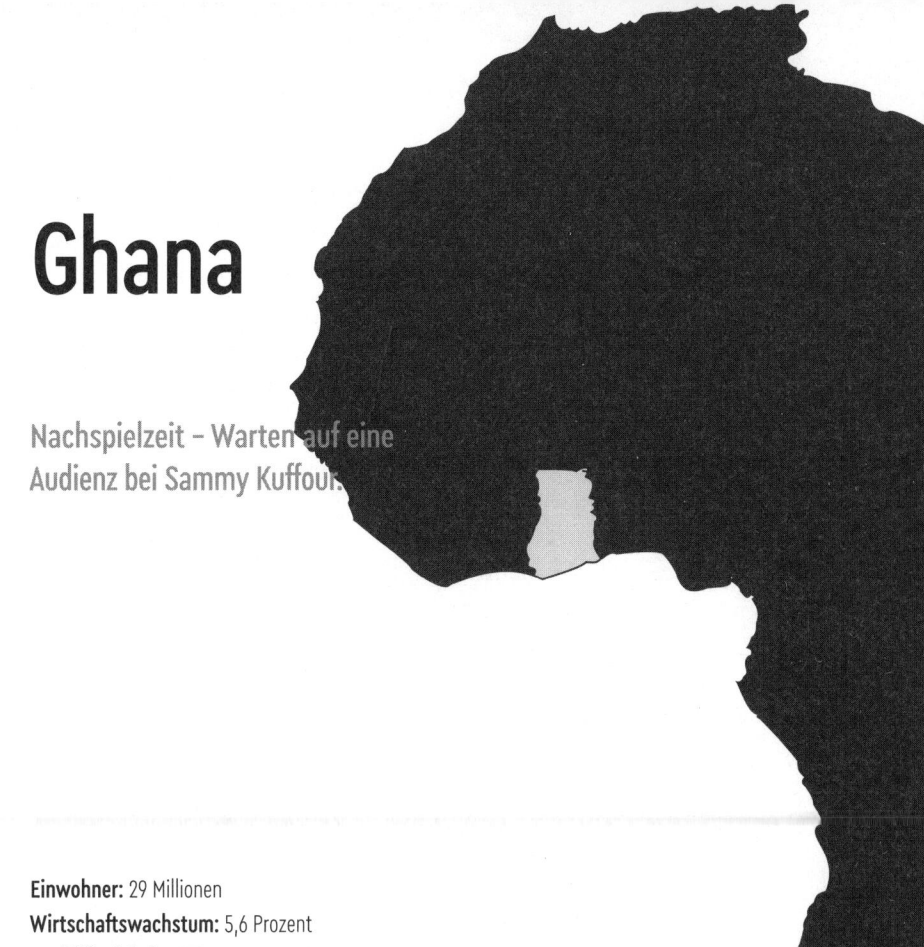

Einwohner: 29 Millionen
Wirtschaftswachstum: 5,6 Prozent
Unabhängigkeit: 1957
Anzahl chinesischer Restaurants: Sie heißen in Ghana »Check-check«, wegen der karierten Tüten, in denen das Essen zum Mitnehmen verpackt wird. Es gibt mehr als 50.
Nationalgericht: Grasscutter, eine Rattenverwandte, die mit scharfer Marinade gegrillt wird.
Das sollte man gesehen haben: Der Volta-Stausee ist der größte künstliche Stausee der Welt und versorgt Ghana mit Strom.
Das muss man wissen: Ghana wurde als zweites Land in Subsahara-Afrika unabhängig und zählt heute zu den stabilsten Demokratien.
Darüber redet das Land: Die neue Kläranlage in Accra, die nun endlich funktionieren soll.

Bevor es losgeht, zieht sich Sammy Kuffour noch das Trikot über. Er steht mit nacktem Oberkörper in der Tür seines Hauses in Accra und schaut nach links und nach rechts, so, als würde er gleich ins Stadion einlaufen und kurz prüfen, ob auch genug Zuschauer da sind. Das grüne Trikot über den Kopf, das Hemd der Nationalmannschaft von Ghana. Dann lässt er sich auf den Plastikstuhl auf seiner Terrasse fallen, gähnt erst einmal ziemlich ausgiebig und widmet sich dann dem Fernseher an der Wand. Schließlich ein Lebenszeichen, ein Lächeln. Und eine Frage: »Wie geht es München?«

Es ist eine Frage, die sich recht leicht beantworten lässt: Alles eigentlich wie immer. Die Frage ist umgekehrt interessanter – wie geht es eigentlich Sammy Kuffour? Fast 15 Jahre spielte er als Verteidiger für den FC Bayern München, er kam als Jugendlicher und wurde zum Liebling der Fans, er schien immer gut gelaunt, er lächelte meist. Es ist der Herbst 2017, zwölf Jahre sind seit seinem Abschied aus München vergangen, für die Fans schien er wie vom Erdboden verschluckt. Kuffour hat nach den Bayern noch hier und da in Europa gespielt, letztlich, so erzählt er es auf seiner Terrasse in Accra, wollte er aber immer nach Hause, zurück nach Ghana. Nur unterschied sich das echte Ghana eben doch von dem, das er in Erinnerung hatte, die vielleicht idealisierten Wurzeln.

»Für mich war es nicht leicht«, sagt Sammy Kuffour, »ich war lange weg.« Er ist in die Heimat zurückgekehrt. Manchmal aber mit dem Blick eines Fremden. »Die Leute hier sind nicht so direkt. Das wird einem manchmal als Arroganz ausgelegt. Ich kann aber nur direkt sein, ich will doch keine Lügen erzählen. Ich will ehrlich sein.«

Es gibt eine weltweit erfolgreiche Fernsehserie aus Accra, »An African City«, gemacht von einer Regisseurin, die nach vielen Jahren in den USA zurückkehrte und die das Leben der Returnees beschreibt. Die mit großen Erwartungen zurückkehren. Aber eben auch mit Gewohnheiten. Die sich fragen, warum der Strom manchmal abgestellt wird, warum die Verwandten ständig Hilfe verlangen. Es geht um die Fremdheit im eigenen Land, im eigenen Leben. Im Hof von Sammy Kuffour sitzen Menschen an einem Tisch, als würden sie auf die Bürgersprechstunde warten. Einer stellt sich als eine Art Onkel vor. Es ist ein ständiges Kommen und Gehen.

»Ubuntu« ist ein Wort, das in sehr vielen afrikanischen Staaten verstanden wird. In der Sprache der Bantu bedeutet es in etwa »Menschlichkeit« oder »Gemeinsinn«. Es ist eine Philosophie des Alltages, ein sozialer Leitfaden: Man ist in sehr vielen afrikanischen Gesellschaften auch als Fremder sofort Teil des Alltages, wird herzlich aufgenommen und bekommt etwas zu essen angeboten. »Ubuntu« ist auch so etwas wie ein nicht staatliches Sozialsystem, denn derjenige, der etwas hat, gibt es demjenigen, der gerade pleite ist. Das Wohl der Gemeinschaft steht über dem des Einzelnen. Ursprünglich haben sich so Gesellschaften, die vor allem aus Bauern und Viehzüchtern bestehen, gegen schlechte Ernten und Dürre abgesichert. In der modernen Welt bedeutet »Ubuntu« aber eben auch, dass derjenige, der ein bisschen Erfolg hat, ihn sofort teilen muss. Nichts kann gespart werden. Es gibt Neid in Afrika, Geiz gibt es nicht. Dein Erfolg ist dein Ruin. Wer einen einigermaßen guten Job bekommt, kann sich sicher sein, dass zu Hause immer viele Gäste sind, die sich am Kühlschrank bedienen.

Auch die Schlange im Hof von Sammy Kuffour wird immer länger. Er sagt trotzdem: »Es ist entspannter hier.« Früher in München galt Kuffour als einer, mit dem man vor allem Spaß haben konnte. Auf der Terrasse in Accra macht er keinen einzigen Witz, lächelt kaum. Vor ihm beginnt ein großer Pool, an dessen Ende ein gläserner Salon mit Billardtisch steht. Daneben seine Autos: Mercedes 550, ein Jeep und ein Porsche. Auf der Rückseite des Pools beginnt eine kleine Felsenlandschaft. Ganz oben auf dem Felsen steht eine Jesus-Statue, die die Hände ausbreitet. In einem anderen Haus, in einem anderen Pool ist eine Tochter ertrunken. Jetzt sieht es so aus, als wäre Jesus eine Art oberster Retter.

Die Religion hat Kuffour oft geholfen, so hat er es manchmal erzählt, noch heute geht er regelmäßig in die Kirche. Es scheint sich aber auch eine Distanz entwickelt zu haben. »Die Leute hier gehen jeden Tag in die Kirche und beten. Das ist gut, das machen sie überall, aber man kann halt nicht nur beten, sondern muss sich auch engagieren. Wir denken nicht weit genug. Ghana ist großartig, das Wetter, die Leute.«

Vor einigen Jahren wollte Kuffour selbst die Dinge in die Hand nehmen und etwas werden im ghanaischen Fußballverband. In einem Land, das so viele große Fußballer hervorgebracht hat, das aber bei den Weltmeisterschaften immer zu früh scheiterte, wie so viele andere afrikanische Mannschaften. Kuffour wollte den Verband professionalisieren, die Vorbereitung vor den großen Turnieren, die Quartiere. Einen Neustart hinlegen, wie ihn Deutschland geschafft hat nach schwierigen Jahren. Das war den »Big Men« im Verband und in der Politik dann doch etwas zu viel Revolution. Sie klebten an ihren Posten.

Auf den Straßen vor Kuffours Haus hängen noch die Plakate von den Feiern zu 60 Jahren Unabhängigkeit im Frühjahr. Ghana war damals das erste Land, das sich vom Kolonialismus befreite, das erste, in dem das Militär putschte. Und das erste, das sich auch davon wieder befreite und zu einem demokratischen Musterstaat wurde. In der Hauptstadt wird überall gebaut, neue Brücken, neue Straßen und neue Hochhäuser. Nicht schlecht, wenn man im Immobiliengeschäft ist. Aber manchmal vielleicht zu wenig, wenn man lange genug in München gelebt hat.

»Wir haben einiges geschafft, es passiert viel. Aber die ländlichen Gebiete sind zurückgeblieben. In Deutschland kommt man ins Gefängnis wegen Korruption. Und hier, wie viele Leute kommen damit durch? Das ist auch für mich ein Problem. Die Leute hier schauen auf die Regierung und erwarten, dass die schon alles regeln wird. Es geht aber darum, dass sich alle beteiligen. Wir haben die Ressourcen, aber nicht die richtigen Entscheidungen. Wir verkaufen die Bodenschätze zu billig.«

Vielleicht verkauft sich auch das ganze Land ein wenig unter Wert. Genau über dem Kopf von Sammy Kuffour fliegt nun eine ziemlich große Maschine der Turkish Airlines, eine Unterhaltung ist so nicht möglich. Wer in Deutschland auch nur einen kleinen Teil des Reichtums hat, den man im Garten von Sammy Kuffour besichtigen kann, der würde so weit weg von jeder Flughafenschneise ziehen wie nur irgend möglich. In Accra ist es genau umgekehrt. Es ist eine Stadt, die sich vom Meer abgewendet hat. Das Meer ist meist lediglich eine Müllkippe, wer es sich leisten kann, wohnt direkt am Flughafen, dort stehen die schönsten Villen, dort gibt es die besten Restaurants.

Wer an einem der wenigen Strände im Stadtgebiet ins Wasser geht, kommt von Mülltüten bedeckt wieder heraus. Ich habe bei jedem meiner Besuche sofort Durchfall bekommen, was auch daran liegen mag, dass die Abwasserkanäle in der Innenstadt offen durch die Straßen laufen. »Lavender-Hügel« haben die Menschen den Ort genannt, wo sie ungeklärt ins Meer fließen. Es gibt viele Gründe, warum viele afrikanische Länder so sind, wie sie sind. Viele dieser Gründe liegen außerhalb von Afrika. Andere aber direkt vor der Haustür der Menschen. In Accra sind es die Müllberge, die keinen zu stören scheinen, die aber eine großartige Stadt an vielen Stellen unbewohnbar machen. Sammy Kuffour sagt: »Wir denken nur an heute, nicht ans Morgen. Wir müssen die Dinge in die Hand nehmen.«

Guinea

Puh, die Hauptstadt Conakry macht es den Besuchern nicht einfach.

Einwohner: 13 Millionen
Wirtschaftswachstum: 5,8 Prozent
Unabhängigkeit: 1958
Anzahl chinesischer Restaurants: Zwei.
Nationalgericht: Poulet Yassa, Hühnchen in Zitronenmarinade.
Das sollte man gesehen haben: Îles de Los.
Das muss man wissen: Guinea wurde als erste französische Kolonie in Afrika unabhängig.
Darüber spricht das Land: Bringt die neue Bauxit-Eisenbahn auch neue Jobs?

Mein Abschied aus Conakry war eher eine Flucht. Fast einen Monat war ich in Westafrika unterwegs, habe sechs Länder besucht. Mein Rücken schmerzte, ich hatte mir einen Leistenbruch zugezogen und war nicht mehr sonderlich gut zu Fuß. Man kann nicht sagen, dass Conakry meine Stimmung verbessert hat. Die Stadt liegt auf einer Landzunge, die nach unten immer schmaler wird, immer enger, voller und dreckiger. Je nach Jahreszeit ist es staubig oder schlammig, die Gebäude schimmeln oder bröseln vor sich hin. Die Hauptstadt von Guinea hat nie einen Krieg erlebt, sieht aber so aus, als sei er noch nicht lange vorbei. Von einer Fähre rollen Hunderte Gebrauchtwagen aus Europa, die nicht den Eindruck machen, als ob sie noch ein langes Leben vor sich hätten.

Erst fahre ich mit einem europäischen Diplomaten durch die Gegend, der mir erklärt, dass es hier nicht viel zu sehen gebe. Ob er schon einmal in der Artistenschule war, die die Reiseführer empfehlen? Nie davon gehört. Die Inseln mit den Sandstränden, zu denen kleine Boote fahren? Würde er abraten, das Wasser sei zu verschmutzt. Was er empfehlen könne, sei das Restaurant *Obama*, eine gewagte Konstruktion von Holzstelen, die ins Meer hinausführen, von der Terrasse hat man einen guten Blick auf den ganzen Müll, der hier ins Meer gekippt wird. Der Kellner empfiehlt den lokalen Fisch.

Später laufe ich ein wenig durch die Gegend, komme zum Park »2. Oktober«, einer heruntergekommenen Grünfläche, mit einem verlassenen Kinderspielplatz, auch hier türmt sich der Müll. Der Platz soll eigentlich die Unabhängigkeit des Landes feiern, seine Geschichte, die so hoffnungsfroh begann: Im Jahr 1958 reiste General Charles de Gaulle in die französischen Kolonien, die nun selbst entscheiden sollten, ob sie unabhängig werden oder weiter Teil des französischen Kolonialreiches bleiben wollten. De Gaulle pries in Conakry die brüderliche Freundschaft von Guinea und Frankreich, die doch zum beiderseitigen Nutzen sei. »Es ist besser, arm und frei zu sein, als ein Sklave im Überfluss«, entgegnete ihm Ahmed Sékou Touré, der bekannteste Politiker des Landes. Jedes Schulkind in Guinea lernt, wie Guinea sich als erste französische Kolonie in Afrika für die vollständige Unabhängigkeit entschied, wie De Gaulle beleidigt »Adieu Guinea« sagte: Die Franzosen verließen das Land überstürzt, nicht ohne Tausende Akten zu schreddern und die Infrastruktur zu zerstören, der Schritt in die Unabhängigkeit sollte so schwer wie möglich sein. Und so kam es dann auch, der Freiheitskämpfer Touré, der sein Land lieber arm, aber frei sehen wollte, verwandelte Guinea in eine Diktatur, in der die Menschen arm und unfrei waren.

Guinea ist eigentlich ein angenehmes Land, mit netten Menschen, im Inneren gibt es schöne, grüne Bergketten, mit klaren Flüssen, früher kamen Kurgäste aus ganz Westafrika hierher, um sich zu erholen, was dem Land natürlich den Namen »Die Schweiz Afrikas« einbrachte. Heute ist es umgekehrt, heute wollen alle nur noch weg. Es gibt Schätzungen, nach denen etwa sechs Millionen Guineer im Ausland leben, ziemlich viel für ein Land mit zwölf Millionen Einwohnern.

Fragt man die, die noch da sind, woher der Name »Guinea« eigentlich kommt, dann erzählen sie einem davon, dass die Portugiesen damals im 14. Jahrhundert bei ihrem ersten Kontakt an der Küste auf ein paar Frauen gestoßen seien, die am Fluss Wasser holten und die Portugiesen verscheuchten. Weil Frau in der lokalen Sprache »guinè« hieß, sei das der Name des ganzen Landes geworden. Es ist eine Variante, in der die Guineer Teil der eigenen Geschichte sind. Die europäische Forschung hingegen glaubt, dass die ersten portugiesischen Entdecker das Wort der Berber abgewandelt hatten, das jene für die Bewohner Afrikas benutzen: »Ghinawen« bedeutete der »verbrannte Mann«. Man blickte im Norden von Anfang an auf den Süden herab.

Auf den frühen Karten Afrikas aus dem 18. Jahrhundert, die die Europäer zeichneten, wird fast die ganze Westküste Afrikas als »Guinea« bezeichnet. Später begannen die Kolonialmächte, die Küste aufzuteilen: Es blieben Guinea, Guinea-Bissau und Äquatorialguinea. Eines gehörte den Franzosen, eines den Portugiesen und eines den Spaniern. Die nannten dann auch gleich noch eine riesige Insel am anderen Ende der Welt Neuguinea, einfach, weil die Menschen dort irgendwie auch so aussahen wie in Afrika, dunkel halt, nicht weiß.

Ich bin an diesem späten Freitagnachmittag weit und breit der einzige Weiße auf den Straßen von Conakry. Die ersten Male in so einer Situation, dachte ich noch, schau an, so fühlt sich das also an, so erlebt es ein Schwarzer vielleicht in einem kleinen deutschen Dorf, so ist es, in der Minderheit zu sein. Das Gegenteil ist der Fall. In Afrika lernt man, was es bedeutet, weiß und aus Europa zu sein: immer überall hingehen zu können, mehr Geld zu haben. Trotzdem habe ich nie ein böses Wort gehört, nie einen bösen Blick bemerkt. In Conakry beachtet mich ohnehin kaum jemand, die vielen Jungs in der Innenstadt sind gerade dabei, die Straßen abzusperren und auf dem Teer die Fußballtore aufzubauen. Sie lachen, sie klatschen in die Hände. Vielleicht nimmt man die Stadt als Besucher viel trostloser wahr, als sie es wirklich ist. Vielleicht bin ich einfach müde.

Ich wollte mich eigentlich mit Djibril Tamsir Niane treffen, er ist ein kluger Mann, Historiker und Schriftsteller, der die *Geschichte Afrikas* geschrieben hat, ein monumentales Werk, er selbst besitzt eine Bibliothek mit 10000 Büchern. Aus irgendwelchen Gründen kommt der Kontakt nicht zustande, was schade ist. Niane ist eine interessante, aber auch widersprüchliche Figur. Er ist gebildet und liberal, gleichzeitig ließ er seine Tochter beschneiden. Und wohl auch noch zwangsverheiraten. Katoucha Niane floh mit 18 Jahren nach Frankreich, sie wurde das erste schwarze Supermodel, die Muse von Yves Saint

Laurent. Sie hatte eigene Fernsehshows und schrieb ein Buch über ihre grausame Beschneidung, kämpfte als Aktivistin gegen das Ritual: »Als Topmodel habe ich die arroganteste und die am meisten bewunderte Weiblichkeit verkörpert. Dabei sollte ich durch die Beschneidung in meiner Rolle als Frau reduziert werden. Was für eine Vergeltung«, sagte sie. Mit nur 47 Jahren ertrank sie in der Seine, als sie nachts auf ihr Hausboot zurückkehrte. Was für ein Tod, als ob dieses Land einem kein Glück bringen dürfe.

Dabei hat Guinea durchaus welches gehabt, als die Ressourcen verteilt wurden auf der Welt. Es ist die größte Lagerstätte für Bauxit, eine rote Erde, die man zur Herstellung von Aluminium braucht, das aber nicht in Guinea hergestellt wird, sondern im Westen, wo man gutes Geld damit verdient. Es ist das afrikanische Dilemma, dass die Rohstoffe außerhalb Afrikas veredelt werden: Äthiopischer Kaffee wird woanders geröstet und nigerianisches Öl woanders raffiniert. Der Zug mit dem Bauxit fährt direkt durch die Innenstadt von Conakry, man muss aufpassen, dass man nicht überrollt wird.

In meinem Hotel zurück finde ich eine lustige Gruppe auf der Terrasse, weibliche und männliche Prostituierte, ein junger Mann zwinkert mir immer wieder zu und kommt an meinen Tisch. Ich sage ihm, dass ich in Afrika noch nie einen Mann gesehen habe, der für Geld Sex anbietet, zumindest nicht in der Öffentlichkeit, und schon gar nicht in so einem muslimischen Land, in dem man für gleichgeschlechtlichen Sex ins Gefängnis kommt. »Hier drin merkt es doch keiner«, sagt der junge Mann. »Und wenn doch, was haben wir zu verlieren«, sagt er und lacht. Wenig später zieht die ganze Gruppe prustend und kichernd auf die Straße, ins nächste Hotel, auf der Suche nach Kunden.

Ich bin müde, meine Leiste tut weh, ich buche kurzfristig einen Flug für den nächsten Morgen. Es ist eher eine Flucht als ein Abschied. Am nächsten Tag um fünf Uhr stehe ich an der Rezeption, der Mann an der Theke verzieht den Mund und sagt, dass es leider nicht möglich sei, mich zum Flughafen zu bringen. »Heute ist der nationale Putztag. Jeder muss mithelfen. Alle Straßen sind gesperrt.« Ich renne mit meinem Koffer nach draußen, wedele mit ein paar Dollarscheinen und halte Autos an, bis sich jemand bereit erklärt, mich zum Flughafen zu bringen.

Wir müssen über die N1, die *route nationale*, die jeden Tag unter all dem Verkehr fast zusammenbricht, weshalb sie sich in Conakry einen Trick ausgedacht haben: Jeden Morgen ist die Straße auf allen vier Spuren nur in Richtung Innenstadt zu befahren, weil alle zu ihren Arbeitsplätzen müssen. Nachmittags und abends dann umgekehrt. Für Samstagmorgen scheint es keine klare Regelung zu geben, zumindest kommen uns immer wieder Geisterfahrer entgegen, die natürlich auch kein Licht anhaben, weil das ja zu viel Benzin kosten würde. Immer wieder muss mein Fahrer mit quietschenden Reifen ausweichen. Er fährt natürlich auch ohne Licht, verpasst eine Ausfahrt und fährt nun rückwärts die Schnellstraße zurück. Ich denke kurz, dass es das nun durchaus auch gewesen sein könnte, und kralle mich am Türgriff fest. Ein paar Minuten später sind wir am Flughafen. Der Fahrer lacht, wohl auch aus Erleichterung, und sagt: »Komm bald wieder nach Guinea.«

Kamerun

Die Deutschen sind seit hundert Jahren weg, dennoch hätten manche gerne die Kolonialzeit zurück.

Einwohner: 25 Millionen
Wirtschaftswachstum: 4,1 Prozent
Unabhängigkeit: 1960
Anzahl chinesischer Restaurants: Etwa sieben, die teilweise sogar französische Namen haben, wie das *Chez Wou*.
Nationalgericht: Ndolé, ein Eintopf aus bitterem Spinat, gemahlenen Erdnüssen, Ingwer, getrockneten Garnelen und Fleisch.
Das sollte man gesehen haben: Der Kamerunberg ist mit 4095 Metern der höchste in Westafrika, und außerdem ein aktiver Vulkan.
Das muss man wissen: Die portugiesischen Eroberer nannten den Wouri-Strom Rio de Camarões, den Krabbenfluss. Daraus wurde der Name für Kamerun abgeleitet.
Darüber redet das Land: Ist der Präsident gerade in Kamerun? Oder in seinem Lieblingshotel in Genf?

Eine Stunde habe ich mich in Douala umgesehen, bin zu Fuß durch die Innenstadt gelaufen. Als ich zum Hotel zurückkomme, fragt der nette Herr an der Rezeption, ob ich schwimmen war. Er verzieht dabei keine Miene, er scheint es ernst zu meinen und sich gar nicht vorstellen zu können, warum ein Mensch, in diesem Fall ich, so nass sein könne – außer, er war schwimmen, mit Jeans und Polohemd. Ich lächele und murmle etwas davon, dass ich eben leicht schwitze, und wische mir den Schweiß von der Stirn, mit dem kleinen Handtuch, das ich in Kamerun immer dabei habe. Das Land liegt genau in der »Achselhöhle von Afrika«, wie manche diese Gegend nennen, was ein wenig abwertend klingt, andererseits ist es hier einfach immer heiß, und wenn man den Kontinent auf der Karte anschaut, dann sieht es auf der Höhe von Kamerun eben wirklich ein bisschen so aus, als wäre hier eine Achselhöhle. »Haha, ihr Europäer seid halt nichts gewohnt«, sagt der Mann im Hotel lachend.

Die deutschen Kolonialisten haben das damals offenbar ähnlich empfunden. In Douala waren sie 1884 mit einem Kanonenboot angekommen, hatten die Stadt ein paar Jahre lang als Hauptsitz ihres Schutzgebietes genutzt und waren dann ins deutlich höher gelegene Buea umgezogen, um der tropischen Hitze zu entkommen. Auch in Douala sieht man aber noch die Spuren des deutschen Kolonialreiches, das heutige Stadtgebiet war früher einfach ein malariaverseuchter Sumpf, erst die Europäer legten einen Hafen an, um das Palmöl aus den Plantagen zu exportieren. Mitten in der Stadt steht das ehemalige Hauptgebäude der Woermann-Linie, einer Hamburger Spedition, die gute Geschäfte mit dem heutigen Kamerun machte, vor allem Palmöl nach Deutschland exportierte. Ein aus heutiger Sicht ziemlich schmutziges Geschäft: Auf den riesigen Plantagen in Kamerun ließen die Deutschen Einheimische für sich schuften, die Sklaverei war offiziell verboten, man sah sich ja als aufgeklärte Menschenfreunde, letztlich aber war die Zwangsarbeit wenig anders.

»Schutzgebiet« nannte das deutsche Kaiserreich die Kolonie, die größer war als das Reich selbst. Der Schutz bezog sich aber nicht auf die Kameruner, sondern nur auf die Interessen der deutschen Handelshäuser. Die Schutztruppe hatte die Aufgabe, das neu erworbene Gebiet zu »befrieden«, was nichts anders bedeutete, als den Widerstand jener Kameruner zu brechen, die keine Lust auf die deutsche Fremdherrschaft hatten. Proteste wurden brutal niedergeschlagen, Gegner der Kolonialisierung umgebracht. In Deutschland erinnert sich daran heute kaum noch jemand, obwohl die Aufarbeitung der Kolonialzeit und ihrer Verbrechen Teil des Koalitionsvertrages sind. Das mag daran liegen, dass das, was danach kam, noch weit schlimmer war, der Holocaust alles andere überstrahlt. Andererseits haben sich es die Deutschen eben auch recht einfach gemacht, haben gerne darauf verwiesen, dass die deutsche Kolonialzeit doch schon früh endete, Länder wie Frankreich oder Großbritannien viel mehr Schuld auf sich geladen haben.

»Der Kolonialismus hatte auch seine guten Seiten«, sagt Christopher N. Galega. Ich sitze mit ihm auf der Terrasse eines Restaurants, Galega hat Fotos mitgebracht von Grabsteinen mit deutscher Inschrift, sie stehen auf dem Friedhof ein paar Hundert Meter weiter. Auf einem erinnert der deutsche Frauenverein an ihr verstorbenes Mitglied Tony Königsdorf. Ein schöner Vorname, viel mehr weiß man nicht über die verstorbene junge Frau, die aber eben auch ein Teil des kolonialen Unrechtssystems gewesen sein könnte. Warum also sollte man ihrer gedenken?

»Es sind auch schlimme Sachen passiert«, sagt Christopher Galega, »aber die positiven Seiten überwiegen«. Galega hat die German Monuments and African Cultures Association mitgegründet, einen Verein, der sich dafür einsetzt, die Hinterlassenschaften der deutschen Kolonialzeit zu retten. Vor mehr als zehn Jahren haben sie den Verein gegründet, er und 15 Mitstreiter. Sie haben einige Grabsteine vom Friedhof in überdachte Lagerräume gebracht und andere mit einem roten Absperrband umzäunt, damit die Landstreicher nicht auf ihnen schlafen. Viel mehr ist noch nicht passiert. Eigentlich möchten Galega und seine Mitstreiter die Grabsteine in den Botanischen Garten von Limbe bringen, das früher Viktoria hieß. Wirklich vorangekommen sind sie mit ihrem Vorhaben nicht. Immer mal wieder haben sie bei der Deutschen Botschaft um Unterstützung gebeten. Wir haben zu wenig Mittel, lautete die Antwort. Dafür habe der Traditionsverband ehemaliger Schutz- und Überseetruppen, Freunde der früheren deutschen Schutzgebiete e. V. versprochen, dem Verein zu helfen, sagt Galega. Das klingt nicht unbedingt nach guter Gesellschaft. Galega scheint das nicht zu stören, er sagt, er könne nicht verstehen, warum sich die Deutschen partout nicht an ihre eigene Geschichte erinnern wollen. »Die Deutschen haben das erste Schulsystem eingeführt in Kamerun, sie haben viel Infrastruktur gebaut, das sind sehr wichtige Errungenschaften.« Es erinnert alles ein bisschen an das Dritte Reich und die Verharmloser der Nazizeit: Es war nicht alles schlecht, Hitler hat doch auch die Autobahnen gebaut.

Nur sind es in Afrika oft die Nachkommen der Opfer, die eine eigentümlich milde Sicht auf das von Deutschen begangene Unrecht haben. An der Goldküste von Ghana habe ich einmal das Fort Groß Friedrichsburg besucht, eine vom brandenburgischen Kurfürsten in Auftrag gegebene Festung, aus der dann Tausende Sklaven nach Übersee verschifft wurden. Das Fort kann man heute noch besichtigen, ein junger Mann aus dem Nachbardorf bietet sich als Führer an. »Ach, die Deutschen waren doch gar nicht so schlimm«, sagte er. Besser als die Briten und Holländer zumindest, die nach den Deutschen kamen. »Das Fort ist solide gebaut worden, das ist gute Qualität«, sagte der Führer. Es klingt wieder nach den Autobahnen. Und in Douala sagt Christopher N. Galega: »Die Deutschen haben unseren Ahnen beigebracht, hart zu arbeiten.« Puh, ein furchtbarer Satz, weil die Kolonialisten die Arbeiter damals wie Sklaven gehalten haben, deren Leben nichts wert war. Warum also sagt Galega so etwas? Vielleicht, weil die Gegenwart so trostlos ist, die Regierung so korrupt und inkompetent, dass selbst die Schrecken des Kolonialismus attraktiver erscheinen, obwohl sie eine Mitursache der heutigen Zustände sind und keine Alternative. Aber so tief geht die Analyse oft nicht, so genau will man es dann nicht wissen: Hatten die Deutschen nicht Eisenbahnen gebaut und Straßen, so schlimm kann es doch alles nicht gewesen sein.

»Wir wollen die Plantagen von damals wieder aufbauen«, sagt Galega, auch das sei Teil seines Projektes. Im Übrigen dürfe man auch Prinz zu ihm sagen, er ist der Nachfahre von König Galega I. (1857–1901), einem der zahlreichen Könige Kameruns. Die Deutschen hatten damals vielen ihr Land abgeschwatzt, sie Verträge unterzeichnen lassen, die sie nicht verstanden. Manche Könige kooperierten später mit den Besatzern, manche wollten sich aber nicht kritiklos unterordnen. Rudolf Manga Bell (1873–1914) war einer von ihnen, sein Großvater hatte mit den Deutschen den Schutzvertrag unterzeichnet, der Enkel kam als Kind fünf Jahre lang zu einer deutschen Familie in das schwäbische Aalen, als Erwachsener reiste er nach Berlin, lernte dort, dass es eine ziemliche Kluft gab zwischen den Behauptungen der Deutschen, ihre Kolonien ehrlich und gerecht zu verwalten, und dem, was er vor Ort erlebte. Den Kaiser stellte er nie infrage, er schrieb aber mit 26 Kollegen einen höflichen Brief nach Berlin und forderte die Ablösung des Gouverneurs, der ein sadistischer Hund war. In Berlin war man erstaunt, was sich der Eingeborene da herausnahm, wenig später wurde König Rudolf zum Tode verurteilt und hingerichtet. Deutschland hat ihn nie rehabilitiert, der Staat nie wirklich an das Verbrechen erinnert.

Als ich Ende der 1990er-Jahre in Berlin Politikwissenschaft studierte, war mir schon einmal ein Prinz aus Kamerun begegnet, ich hatte damals einen Kurs bei Professor Alexandre Kum'a N'dumbe III. belegt, in dem es um Afrika und den Kolonialismus ging. Damals gab es am Institut für Politikwissenschaft der Freien Universität für alle möglichen Dinge eine Professur, der Fachbereich hatte lange die meisten aller Fakultäten. Nur für Afrika gab es keine, Kum'a N'dumbe III. war zwar habilitiert und einer der engagiertesten und schlausten Dozenten, die ich dort hatte, eine Professur hat er aber nie bekommen. Die Ignoranz und das Desinteresse haben ihn sein ganzes Leben lang begleitet, im Beruf, in dem er Konferenzen zum deutschen Kolonialerbe organisierte, zu denen dann nur eine Handvoll Leute kamen. Und auch in seiner Familiengeschichte: Seit Jahrzehnten fordert er die Rückgabe eines Schiffsschnabels, einer Bugverzierung, den die Deutschen seinem Großvater wegnahmen. Seit vielen Jahren hängt er im Münchner Völkerkundemuseum, das eine Rückgabe verweigert. In Kamerun könne nicht für eine angemessene Aufbewahrung und Ausstellung garantiert werden, so die Begründung. Es sind immer noch die Weißen, die darüber bestimmen, wie der Geschichte gedacht wird, ob man sich überhaupt an sie erinnert.

In Douala erinnert heute vor allem die Thüringer Bratwurst an Deutschland. Man bekommt sie im Restaurant der Deutschen Seemannsmission, einer kirchlichen Einrichtung, die sich für faire Arbeitsbedingungen in der Schifffahrt einsetzt und Unterkünfte anbietet, für Seeleute oder wer sonst noch kommt. Auf der Terrasse gibt es Roulade oder Thüringer mit Blick auf den Hafen. Dazu trinkt man ein Isenbeck-Bier, das heute eine Marke von Warsteiner ist. Hin und wieder fährt ein Lautsprecherwagen der Brauerei durch die Stadt, mit deutscher Marschmusik: »Seriös, dauerhaft. Vertraut den Deutschen«, steht auf einem Werbeplakat auf dem Auto. Daneben ist das Bild einer Eisenbrücke, die die deutschen Kolonialisten damals gebaut haben.

Kenia

Africa Online – die Start-up-Szene in Nairobi bringt Erfindungen hervor, die nun nach Europa kommen.

Einwohner: 48 Millionen
Wirtschaftswachstum: 6 Prozent
Unabhängigkeit: 1963
Anzahl chinesischer Restaurants: Mehr als 50.
Nationalgericht: Gegrilltes Fleisch. Gerne auch ohne Beilagen.
Das sollte man gesehen haben: Die Aussicht vom Hubschrauberlandeplatz des Messerturms in Nairobi.
Das muss man wissen: Bargeld ist fast überflüssig, alles wird mit dem Handy bezahlt.
Darüber spricht das Land: Die englische Premier League.

Kenia war mir auf Anhieb sympathisch. Ich war im März 2017 zum ersten Mal da, hatte mir für einen Monat ein Apartment gemietet in Nairobi, ein paar Hundert Meter weiter gab es einen Laden, der kaltes Bier verkaufte. Der Eigentümer hatte ein paar kleine Plakate über den Kühlschrank gehängt, auf denen die Vorteile von Alkohol aufgezählt wurden: Alkohol mache lustig und entspanne. Vor schwierigen sozialen Situationen wie einem Rendezvous sei es kein Fehler, ein paar Bier zu trinken, genauso wenig nach der Arbeit oder in Stresssituationen. Um es zusammenzufassen: Es gab immer einen Anlass zu trinken. Und wenn einmal gar nichts los war, dann sei das auch kein schlechter Grund. So sah es der Eigentümer des Bierladens, so sah ich es auch.

Dass man sich in Nairobi langweilt, weil zu wenig los ist, ist aber recht unwahrscheinlich. Es ist eine ziemlich coole Stadt: Es gibt unzählige Restaurants und Bars. Es gibt eine Innenstadt mit einigen Wolkenkratzern. Einer der schönsten Orte ist der Hubschrauberlandeplatz des Kenyatta-Messeturms, der wenig in Betrieb ist, auf dem an Wochenenden die Einheimischen ein kleines Picknick veranstalten und den Blick über die Stadt genießen. Bei gutem Wetter sieht man die Ngong-Berge und die Giraffen im Nationalpark. So etwas gibt es sonst nirgends: Direkt neben der Stadtautobahn beginnt die Steppe, man kann mit seinem eigenen Auto in den Park fahren, Löwen anschauen und Nashörner, wenn es sein muss auch mal schnell in der Mittagspause. Nairobi hat alles: Es gibt riesige Slums, aber auch moderne Campusse mit Hightechunternehmen, in denen die ersten mobilen Zahlungssysteme entwickelt wurden, ein Bankkonto ist für viele Kenianer schon lange überflüssig, sie zahlen alles mit ihrem Handy, sie bekommen ihr Gehalt auf ihre Telefonnummer überwiesen und zahlen damit im Supermarkt und im Taxi: M-Pesa heißt das Zahlungssystem, das in Kenia erfunden wurde und nun nach Europa kommt.

Drei Millionen Einwohner lebten in Nairobi, als zum letzten Mal gezählt wurde, das ist aber schon zehn Jahre her. Mittlerweile sind es vielleicht fünf Millionen, vielleicht aber auch acht. Täglich versinkt die Stadt im Stau, sie ist einfach viel zu schnell gewachsen. Es ist eine Stadt, die gar nicht als solche geplant war, die eher zufällig entstand. Nairobi war eigentlich nur ein Zwischenhalt der Bahnlinie vom Meer nach Uganda.

»Lunatic Express« wurde sie getauft, die Strecke von Mombasa an den Victoriasee, zumindest inoffiziell. Weil es eben eine ziemlich verrückte Sache war, diese 1060 Kilometer zu bauen. Von der malariaverseuchten Küste über die kenianische Hochebene hinunter zum auch nicht gerade malariaarmen Victoriasee. »Der Bau ist eines der vornehmsten Beispiele der britischen Kunst, sich durchzuwursteln«, sagte angeblich Winston Churchill, der sich aber auch nicht selbst durchwursteln musste, sondern vom Zug aus auf Zebras schoss.

In den Jahren zwischen 1895 und 1901 waren etwa 1200 Menschen beim Bau der Strecke gestorben, wovon gut 20 auf das Konto von zwei besonders gefräßigen Löwen gingen, die wiederum Stoff für zahlreiche Bücher und Verfilmungen gaben. Danach verkam die Strecke, Züge konnten nur noch mit 30 Kilometern die Stunde an die Küste schleichen. Irgendwann erklärten die Kenianer tatsächlich jeden für verrückt, der diesen Zug freiwillig nahm, von dem man nicht genau wusste, ob er von Nairobi nach Mombasa einen Tag brauchte oder auch sechs. »Lunatic Express« eben.

Gut 120 Jahre später ist der Lunatic Express endgültig Geschichte. Eine neue Zugverbindung steht. Fünf Stunden sollen die Züge künftig auf dem 480 Kilometer langen Teilstück von der Hauptstadt an die Küste brauchen und nur etwa sechs Euro kosten, gab der kenianische Präsident Uhuru Kenyatta bei der offiziellen Eröffnung bekannt. Kenyatta hat es anders als Churchill nicht so mit dem britischen Understatement. Er sagte: »Die Geschichtsbücher werden meinen Namen verbinden mit diesem Projekt, das für Kenia und Ostafrika große Fortschritte bringt.«

In Kenia hat die Eisenbahngesellschaft alleine für die Strecke zum Meer Tausende Menschen eingestellt. An den modernen Stationen stehen Zugbegleiterinnen, die offenbar hauptsächlich dazu angeworben wurden, um die Passagiere anzulächeln. Die neuen Waggons sind modern und bunt. Die alten der Lunatic Line stehen auf dem Abstellgleis. Nur ganz ohne Opfer haben auch die Chinesen den Bau nicht geschafft. Ein Arbeiter wurde von einem Geparden getötet.

Es ist ein regnerischer Nachmittag im Slum von Kibera, das Wasser rinnt durch die kleinen Gassen, es riecht nach Fäkalien, Dutzende kleine Plastiktüten schwimmen mir entgegen. »Fliegende Toiletten« nennt man sie hier, weil die Menschen gezwungen sind, in Beutel zu machen, da es zu wenige Toiletten gibt. Wenn es regnet, schwimmen einem die Tüten entgegen. Es ist zum Heulen. Am Nachmittag kommt die Sonne raus, was einen ziemlichen Unterschied macht, so als sei man plötzlich an einem anderen Ort.

Von hier aus habe man die beste Aussicht, sagt Freddy, der Guide, mit dem ich die Tour mache. Nur noch ein paar Schritte, sagt Freddy, den kleinen Hügel hinauf, dann sei man dort. Es geht über Müllberge, Eisenbahnschienen, vorbei an Blechhütten und Bächen, die schwarz sind vor lauter Dreck und Kot. Freddy strahlt. »Das ist es«, sagt er. Man sieht: noch mehr Müllberge, Eisenbahnschienen, Blechhütten und Bäche, die schwarz sind vor lauter Dreck und Kot. »Schön, nicht«, sagt Freddy und muss selber lachen.

Man hat von hier oben aus einen guten Blick auf etwas, das manche das größte Elend dieser Welt nennen: Es ist eine Siedlung, die zumindest immer dabei ist, wenn es um die Spitzengruppe der größten Slums der Welt geht. Von außen sieht Kibera aus wie ein schwarzes Loch mit silbernen Dächern. Von innen ist es eine Stadt in der Stadt, mitten in Kenias Hauptstadt Nairobi, mit einer eigenen Universität, mit Banken und Hotels. Mit unendlichem Leid, aber auch mit einigen Menschen, die einen Geländewagen fahren und in schönen Wohnungen leben. Auch in der Armut gibt es Reichtum.

Wie viele Menschen hier genau leben, kann niemand mit Sicherheit sagen. Die Vereinten Nationen haben einmal Satellitenfotos machen lassen und nachgezählt, wie viele Hütten es gibt: Etwa 200 000 Behausungen, von denen man ausgehen kann, dass sie jeweils mehr als fünf Menschen beherbergen, insgesamt eine Million Menschen also. Es ist eine Siedlung im Konjunktiv. »Die Regierung müsste eigentlich den Müll wegfahren, die Regierung müsste eigentlich für sauberes Wasser sorgen, die Regierung müsste so vieles besser machen«, sagt Freddy. Er ist Mitte 20, trägt ein Arsenal-Trikot und will nur seinen Vornamen sagen: »Ich bin einer von vielen.« Und weil es so viele sind, wird die Politik alle paar Jahre doch einmal wieder aufmerksam auf die Menschen in Kibera, auf die Wähler, die zu mobilisieren sind. Danach bleibt dann wieder alles beim Alten. Zum Ende des Besuches zeigt uns Freddy noch die Hütte, in der er mit seiner kleinen Familie wohnt. Eine solide gezimmerte Unterkunft mit ein paar Betten und Matratzen, der Boden ist aus Lehm. Er wirkt nicht ungemütlich, und ich denke mir: Das ist doch nicht schlecht, das wird schon o. k. sein für die. Im nächsten Moment schäme ich mich dafür, es ist für Freddy genauso wenig o. k., wie es das für mich wäre. Ich würde wahrscheinlich verbittert und wütend werden, Freddy ist auch wütend, aber nicht immer: Er hat Träume, Ziele und an diesem Tag ziemlich gute Laune. Es ist bald Wochenende.

An den Wochenenden in Nairobi habe ich hin und wieder ziemlich viel Bier getrunken, das ja bekanntlich eine heilende Wirkung hat. Am nächsten Morgen schleppte ich mich dann meistens in den Karura Forest, einen 1000 Hektar großen Wald, der wie der Nationalpark mitten in der Stadt liegt, aber nicht ganz so viele wilde Tiere hat. Statt Löwen gibt es hübsche Vögelchen, dazu ein paar Flüsse, einen schönen Wasserfall und Höhlen, in denen die besonders gläubigen unter den schon ziemlich gläubigen Kenianern am Sonntag christliche Lieder singen, weil es so schön hallt. Der Park ist ziemlich beliebt, aber je weiter man hineingeht selbst an belebten Tagen ziemlich leer. Er ist einer der wenigen Orte in Nairobi, an dem man einfach mal so joggen oder spazieren gehen kann, im Rest der Stadt gibt es entweder zu viele Autos, Straßen und Busse, oder es ist nicht so sicher, wie man es gerne hätte. Um den Karura Forest haben sie einen Zaun gebaut, der Kriminelle abhalten soll, aber auch Leute, die sich hier eine Hütte bauen wollen.

Nairobi platzt aus allen Nähten. Vor einigen Jahren hatten auch einige Investoren ein Auge auf den Park geworfen, eine der letzten unbebauten Flächen in der Stadt. Die Behörden gaben schnell grünes Licht für den Bau einer Wohnsiedlung. In der kenianischen Politik sind solche Projekte nur eine Frage des Preises. Die Bevölkerung wollte den Wald aber nicht kampflos aufgeben. Viele Jahre lang lieferten sich Demonstranten Schlachten mit Polizei und Sicherheitskräften, hin und wieder wurden Bulldozer und Bagger der Investoren demoliert, die schließlich aufgaben. Es war ein schönes Beispiel dafür, was die Zivilgesellschaft auch in einem so korrupten Land wie Kenia erreichen kann, wenn es Menschen gibt, die sich engagieren. In Nairobi gibt es ziemlich viele davon. In der Provinz sieht die Sache schon anders aus. Da ist Kenia wie ein anderes Land, das auch manchen Bewohnern der Hauptstadt manchmal fremd geworden zu sein scheint, auf peinliche Art und Weise unterentwickelt.

Sie haben die Tiere an die Straße gelegt, die hier oben im äußersten Nordwesten Kenias einfach eine schmale Sandpiste ist. Die toten Ziegen sehen aus wie gezeichnet, so dünn sind sie, nur Fell und Knochen. Zu Hunderten liegen sie an der Piste nahe des Dorfes Nanam. Man kann sie nicht übersehen, dem Geruch, der über die ganze Ebene weht, entkommen schon gar nicht. Über Kilometer geht das so. Es ist der einzige Protest, der dem Volk der Turkana eingefallen ist.

Anderswo würde man eine solche Botschaft heute per Twitter verbreiten. Kenia ist ein ziemlich digitales Land, in dem man per Smartphone seine Wäsche abholen lassen oder auch eine Staatsanleihe zeichnen kann. Aber hier oben an der Grenze zum Südsudan hat das Netz dann doch schlappgemacht. Was manchem in der Hauptstadt in Nairobi vielleicht gar nicht unrecht kommt: Der Hunger hier im Norden, er produziert keine Bilder. »Erst sterben die Tiere, dann die Menschen«, sagt Millicent Marok. Sie ist das Oberhaupt des Dorfes Nanam, zuständig für etwa 20 000 Menschen. Die Regierung hat ihr ein kleines Häuschen hingestellt mit einem riesigen Zaun drum herum. Im Haus gibt es einen Schreibtisch und ein leeres Regal. An den spärlichen Einträgen in den drei Gästebüchern kann man sehen, dass sich das Interesse an der Situation in Nanam in Grenzen hält. »Ich frage immer wieder bei der Regierung nach, wann Hilfe kommt«, sagt Marok, »aber ich erhalte keine Antwort.« In der Kammer neben ihrem Büro liegen zwei Heuballen und fünf Säcke mit Tierfutter. Das ist alles, was sie ihren 20 000 Leuten im Moment bieten kann. Und es sieht derzeit nicht so aus, als würde sich das bald ändern.

Es ist der April 2017, es herrscht die schwerste Dürre in Ostafrika seit vielen Jahren. In Kenias Nachbarländern Somalia und Südsudan sterben Menschen in einer Hungersnot, von der die Vereinten Nationen sagen, sie sei »menschengemacht«, durch Krieg und Vertreibung angefacht. Im Norden Kenias aber gibt es keinen Krieg und keine Vertreibung, dort gibt es einfach die schlimmste Trockenperiode seit Langem;

seit einem Jahr hat es in vielen Gebieten nicht mehr geregnet. Die Reaktion auf die Dürre allerdings, sie ist sehr wohl menschengemacht.

Etwa 80 Millionen Euro hat die kenianische Regierung von den Gebern für die Bekämpfung der Dürre und der Unterernährung zur Verfügung gestellt bekommen. Wohin das Geld bisher geflossen ist, lässt sich in der Region Turkana nicht mit Sicherheit sagen. In der Nähe des Dorfes Nanam hat die Regierung einen riesigen Generator an einem Brunnen abgestellt, dessen Pumpe nicht mehr funktionierte. Die Dorfchefin Marok sagt, der Generator schlucke etwa 80 Liter Diesel am Tag, die Regierung schicke aber nur einmal im Monat 100 Liter. Das reiche dann ein bisschen mehr als einen Tag, die anderen Tage im Monat gibt es halt kein Wasser. Solche Generatoren stehen auch in anderen Orten, als habe jemand in Nairobi eine Großbestellung unterzeichnet. Und danach vergessen, sich um den Treibstoff zu kümmern. In einem ausgetrockneten Flusslauf treffe ich auf eine Gruppe von Turkana, die hier mit bloßen Händen nach Grundwasser graben. Manchmal können sie ein paar Becher abschöpfen. Wann sie zuletzt getrunken habe, frage ich eine Frau. Hm, sagt sie, vielleicht gestern? So stehen sie da im Flussbett, große Frauen mit buntem Halsschmuck, die mich anschauen, so als ob ich nun etwas sagen müsste, als ob ich wüsste, was nun zu tun sei.

Mit dem Land Cruiser geht es zurück in die nächstgrößere Stadt Lokichoggio. Die war viele Jahre lang der Stützpunkt aller internationalen Organisationen, die im Nachbarland Sudan aktiv waren. Als der Südsudan unabhängig wurde, zogen sie weiter. Heute ist Lokichoggio eine Geisterstadt, überall stehen riesige Lagerhallen leer, die Bars und Hotels, in denen die Mitarbeiter der NGOs früher ihre Auslandszulagen durchgebracht haben, verfallen, in den leeren Pools sammelt sich der Müll. Ein Hotel hat noch geöffnet, außer mir sind aber keine

Gäste zu sehen. Der ganze Betrieb scheint vor allem deshalb am Laufen gehalten zu werden, damit seinem Besitzer nicht zu langweilig wird. Der Engländer sitzt schon morgens an der Bar und trinkt, er erzählt von den wilden Partys, die sie hier früher gefeiert haben, vom neuen Präsidenten des Südsudan, der sein Schachkumpel sei und der ihn immer mal wieder hinüberfliegen lässt. Ein paar Flugzeuge hat der Engländer sich gekauft, mit denen er damals Hilfsgüter in den Südsudan flog, ein gutes Geschäft. Jetzt sind die Maschinen irgendwo im Kongo unterwegs, er hat sie an die UN vermietet, was ebenfalls mehr einbringt, als das Hotel Verluste macht. So schätze ich die Lage ein. Die Familie des Engländers lebt an der Küste in der Nähe von Mombasa, er wohnt hier, der einzige Grund scheint der zu sein, dass er hier in Ruhe trinken kann, ohne dass ihm jemand sagt, wann es genug ist. Selbst mein Getränkehändler in Nairobi hätte Schwierigkeiten, hier noch die positiven Seiten des Alkohols hervorzuheben. Ich springe in den Pool und denke an die Frauen, die 100 Kilometer weiter nach Wasser graben.

Lesotho

Einkehrschwung – ein Österreicher
baut das größte Skigebiet Afrikas.

Einwohner: 2 Millionen
Wirtschaftswachstum: 5,6 Prozent
Unabhängigkeit: 1966, Lesotho war auf eigenen Wunsch ein britisches Protektorat geworden.
Anzahl chinesischer Restaurants: Drei.
Nationalgericht: Ochsenschwanzeintopf.
Das sollte man gesehen haben: Das größte Skigebiet in Subsahara-Afrika.
Das muss man wissen: Lesotho ist das einzige Land der Welt, das sich komplett auf mehr als 1000 Meter über dem Meeresspiegel befindet.
Darüber spricht das Land: Obwohl Lesotho nur eine Ethnie hat, befindet sich das Land im ständigen Kampf mit sich selbst: »Wann hört das auf?«, fragen sich die Bürger.

Ich bin schon nach wenigen Metern ziemlich außer Atem, dabei führt ein ziemlich gut ausgebauter Weg nach oben auf den Berg, mit einem eisernen Geländer und Beleuchtung für die Nacht, wie es sich gehört für diesen Gipfel, den sie »Berg bei Nacht« nennen in Lesotho: Thaba Bosiu. Er ist nicht einmal 2000 Meter hoch, ein Zwerg im Königreich über den Wolken, in dem es so viele 3000er gibt. 3482 Meter ist der höchste unter ihnen. Der wichtigste aber ist der Thaba Bosiu, der Gründungsberg des Landes, die Mutter aller Gipfel. Es war Anfang des 19. Jahrhunderts, eine Zeit der Umbrüche im südlichen Afrika, an der Ostküste des heutigen Südafrika dehnte der kriegerische Zulu-König Shaka sein Reich aus, was wiederum weitere Konflikte in der Nachbarschaft zur Folge hatte. Dürre und Hunger trieben die Stämme auf der Suche nach Wasser immer weiter ins Landesinnere, auch ins heutige Lesotho. »Lifaqane« nennen sie die Zeit hier in Lesotho, es bedeutet Zerquetschung, der sie nur entkamen, weil ihr König Moshoeshoe mit Tausenden Einwohnern auf den Thaba Bosiu flüchtete, der nur schwer zu besteigen war für seine Gegner. Woran sich auch für Touristen heute nicht viel geändert hat, der Weg ist steil, die Luft dünn.

Dass es ihn aber überhaupt gibt und er so ausgebaut ist, das ist ein kleines Wunder. Viele afrikanische Staaten scheren sich nicht besonders um ihre Geschichte, die in vielen Fällen auch nichts ist, woran sich viele besonders gerne erinnern – Kolonialismus und Unterdrückung, dann Unabhängigkeit und Korruption. In Lesotho hat man sich aber entschieden, dem Ursprung des Landes ein riesiges Museum zu widmen, direkt unter dem Berg. Es ist der Stolz eines Landes auf die eigene Geschichte, die selbstbestimmte Gründung durch König Moshoeshoe, der als riesige Statue über das Museum wacht.

Dahinter führt die Straße weiter ins Gebirge, ständig ändert sich das Bild, mal geht es steil eine karge Steigung hinauf, mal öffnet sich der Blick auf endlose grüne Täler, durch die ein weiß schäumender Fluss führt. Im Landesinneren gibt es riesige Stauseen. Wasser ist neben Diamanten und den billigen Arbeitskräften für das Nachbarland Südafrika das größte Exportgut des Landes. Für viele Milliarden Euro bauten europäische Firmen ein System von Talsperren und Stauseen und einen 982 Kilometer langen Felsentunnel nach Südafrika auf das Hochplateau, auf dem auch Johannesburg liegt mit seinen Minen und Fabriken. Ohne das Wasser aus dem kleinen Königreich wäre diese Metropole wohl nicht mehr lebensfähig. Umgekehrt braucht das kleine Lesotho das Geld aus den Wasserverkäufen, etwa zwei Millionen Euro sollen es jeden Monat sein, die aus Südafrika überwiesen werden. Manche in Lesotho haben sich beschwert, dass das Wasser für den Nachbarn in der Heimat fehle, dass oft kein Wasser aus dem Hahn komme, was nicht passiert, während ich im Land bin.

Da passiert eigentlich gar nichts. Außer dass die Berge in all ihrer Schönheit dastehen, wo sie immer stehen. Ein Reiseführer hatte angekündigt, man müsse auf die verschiedenfarbigen Fahnen vor den Häusern schauen, um zu wissen, was einen dann drinnen für Köstlichkeiten erwarten. Ein weißes Tuch stehe dafür, dass gerade frisches Bier gebraut wurde, eine rote Fahne für gegrilltes Fleisch, womöglich in Form von Spießchen, grün stehe für Vegetarisches. Ich habe während der paar Tage in Lesotho keinerlei rote, grüne oder weiße Fahnen gesehen, womöglich waren die Fleischspießchen im Urlaub.

Die Hauptstadt Maseru gehört zu den langweiligsten, die ich in Afrika erlebt habe. Es gibt zwar eine Menge Verkehr und auch Gewusel, aber eigentlich nichts zu tun, es gibt keine Restaurants, in denen man mal gewesen sein müsste, oder Orte, die im Gedächtnis blieben. Das muss einmal anders gewesen sein. Lesotho ist komplett von Südafrika umschlossen, als dort die Apartheid herrschte, war das Land eine Enklave der Freiheit, Gegner der Rassentrennung fanden hier Unterschlupf, internationale Organisationen siedelten sich an, es müssen spannende Zeiten gewesen sein. Von denen nicht mehr viel übrig geblieben ist. Der Lonely Planet listet aus Mangel an Alternativen sogar die Filiale des südafrikanischen ShopRite-Supermarktes auf.

Ein bisschen seltsam ist die Trostlosigkeit, über die Grenze in Südafrika sieht die Landschaft nicht viel anders aus, dort sind die Drakensberge aber eine der schönsten Urlaubsregionen des Landes, mit herrlichen Lodges und beschilderten Wanderwegen. Dort schafft der Tourismus Arbeitsplätze, in Lesotho findet er fast nicht statt.

Was es aber gibt, ist das wahrscheinlich größte Skigebiet in Subsahara-Afrika, mit zwei Liften und einem knappen Kilometer Piste, die bei Bedarf beschneit wird, was recht oft vorkommt, kalt ist es hier im Winter schon, nur schneien tut es nicht genug. Der Österreicher Peter Schultes hatte die irre Idee, das Skigebiet zu gründen, als ihm ein Südafrikaner von den Bergen Lesothos erzählte. Er hat einen gebrauchten Schlepplift aus Europa hergeschafft und eine Pistenraupe, dazu Schneekanonen und ein paar Chalets, die er in Estland aufgetrieben haben soll. Peter Schultes sieht auf Fotos ein bisschen aus wie Markus Wasmeier und betreibt normalerweise ein Sportgeschäft im Pitztal in Österreich, jetzt hat er ein eigenes Skigebiet in Afrika mit 240 Mitarbeitern, das ganz gut zu laufen scheint. Die Gäste brauchen fünf Stunden, um aus der Region um Johannesburg hierherzukommen, auch ein paar Einheimische haben mit dem Skifahren angefangen, das wahrscheinlich das Spannendste ist, was man in Lesotho machen kann. Als ich da war, hatte es nicht genügend Schnee. Lesotho und ich haben noch nicht wirklich zusammengefunden. Ich muss wiederkommen.

Liberia

Das Land hat die schlimmsten Kriege des Kontinents erlebt – besitzt aber auch die schönsten Surfspots.

Einwohner: 4 Millionen
Wirtschaftswachstum: 1,2 Prozent
Unabhängigkeit: –
Anzahl chinesischer Restaurants: Drei.
Nationalgericht: Philly Cheesesteak.
Das sollte man gesehen haben: Der Blick von der Ruine des Hotels *Ducor* über die Stadt.
Das muss man wissen: Liberia wurde von freigelassenen Sklaven aus den USA gegründet.
Darüber redet das Land: Wird George Weah ein so guter Präsident, wie er Fußballer war?

Es sieht so aus, als hätten sie irgendwo da draußen auf dem Meer eine Maschine eingebaut, die die Wellen in der immer gleichen Qualität und Form produziert, die nun auf die Küste von Robertsport zurollen. Eine nach der anderen, in derselben Höhe, im selben Abstand, wie vom Fließband. »Es sind die besten Wellen in Westafrika«, sagt Benjamin McCrumada, der wiederum der beste Surfer Westafrikas ist, zumindest der Champion Liberias. Eines Landes, das man mit ziemlich viel in Verbindung bringt, aber nicht mit tropischen Stränden, die wie gemalt aussehen, und mit Wellen, die bei Surfern zu den besten der Welt zählen. Liberia steht für Kindersoldaten, Bürgerkriege, Menschenopfer und Ebola. Für ein Land, das selbst nach afrikanischen Maßstäben ziemlich schwierig und hoffnungslos verloren ist.

»Wenn wir surfen, denken wir an nichts«, sagt McCrumada, der aber gerade nicht surft, sondern unter einem riesigen Baum auf der kleinen Holzterrasse des örtlichen Cafés sitzt und eine Cola trinkt, neben ihm werden die Kohlen angefächert und ein paar frische Fische auf den Grill gelegt. Es wirkt so, als sei man der Vorstellung des Paradieses nun ziemlich nahegekommen.

»Das Surfen hat das ganze Dorf verändert«, sagt McCrumada. Fast 15 Jahre ist es her, da stand er das erste Mal auf einem Brett. Ein schottischer Entwicklungshelfer war aus der Hauptstadt Monrovia hier raus nach Robertsport gefahren, erst ein paar Kilometer über die asphaltierte Straße, dann eine gute Stunde über eine lehmige Piste voller Schlaglöcher. McCrumada schaute dem Schotten beim Surfen zu und wollte es dann selbst probieren, beim dritten Mal schaffte er es, auf dem Brett zu stehen. So fing alles an. Mit den Jahren kamen immer mehr Ausländer, von denen manche ihre Bretter daließen. Die BBC berichtete über die grandiosen Wellen von Robertsport und auch die *New York Times*. Zwei Amerikaner gründeten ein Surfcamp, dessen Gewinne dem ganzen Dorf zugutekommen sollten. Es lief gut, zur Hochzeit hatte es 25 Angestellte und war oft ausgebucht, entwickelte sich zu einem Geheimtipp: Warum nach Bali oder Kalifornien fliegen, um dort mit Hunderten anderen im Wasser um die beste Welle zu streiten? In Robertsport gibt es Wellen, die so perfekt verlaufen, dass sie einen über Hunderte Meter schräg zum Ufer tragen können. Surfen und ein bisschen Gutes tun, das klang nach einem überzeugenden Konzept. Die Menschen in Liberia hätten es verdient, nicht immer mit Krieg und Kindersoldaten in Verbindung gebracht zu werden, sondern auch mit einer Zukunft, so sagte es einer der Gründer des Surfcamps.

»World War I« und »World War II« nennen sie in Liberia die grausamen Bürgerkriege, die zwischen 1989 und 2003 etwa 200 000 Menschen das Leben kosteten. Sie schienen schon weit weg, als das Surfcamp in Robertsport ins Laufen kam. Die Kinder des Ortes griffen nun zu den Surfboards, nicht zu den Waffen, wie es viele ihrer Altersgenossen ein paar Jahre früher tun mussten. Die bescheidenen Gewinne wurden in neue Bretter und eine Schule investiert, die kleine Stadt sollte zu einer internationalen Touristenattraktion ausgebaut werden. Es sah gut aus für Liberia und die Surfer an der Küste, Zuversicht machte sich breit. Dann schlug Ebola zu, so etwas wie »World War III«.

Die Amerikaner ließen sich evakuieren, die Touristen blieben aus. Vor ein paar Wochen seien einmal ein paar Leute der Regierung da gewesen, um sich ein Bild zu machen, was es brauche, den Tourismus zu fördern. Eine Teerstraße wäre nicht schlecht, sagten sie im Ort und lachten. Sonst ist aber eigentlich alles da. Es gibt sehr gute Unterkünfte, mit Swimmingpool und kaltem Bier im Kühlschrank, im Internet buchbar mit Transfer vom Flughafen. Was fehlt ist bei manchem Reisenden nur ein bisschen Mut, einmal woanders hinzufahren, wo es dann ganz anders ist als gedacht. Die größte Gefahr an diesem Ort sind nicht Krieg oder Krankheiten, sondern einfach, dass man nicht mehr wegwill, wenn man ihn einmal gesehen hat.

Ein halbes Dutzend Jungs sind nun in den Wellen unterwegs. Manche Boards sind noch ziemlich neu, manchen fehlt ein gutes Stück an der Spitze. Was aber nichts auszumachen scheint, so elegant gleiten sie über das Wasser – am besten der Sohn von Benjamin McCrumada, der die Familientradition in die zweite Generation bringt. »Wenn wir surfen, haben wir doch alles«, sagt ein Junge am Strand. »Satt machen könnte es auch noch«, fügt ein anderer hinzu, dann lachen alle und rennen wieder ins Wasser. Wenig später steht der Sohn von Benjamin McCrumada wieder als Erster auf dem Brett.

McCrumada ist nun ein eher ungewöhnlicher Name für einen schwarzen Afrikaner. Ein Name, bei dem in Liberia aber alle ziemlich genau wissen, dass sein Träger zur Elite des Landes gehört. Oder dem, was lange die Elite war. Liberia ist eines von nur zwei Ländern in Subsahara-Afrika, die keine Kolonien waren. Der Staat Liberia begann als eine weltweit einmalige Utopie. In den USA entwickelte sich vor dem großen Bürgerkrieg die Idee, dass frei geborene oder freigelassene ehemalige Sklaven in Afrika vielleicht eine bessere Zukunft hätten als in den USA. Es war eine Idee, die zuerst ausgerechnet die Sklavenhändler hatten: weniger Schwarze, weniger Unruhe. Das war ihr Kalkül zu einer Zeit, in der die USA an der Frage auseinanderbrachen, ob die Sklaverei verboten werden sollte. 1829 segelte die Harriet von Virginia nach Westafrika, das erste Schiff, das den umgekehrten Weg nahm. Mehr als 20 000 ehemalige Sklaven kamen in den folgenden Jahren ins heutige Liberia, das sich 1847 zur Republik erklärte, zur ersten Afrikas.

Demokratisch war das Land deshalb noch lange nicht, die Ureinwohner wurden nicht gefragt, ob sie den neuen Staat auf ihrem Gebiet für eine gute Idee hielten, in den ersten 50 Jahren verbot ihnen die Verfassung sogar, die Staatsbürgerschaft zu bekommen. Die bekamen nur die Nachfahren der ehemaligen Sklaven, die dann wiederum die Tradition der Versklavung fortsetzten, nur unter umgekehrten Voraussetzungen, vielleicht nicht ganz so grausam, aber nicht wirklich anders. Dieses Mal waren sie die Herren, die Gebildeten, die über die Wilden herrschten. Viele hatten eine etwas hellere Haut, sie schauten auf die tiefschwarze lokale Bevölkerung herab, auf den Bildern der damaligen Zeit sieht man die neuen Herren aus den USA mit Dreireiher, Hut und weißen Handschuhen durch die Hauptstadt Monrovia stolzieren, so wie es ihre Sklavenhalter in den Südstaaten auch getan hatten. Die Flagge sieht so aus wie die von Texas. Die Regierungsgebäude stehen auf dem Capitol Hill. Die Hauptstadt Monrovia wurde nach dem amerikanischen Präsidenten James Monroe benannt, die Viertel heißen West Point und Maryland. Es wirkt wie eine schlechte Kopie. Die neuen Herren ließen die Einheimischen auf Plantagen arbeiten und lebten in herrschaftlichen Häusern. Die Geschichte wiederholte sich. Und zeigte, dass auch Schwarze Rassisten sein können.

Bis 1980 währte diese Form der schwarzen Apartheid, deren Symbole man in Monrovia noch ganz gut besichtigen kann. Es ist ein früher Abend, die Sonne geht gerade hinter dem Hügel unter, als der ganze Himmel schwarz wird, das schöne Orange verdeckt, Hunderttausende Fledermäuse steigen aus den Bäumen in den Himmel. Es wirkt wie aus einem Film von Tim Burton. Auf dem Hügel über dem Meer umkreisen die Tiere den Tempel der Freimaurer, in dem sich seit Jahrzehnten die Elite Liberias trifft und in dem korrupte Deals vereinbart werden sollen. Die Freimaurer sind schon lange ein beliebtes Thema unter Verschwörungstheoretikern, die sie hinter jedem Unheil der Welt sehen. In Liberia kommen Theorie und Praxis sich wahrscheinlich ziemlich nahe.

Ein paar Meter weiter geht es die Böschung hoch, zur Ruine des Hotels *Ducor*, der größten Touristenattraktion des Landes, einem Betongerippe, das einmal das beste Hotel Westafrikas war. Auf der Terrasse sieht man die Überreste des Pools, in dem der ugandische Diktator Idi Amin seine Runden mit der Pistole in der Badehose gedreht haben soll. Heute ist nur noch eine trübe Brühe im Becken übrig. Ein Mann mittleren Alters, der sich als John vorstellt, steht im ehemaligen Foyer des Hotels und zeigt auf einen runden Teich, in dem früher die Zierfische geschwommen seien. Auch Eltern, die sich nie im Leben ein Zimmer hätten leisten können, sollen ihre Kinder hier an Sonntagen mit hochgenommen haben, um einen Kaffee zu genießen und den Blick über die ganze Stadt.

Die damals eine andere war. Heute sieht man immer noch die Einschusslöcher des Bürgerkriegs, die Ruinen, die darauf warten, dass jemand kommt und sie wiederaufbaut. Überall ist Trubel, überall werde ich freundlich angequatscht und muss immer nur mit den Schultern zucken, weil ich fast nichts verstehe. Viele Liberianer reden so, als seien sie gerade aus den Südstaaten hier angekommen und hätten zudem noch drei Packungen Kaugummi im Mund. Oft scheinen Buchstaben und ganze Wörter zu fehlen. Auch Menschen, mit denen ich mehrere Tage verbringe, scheint nicht aufzufallen, dass ihr Englisch nicht für alle leicht verständlich ist. Für sie ist das Englisch der Welt da draußen das seltsame.

»Have beens« nennt man die, die das Land schon einmal verlassen konnten, die zur Elite gehören, Geld für ein Flugticket haben. Joshua Milton Blahyi erzählt, dass er schon etwas von der Welt gesehen hat, sogar schon vor dem Parlament in Südafrika gesprochen habe. Als Mr Blahyi haben sie ihn dort vorgestellt, obwohl ihn in Liberia viele lange nur unter dem Namen »General Naked Butt« kannten, General Nacktarsch also. So haben sie ihn im Bürgerkrieg genannt, in dem er einer der schlimmsten Schlächter war. Es war der Beginn einer erstaunlichen Karriere vom Schlächter zum Geläuterten.

Er hatte eine Truppe von etwa 40 oder 50 Soldaten unter sich, viele noch Kinder, die anderen Kindern die Herzen herausgerissen haben oder Frauen den Bauch aufschlitzten, weil sie darum gewettet haben, ob die Schwangeren einen Jungen oder ein Mädchen im Bauch hatten. Sie mordeten meist nackt, nur in Gummistiefeln, weil sie glaubten, Zauberkräfte zu besitzen, die sie unverwundbar machten. Hin und wieder mussten den Geistern Opfer gebracht werden, in Form von kleinen Kindern, um den Zauber nicht zu verlieren. Es gibt eine Szene, an die sich viele noch erinnern in Monrovia. General Naked Butt nackt auf dem Dach eines Lastwagens, in der einen Hand ein Gewehr und in der anderen einen abgetrennten Hoden.

»Ich habe schreckliche Dinge getan, es tut mir unendlich leid«, sagt Blahyi. Er sitzt in einem Plastikstuhl auf einer kleinen Veranda in der Hauptstadt Monrovia. Blahyi ist ein äußerst freundlicher Mann, der gerne erzählt, der keiner Frage wirklich ausweicht. Er spricht davon, wie ihn seine Taten von damals viele Jahre gequält haben, wie er sich manchmal wundere, dass er noch auf freiem Fuß ist. Wie er jeden Tag damit rechne, endlich bestraft zu werden für seine Sünden, doch niemand komme, um es zu tun. »Nur wenn es Gerechtigkeit gibt, können die Wunden des Landes heilen«, sagt Blahyi.

Er ist zu Ende des Krieges nach Ghana geflohen und erst Jahre später zurückgekommen. Damals hatte der Staat eine Wahrheits- und Versöhnungskommission gebildet, vor der auch Blahyi aussagte und sich als einer der wenigen für seine Taten entschuldigte. Viele seiner Mittäter sitzen heute wieder an den Schaltstellen der Macht oder in der Regierung selbst. Und auch Blahyi ist es nicht schlecht ergangen, er gibt sich als Geläuterter, als wiedergeborener Christ, hat eine Hilfsorganisation für Kindersoldaten gegründet, eine Dokumentation wurde über ihn gedreht, er hat ein Buch veröffentlicht. Es läuft gut für ihn, die grausamen Morde waren eine Art Karrieresprungbrett. »Mein Buch gibt es nun auch auf Deutsch«, sagt er. Im Internet findet sich dazu aber nichts. So wie sich vieles von dem, was Blahyi so erzählt, nur schwer nachprüfen lässt. Als Kind will er in eine Sekte eingeführt worden sein, die Menschenopfer von ihm verlangte, im Krieg will er für den Tod von 20 000 Menschen verantwortlich gewesen sein. Letztlich war er nur ein kleiner Fisch, aber ein besonders grausamer. Jemand, der zu jedem Zeitpunkt zu wissen scheint, was die Leute gerne hören. Im Krieg war es zu seinem Vorteil, ein übler Killer zu sein. Jetzt ist die Rolle des geläuterten Monsters gefragt. Mir fallen bald keine Fragen mehr ein. »Ich dachte, du kommst mit einer Fernsehkamera und allem Drum und Dran«, sagt Blahyi nach einer halben Stunde enttäuscht. Er steht für das alte Liberia. Das neue ist am Strand von Robertsport zu beobachten.

Malawi

Die Ärmel hoch – warum Eltern in Afrika tagelang
anstehen, um eine Impfung zu bekommen.
Und europäische Impfverweigerer für verrückt halten.

Einwohner: 20 Millionen
Wirtschaftswachstum: 3,2 Prozent
Unabhängigkeit: 1964
Anzahl chinesischer Restaurants: Acht.
Nationalgericht: Dziwala, frittierter Grashüpfer.
Das sollte man gesehen haben: Das Ufer des Malawi-Sees.
Das muss man wissen: Die Menschen auf der Straße bewegen sich nirgends auf der Welt so langsam wie in Malawi, behauptet eine Studie. Entspannt halt.
Darüber spricht das Land: Wann bekommen wir Hilfe, um die Schäden des Wirbelsturms zu reparieren?

»Bielefeld, Bielefeld«, ruft ein Mann am Ufer des Malawi-Sees und lacht. Er winkt mich herüber zu seinem kleinen Haus, vor dem ein halbes Dutzend Betonbecken stehen. »Bielefeld«, sagt er noch einmal, »dahin exportiere ich Zierfische«. In den Becken wabert eine eher trübe Brühe, Fische sind keine zu entdecken. Andererseits sieht das alles ziemlich professionell aus. In jedes Becken führt ein großer Schlauch, der Sauerstoff ins Wasser pumpt. Bald werde er wieder Zierfische aussetzen, sagt der Mann, das Geschäft laufe recht gut.

Die Welt weiß nicht viel über Malawi, manche haben vielleicht schon mal davon gehört, dass Madonna hier vier ihrer sechs Kinder adoptiert hat, Schulen und Krankenhäuser unterstützt, Gutes tut. Malawi scheint manchmal nur aus dem Grund zu existieren, damit Europäer und Amerikaner hier Gutes tun können. Ein Land ohne weitere Eigenschaften. Offenbar ist Malawi aber auch eine aufstrebende Exportnation von Zierfischen. »Bielefeld, Bielefeld«, sagt der Mann lachend.

Ein paar Meter weiter liegt das Ufer des Malawi-Sees, der eher aussieht wie ein kleines Meer, mehr als 500 Kilometer lang und 75 Kilometer breit. Krokodile gibt es im See und Flusspferde, die sich meistens aber nicht da aufhalten, wo der Mensch es tut. Ein schmaler Sandstreifen läuft ums Ufer, ein paar kleine Kinder tollen durchs klare Wasser, wollen fotografiert werden. Es herrscht große Aufregung, weil ein kleiner Tross durch die Dörfer zieht, mit Menschen aus der großen Stadt.

Ein paar Kilometer weiter ist es für Nelia Jere keine leichte Entscheidung, ob das nun zum Lachen ist oder zum Weinen. Nelia Jere lässt die Tränen kullern, während sie lacht. Sie lacht, weil hier so viel mehr los ist als in ihrem kleinen Dorf, weil ihr fremde Leute Grimassen schneiden. Sie weint, weil sie schon merkt, dass da vorne etwas faul ist, dass die vielen anderen

Kinder anfangen zu weinen, wenn sie am Ende der Schlange angekommen sind. Ein Jahr alt ist Nelia nun, sie sitzt in einem Tuch über der Brust ihrer Mutter, der die feinen Wasserperlen auf der Stirn stehen. »Ich hatte Angst, dass ich es nicht schaffen würde«, sagt Liana Jere, 29 Jahre.

Also ist sie früh aufgebrochen, hat sich die Tochter umgebunden und steht nun in der frühen Morgensonne vor der Gesundheitsstation in Chipoka, einem kleinen Dorf im Süden Malawis. Ein paar Meter noch sind es bis ins Innere der Station, die Ärmel der Kinder werden hochgeschoben, eine Nadel blitzt auf, ein Stich und ein paar Tränen – dann ist Nelia Jere gegen Masern und Röteln geimpft. Sie macht nicht den Eindruck, als ob sie das als großen Fortschritt betrachten würde. Die kleinen Zöpfe wackeln, während sie schreit, ihre Mutter sagt, sie sei froh. »Ich kann mich noch gut erinnern, wie die Menschen gestorben sind, ich habe die Toten gesehen. Deshalb sind wir gekommen, um uns impfen zu lassen.«

Für all diejenigen, die sich nicht mehr an den letzten großen Ausbruch der Masern in Malawi vor sieben Jahren erinnern, haben Regierung und Unicef Radiospots geschaltet, Zeitungsanzeigen platziert und die Chiefs aller Dörfer informiert. Jeder Stich zählt. 700 sind es an diesem Tag in Chipoka, fast 8 Millionen Kinder von 9 Monaten bis 14 Jahren in der ganzen Woche. Es ist eine der größten Impfkampagnen der Geschichte. Das ganze Land ist unterwegs, in Bussen, in Autos, auf Fahrrädern und Booten. In Deutschland sind kritische Bücher über das Impfen Bestseller, in Malawi wird gesungen und getanzt, wenn die Regierung 11 000 Impfstationen aufbauen lässt und den Impfstoff auf Motorrädern bis in den hintersten Winkel schickt. Es ist, als befände sich das Land im Endspiel um die Impfweltmeisterschaft. Gäbe es diese Weltmeisterschaft tatsächlich, bestünde für Deutschland und Europa die Gefahr, in der Qualifikation zu scheitern.

Man ist ein bisschen impfmüde geworden im Westen, sieht die Spritze als Verlängerung der Pharmaindustrie, der es nur um Profite geht. Es ist eine Skepsis, die im Bürgertum gedeiht, das sich fragt, ob diese Spritzen wirklich so gesund sind. Man steht der Wissenschaft in etwa so kritisch gegenüber wie die Klimaleugner in den USA. Wenn man Menschen in Malawi fragt, ob sie wissen, dass es in Europa Menschen gibt, die sich nicht impfen lassen wollen gegen Masern und Röteln, obwohl sie es könnten, lachen die Leute laut.

Weltweit starben 2015 etwa 130 000 Menschen an Masern. Obwohl die Krankheit ohne große Probleme ausgerottet werden könnte. Wenn sich genügend Menschen impfen lassen würden. Viele Eltern meinen aber, es besser zu wissen, glauben, dass ihre Kinder Krankheiten wie Masern einfach mal durchmachen müssten, für ihre Entwicklung. Vor allem in den Industrieländern denken viele so, in Berlin und im Silicon Valley gibt es Masernausbrüche, Sri Lanka hat eine höhere Impfrate als Dänemark.

»In der Politik hat man mit vielen Irrationalitäten zu tun«, sagt Peter Kumpalume, 45. Er trägt einen leicht glänzenden Anzug und lackierte Lederschuhe, mit einer langen Spitze, die sich reckt, damit keiner merkt, wie klein die Füße des Gesundheitsministers von Malawi sind. Das Klischee von Ministerbesuchen in Afrika besagt, dass die Minister ihre Gäste stundenlang warten lassen oder erst gar nicht erscheinen. Kumpalume erscheint fast auf die Minute pünktlich auf dem Gang seines Ministeriums, um zu sagen, dass er gleich so weit sei. Er hat ein schönes Eckbüro mit Lamellenfenstern, die sich gut schließen lassen, wenn wieder ein Müllhaufen angezündet wird im Garten, weil die Müllabfuhr nicht kommt. Kumpalume lächelt milde, als wolle er sagen, tja, so ist das hier. Er lächelt milde, wenn man ihn auf die Impfverweigerer in Europa anspricht. »Ich kenne den Vorwurf, dass das alles nur ein Geschäft der Pharmakonzerne ist.« Kumpalume hat in Europa Chemie studiert, in England gelebt, wo es sehr viele Migranten aus Malawi gibt. Er hat im britischen Gesundheitssystem gearbeitet und anschließend bei GlaxoSmithKline, einem jener Pharmariesen, dem Impfgegner alles zutrauen.

»Ich habe für GSK gearbeitet, dafür schäme ich mich nicht. Es ist eine großartige Firma. Dass Impfen nur Geschäft ist, das ist ein Vorwurf, den man nur machen kann, wenn man das Geschäft nicht kennt. Das Geschäft heißt: Leben retten.« Das vergesse man leicht, wenn man die Opfer nicht mehr sieht. In Afrika sieht man sie jeden Tag, die Humpelnden, die ein paar Tropfen hätten retten können vor Polio.

Auch in Malawi hatte man die Erfolge der Impfungen vergessen, war nachlässig geworden. Die Menschen brachten ihre Kinder nicht mehr zum Impfen – wird schon nichts schiefgehen. Die Impfung gegen Masern aber funktioniert nur, wenn alle mitmachen, wenn eine breite Immunität entsteht, wenn mindestens 95 Prozent der Kinder geimpft wurden. Wenn 19 Menschen immun sind, schützen sie den 20. automatisch mit. Es gibt viele, die denken, der 20. zu sein.

Wird schon nichts passieren, dachten sich viele einst auch in Malawi, aber es passierte doch. Fast von einem Tag auf den anderen brachen 2010 in Malawi die Masern aus, 120 000 Fälle, fast 300 Tote. »Das hätte nicht passieren dürfen«, sagt der Gesundheitsminister. Das hätte nicht passieren dürfen, sagten die Spender.

Von denen gibt es mehr als genug in Malawi, allein im Gesundheitssektor drängen sich Dutzende Geberländer und vor allem Nichtregierungsorganisationen, die helfen wollen. Am Flughafen sieht man Menschen in der Schlange vor dem Visumschalter, die ein Buch in der Hand halten: *Das Ende der Armut*. In den Restaurants sieht man Missionare und Praktikanten von Hilfsorganisationen, die sich in Trinkflaschen ihr eigenes

Wasser mitgebracht haben, sicher ist sicher. Man traut dem Land nichts zu und alles zugleich.

Der erste Präsident von Malawi, Hastings Kamuzu Banda, hat in den 28 Jahren seiner Amtszeit maßgeblich daran mitgewirkt, dass das Land einen schwierigen Ruf genoss. Er entließ seine aus Schwarzen bestehende Leibgarde, nachdem ihm eine Fliegenklatsche gestohlen wurde. Vom südafrikanischen Apartheidregime ließ er sich einen Palast bauen. Das Lied »Cecilia« von Simon and Garfunkel wurde verboten, weil er Liebeskummer hatte wegen einer seiner Gespielinnen mit diesem Namen.

Heute leistet sich das Land nur noch kleine Extravaganzen, alle paar Jahre wird die Flagge verändert, die ursprünglich eine halbe Sonne zeigte, über ein paar bunten Streifen. Warum eine halbe Sonne, wenn man eine ganze haben kann, sagte sich die nächste Regierung, und ließ sie zum Himmel steigen. Dort stand sie ein paar Jahre, bis sich die Konterrevolution formierte und die Sonne wieder halbierte. Ob sie sinkt oder aufgeht, wird in Malawi je nach Tagesform beantwortet. Derzeit wirkt die Sonne über Malawi unentschieden.

Die Wirtschaft wächst, aber sie wächst langsamer als die Bevölkerung, was jeden Fortschritt auffrisst. Die Regierung ist nicht so korrupt wie manch andere, zumindest steht derzeit nur etwa die Hälfte der Minister unter Verdacht, in die eigene Tasche zu wirtschaften. Oft verschwinden Medikamente und Impfstoffe und tauchen in Nachbarländern wieder auf. Immer wieder legten die Geberländer Hilfe auf Eis oder verschärften die Bedingungen.

Gesundheitsminister Kumpalume steht im Ruf, eher einer der Guten zu sein, und sagt, es habe in der Vergangenheit viele Unregelmäßigkeiten gegeben, die er nun bekämpfen wolle. »Es passiert, solange die Leute glauben, damit davonzukommen, aber wir kriegen sie«, sagt er.

Mali

Von Brandenburg nach Bamako – wie Bundeswehrsoldaten über ihre Mission in Afrika denken.

Einwohner: 18 Millionen
Wirtschaftswachstum: 4,9 Prozent
Unabhängigkeit: 1960
Anzahl chinesischer Restaurants: Eins.
Nationalgericht: Couscous de Timbuktu, mit Rindfleisch und Datteln.
Das sollte man gesehen haben: Den Ausblick vom Präsidentenpalast über die Stadt.
Das muss man wissen: Malick Sidibé hatte im Bamako der 1960er-Jahre ein Fotostudio, in dem er Brautpaare fotografierte. Abends zog er durch die Diskotheken und knipste die junge Elite des unabhängigen Landes beim Twist. Heute gehört er zu den bekanntesten Fotokünstlern Afrikas, mit Preisen bis zu 40.000 Euro für ein Original.
Darüber redet das Land: Wie werden wir die Islamisten los?

Viele Jahre habe ich kein Schwip Schwap mehr getrunken gehabt, die Cola-Limo-Mischung, die es außerhalb der deutschsprachigen Länder in Europa nicht gibt und da auch immer weniger, was ich für eine bedauernswerte Entwicklung halte. Es war also ein großes Hallo, als ich an einem Februartag 2019 mal wieder eine Schwip-Schwap-Dose in der Hand halte, mitten in der Wüste von Mali, wie in einer fiebrigen Oasenillusion. Die Dose steht in einer kleinen Halle, die mit Holz verkleidet ist und aussieht, als habe ein Schützenverein in einer Bierlaune sein Vereinsheim in die Sahara verlegt.

Die deutsche Bundeswehr war lange Zeit auch so etwas wie ein Schützenverein für Hauptberufliche, viele Jahrzehnte lang bereitete sie sich auf Krieg vor, ohne ihn jemals zu führen. Was sich in letzter Zeit geändert hat. Erst zog man in den Kosovokrieg, dann in den Einsatz in Afghanistan, um Frieden zu schaffen, was mal mehr und mal weniger gelang. Mittlerweile ist der Einsatz in Mali der größte und auch gefährlichste.

»Camp Castor« heißt der Stützpunkt im Norden von Mali, in dem die Soldaten hinter vielen Linien aus Barrikaden, hinter dicken Sandwällen ihr Lager aufgebaut haben. Das vor allem aus Stahlcontainern besteht, ein paar großen Zelten und der mit Holz verkleideten kleinen Halle, an deren Ende sich die Castor-Bar befindet. Hier kommen die Soldaten zusammen, um Karaoke zu singen oder Gesellschaftsspiele zu machen. Spät wird es nie, um zehn sind die Soldaten im Bett, betrunken sind sie schon gar nicht, das ganze Lager ist »auf 0,0«, wie es bei der Bundeswehr heißt, wenn es keinen Alkohol gibt, sondern höchstens Schwip Schwap. Wie es denn hier so gefalle, frage ich zwei junge Soldaten an der Theke. »Joa«, sagt einer.

Es ist eine unwirkliche wie faszinierende Umgebung, in der sie hier gelandet sind. Viel Gegend, würde der etwas gelangweilt wirkende Soldat vielleicht dazu sagen. Die unendlichen Weiten der Sahara liegen vor der Tür, dann der Niger, der das Leben in die Wüste bringt, dessen Ufern er das Leben schenkt und den Menschen ermöglicht, das anzubauen, was sie zum Leben brauchen.

»Wir waren jetzt nahe am Niger und ich durfte mich der Hoffnung hingeben, am nächsten Tage mit meinen eigenen Augen jenen großen Strom Westafrikas zu schauen, der die Aufmerksamkeit der Europäer in so hohem Grade auf sich gezogen hat«, so beschrieb der deutsche Afrikaforscher Heinrich Barth im Jahr 1853 seine Annäherung an diesen gewaltigen Fluss. »Nach ruhelos durchträumter Nacht und gehoben von den erhabensten Gefühlen brach ich mit meinem rüstigen Reisetross in früher Morgenstunde auf, und nach einem Marsche von etwas weniger als zwei Stunden und durch felsige, mit dichtem Buschwerk bedeckte Wildnis traf der erste Schimmer der silbernen Wasserfläche des Niger mein Gesicht.«

So erlebte Barth den Niger und die Stadt Gao – fast 170 Jahre später sind die Deutschen wieder da, sie haben ein Fitnessstudio mitgebracht und ihre Feldpoststation. Und einen Ruf, der ihnen vorausgeeilt ist. Es ist eine ziemlich bunt gewürfelte Truppe, die da im Camp Castor zusammengefunden hat: Deutsche, Bangladescher, Franzosen, Kanadier und Holländer, dazu Chinesen und Soldaten aus El Salvador. Die als etwas pedantisch geltenden Deutschen auf der einen Seite, auf der anderen Franzosen und Bangladescher, die nicht vor jedem Handgriff ins Handbuch schauen. Einem deutschen Soldaten wurden von den neuen Kameraden auf dem Schreibtisch alle Unterlagen und Stifte im 90°-Winkel zueinandergelegt. Die Franzosen sollen sich, um auch ja dem Klischee zu entsprechen, vor ihren Unterkünften im weißen Feinrippunterhemd rasieren. Aber das sagen alle, die Kameradschaft sei groß, die Enge und der Einsatzort, der schweiße zusammen. Es wirkt seltsam, aber manchmal scheint gar nicht das

Hiersein an diesem seltsamen Ort in Mali das Problem zu sein, sondern das Zurückkommen. Wer einmal im Auslandseinsatz war, der will meist auch noch einmal gehen, sagen die Soldaten.

»Ich erkenne, ob Leute schon mal im Einsatz waren. Die Erfahrungen, die man hier macht, verändern einen«, sagt der Soldat Robert Habermann. »Wenn ich eine Armee im Einsatz sehen will, dann muss ich hierhergehen.«

Der Einsatz wurde nötig, als die relativ gut funktionierende Demokratie in Mali in den Sog des implodierenden Gaddafi-Regimes im Norden geriet. Alles kam aus dem Gleichgewicht. Mali ist wie so viele andere in Subsahara-Afrika kein Staat, der sich gebildet hat, weil es seine Bürger so wollten. Nein, viele Gruppen und Ethnien fanden sich im Kolonialismus plötzlich innerhalb von Grenzen wieder, die es Jahrhunderte nie gegeben hatte, in denen man einfach durch die Sahara ziehen konnte. Nun zogen die Tuareg-Stämme gegeneinander in den Krieg, um Land, Wasser und Schmuggelrouten. Dann kamen vermeintliche Heilsbringer, Islamisten mit dem Versprechen, wieder für Ordnung zu sorgen, die dann so aussah, dass sie Scharia-Gerichte einführten. Die Regierung rief erst die alten Kolonialherren aus Frankreich zu Hilfe, die weite Teile des Nordens wieder befreiten, dann kam die UN-Truppe mit den Deutschen.

Sie sind vor allem für die Aufklärung zuständig, fahren Patrouille in der Umgebung, versuchen, ein wenig Kontakt zur Bevölkerung aufzubauen, nicht als Besatzer herüberzukommen, sondern als eine Art Freund und Beschützer, sofern das möglich ist, wenn man im gepanzerten Wagen vorfährt, mit kugelsicherer Weste und Maschinengewehr. Aber das sagen alle Soldaten, der Empfang sei immer wieder herzlich und überwältigend. Was es auch einfacher mache, hier seinen Dienst zu tun, der nicht ungefährlich ist, immer wieder hat es Anschläge gegeben.

Hinter einer Reihe Container steht der Ehrenhain für die Gefallenen, darunter zwei deutsche Soldaten: Jan Färber, 33, und Thomas Müller, 47, kamen bei einem Hubschrauberabsturz ums Leben, an diesem Nachmittag spricht ein Militärpfarrer in ihrem Gedenken: »Jeder Name steht für einen Menschen, steht für Träume und Lebenswillen. Hinter jedem Namen steht der Wille, sich für den Frieden einzusetzen.« Und wenn es manchmal so wirkt, als sei dieser Einsatz für den Frieden ein recht zäher, die Fortschritte gering, dann wirft der kommandierende Oberst eine Folie mit dem Projektor an die Wand der Castor-Bar, mit einem Zitat von Dag Hammarskjöld, dem ehemaligen UN-Generalsekretär: »Die Vereinten Nationen wurden nicht geschaffen, um die Menschheit in den Himmel zu führen, sondern um sie vor der Hölle zu bewahren.«

Die Hölle begann in Timbuktu, als die Dschihadisten in Horden einfielen und sich auch so benahmen. Timbuktu war immer eine magische Stadt, ein frühes Zentrum der Kultur und Wissenschaft, eine Oasenstadt mit zauberhaften Lehmbauten, in der es so lange gelungen war, Fortschritt und Tradition wie auch Religion und Wissenschaft in Einklang zu bringen. Auf all das hatten es die Islamisten abgesehen.

Für Abdel Kader Haïdara war damals schnell klar, dass er handeln musste. Er hat mit Freunden die großen Schätze der Hauptbibliothek in Kisten verladen und sie in Privathäusern verstecken lassen, dann wurden sie in vielen Hunderten Fuhren in die Hauptstadt Bamako geschmuggelt, direkt unter den Augen der Islamisten. Jetzt steht Abdel Kader Haïdara im ersten Stock eines Wohnhauses in einem gewöhnlichen Stadtteil von Bamako, wo er die Handschriften untergebracht hat, obwohl es in Bamako auch ein Nationalmuseum gibt. Aber er traut der amtierenden Regierung nicht, genau wie er den Islamisten nicht getraut hat. »Es gibt hier Handschriften, die sich gegen die Korruption gewandt haben und gute Regierungsführung angemahnt haben«, sagt Abdel Kader Haïdara, als mal wieder eine Delegation mit dem deutschen Außenminister Heiko Maas vorbeischaut. Europäer hören es immer gerne, wenn es gegen die Korruption geht, das klingt immer gut. Und weil es gut klingt, steigt vielleicht die Bereitschaft, auch ein paar Mittel lockerzumachen, Geld, das hier dringend gebraucht wird. Fast 400 000 Manuskripte haben Abdel Kader Haïdara und seine Mitstreiter gerettet, etwa 90 Prozent seien katalogisiert und in Schutzhüllen gesichert, aber nur 40 Prozent digitalisiert, für den Rest fehlt derzeit das Geld. Es ist seltsam, über Abdel Kader Haïdara wurden Bücher geschrieben und Dokumentarsendungen gedreht, er hat Preise gewonnen – und noch immer reicht es nicht, das Geld. Für Haïdara ist die Digitalisierung der Dokumente, die Bewahrung hoffentlich für die Ewigkeit, so wichtig, weil es um Grundsätzliches geht. Für ihn sind die Handschriften auch ein Beweis, dass Afrika anders ist, als Europa es oft sieht oder sehen will.

»Als die Europäer kamen, haben sie bald angefangen, unsere alten Manuskripte zu sammeln und nach Europa zu bringen«, erzählte Haïdara vor unserem kurzen Besuch dem Deutschlandfunk. »Als unsere Vorfahren das mitbekamen, haben sie ihre Handschriften versteckt. Einige haben sie vergraben. Andere haben sie tief ins Innere der Sahara gebracht. Die allermeisten Manuskripte wurden während der Kolonialzeit irgendwo versteckt.« Dann seien die Missionare und Forscher gekommen, sie hätten die Afrikaner studiert, ihre Geschichte erzählen wollen. »Also haben sie mit den Griots, den Geschichtenerzählern, gesprochen. Aber sie haben einfach nirgends schriftliche Quellen gefunden. Und so haben sie dann in ihren Büchern und Zeitschriften geschrieben, dass es in Afrika keine schriftlich fixierte Geschichte gebe. Nur mündliche Überlieferungen. Dieses Bild von Afrika hat sich bis heute gehalten.« Als die Schriften bekannter wurden, mäkelten manche in

Europa, dass es sich doch nur um Abschriften arabischer Originale handele, was auch widerlegt wurde. Viele afrikanische Sprachen fanden sich in den Handschriften: Texte auf Bambara, Dogon, Peul, Songhai oder Bozo. Zeugnisse einer großen Zivilisation.

Auch dieses kulturelle Welterbe beschützen die Soldaten der deutschen Bundeswehr.

Mauritius

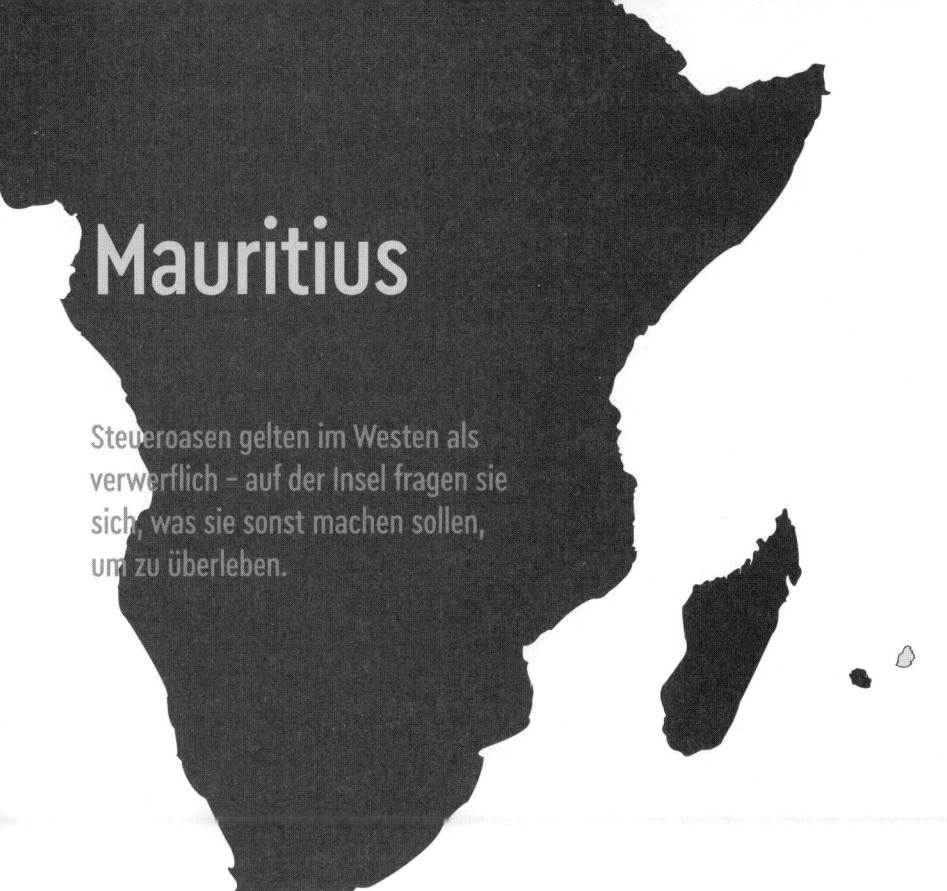

Steueroasen gelten im Westen als verwerflich – auf der Insel fragen sie sich, was sie sonst machen sollen, um zu überleben.

Einwohner: 1 Million
Wirtschaftswachstum: 3,7 Prozent
Unabhängigkeit: 1968
Anzahl chinesischer Restaurants: Mehr als 130.
Nationalgericht: Fish vindaye, frittierter Fisch mit Kurkuma, Senfsamen und eingelegten Zwiebeln.
Das sollte man gesehen haben: Die Blaue Mauritius.
Das muss man wissen: Auf Mauritius hört man viel schwäbisch. Viele Schmuckfirmen aus Pforzheim haben sich hier angesiedelt und können von hier zollfrei in die USA exportieren.
Darüber spricht das Land: Wann geben die Briten endlich Chagos zurück, die Inselgruppe, die eigentlich zu Mauritius gehört?

Seit einer guten Stunde wird mein Gepäck durchsucht auf dem Flughafen von Mauritius, es ist etwa ein Uhr nachts, und so langsam bekomme ich ein seltsames Gefühl. »Alles Routine«, sagt der Zöllner nur, als ich ihn frage, wonach sie eigentlich suchen. Eine Stunde ist ziemlich lang für eine Routineangelegenheit, aus meinen Schuhen werden die Sohlen entfernt, bei meinen Unterhosen das Bündchen untersucht. Der Zöllner schaut immer grimmiger, womöglich treffen meine Unterhosen nicht seinen Geschmack. Immer wieder werden auf Mauritius Passagiere aus Südafrika verhaftet, die Heroin oder Haschisch dabeihaben und die dann für mehrere Jahre, wenn es schlecht läuft Jahrzehnte, im Gefängnis landen.

Ich habe weder Heroin noch Haschisch dabei, aber einen Laptop, auf dem ein paar Dokumente für meine Recherche sind, Daten über geheime Konten, die bei Banken auf der Insel geführt werden. Die Daten sind verschlüsselt, aber so genau wie der Zöllner gerade den Deckel meines Koffers durchsucht, weiß man nicht, was da noch kommt. »Beruf?«, fragt der Zöllner. »Lehrer«, antworte ich, der Zöllner schaut enttäuscht, hatte er erwartet, dass ich »Drogenhändler« sage? Er schaut sich noch mal meine Socken an und verliert dann aber das Interesse.

Am nächsten Morgen wache ich auf einer Insel auf, die für viele ziemlich nah an das kommt, was man das Paradies nennt. Ich sehe aber erst einmal nur Zuckerrohrplantagen, als ich durch die Gegend fahre, bis zum Horizont reichen sie, langweiliger kann eine Landschaft kaum aussehen.

Gerade mal 1,3 Millionen Menschen leben auf Mauritius, 2000 Kilometer vom afrikanischen Festland entfernt. Die Holländer hatten die Inselgruppe einst kolonisiert, aber dann bald wieder entnervt aufgegeben. Zu weit draußen, zu wenig zu bieten. Ein bisschen so ist es heute noch. Es geht um die Frage, was so ein Flecken Erde anbieten muss, damit dort jemand investiert, damit überhaupt jemand kommt, so weit nach draußen.

Seit vielen Jahren schon lockt die Insel Geld aus allen Teilen der Welt an, ohne die Herkunft allzu genau zu prüfen. Personen zahlen 15 Prozent Steuern auf ihre Einkommen, Firmen nur drei. In der Hauptstadt Port Louis schaut man auf verspiegelten Glasfassaden, den Blick dahinter mag man nicht so gerne auf Mauritius. Fragt man in einem der Glaskästen nach einem Unternehmen, kommen junge Menschen die Fahrstühle herunter und sagen: Leider niemand da, wir verwalten nur das Backoffice. Dann lächeln sie. Für sie ist das alles eher eine Erfolgsgeschichte.

Als die Insel vor 50 Jahren von Großbritannien in die Unabhängigkeit entlassen wurde, da sagten viele in Europa, das werde nicht lange gut gehen. Es gab ja nichts außer Zuckerrohr. Heute gehört Mauritius zu den reichsten Ländern Afrikas, mit einer guten Infrastruktur und wenig Armut. Port Louis hat eine ansehnliche Skyline, bald wird mit dem Bau einer U-Bahn begonnen. Es ist einerseits ein Afrika, wie man es sich schon lange wünscht im Westen. Andererseits auch das Gegenteil. Seit Jahren erhöhen EU und OECD den Druck auf Mauritius, seinen Finanzsektor transparenter zu gestalten, Schlupflöcher zu stopfen. Der Wille dazu hält sich in Grenzen auf der Insel.

Ich treffe mich mit einem Banker, der anonym bleiben will, der mir ein bisschen was erzählt darüber, wer hier so sein Geld anlegt. Die Regierung Angolas soll hier einen Teil des geraubten Geldes deponiert haben. Was für den Banker kein Makel ist, sondern ein Vertrauensbeweis. Er sei gerne bereit, eine Stiftung in meinem Namen einzurichten, falls ich Interesse habe?

Steueroasen sind in der öffentlichen Wahrnehmung in Europa nicht sonderlich populär. Auf Mauritius hat man das auch mitbekommen, stellt aber die Gegenfrage: Was sollen wir denn sonst machen hier draußen?

»Die Zeiten sind hart geworden«, sagt Salil Roy. Er sitzt auf der Veranda eines kleinen Hofes an der Westküste der Insel. Vor ihm steht ein Traktor, hinter ihm im Büro sieht man die Bilder der Ahnen an den Wänden. Sie kamen Ende des 19. Jahrhunderts, als selbst für die Engländer die Zeit erreicht war, die Sklaverei zu beenden – sie war einfach nicht mehr schicklich.

Weil man für die Zuckerrohrplantagen aber trotzdem Arbeiter zu Dumpinglöhnen haben wollte, probierten die Briten etwas Neues: Vertragsarbeiter aus Indien kamen auf die Insel, die formal keine Sklaven mehr waren, in der Praxis jedoch in sklavischer Abhängigkeit von den Großgrundbesitzern lebten. »Mein Großvater hat in der Zuckerrohrfabrik geschuftet, und das bisschen Geld, das er bekam, gespart, um ein wenig Land zu kaufen«, sagt Roy. Mit den Generationen wurde es immer mehr, und heute hat Roy so viele Hektar, dass die Farmer ihn zum Präsidenten ihrer Vereinigung gewählt haben. In gewisser Weise darf Roy jetzt über den Niedergang präsidieren. Früher war Zuckerrohr alles auf der Insel. Heute ist es nur noch ein Prozent des Bruttosozialprodukts.

Für seine Vorfahren waren es noch goldene Zeiten. Mauritius war einer der Weltmarktführer, konnte die Preise diktieren. Die Farmer rodeten sehr große Teile der Insel und pflanzten überall dasselbe. An seinen Rändern hat Mauritius wunderschöne Strände, im Inneren gibt es fast nur Zuckerrohr. Eine riesige Monokultur, man hatte sich dem Zucker ausgeliefert. Die Konkurrenz wuchs zwar, aber Mauritius blieb sehr lange eine Insel der Seligen: Die EU garantierte Festpreise, die über Weltmarktniveau lagen – ein kleiner Freundschaftsdienst für die ehemalige britische Kolonie. »Als die garantierte Abnahme durch die EU endete, wurde alles anders, die Preise fielen um ein Drittel. Ich kenne keine andere Branche, die das überlebt hat«, sagt Farmer Roy. Die Insel stand vor dem Ruin. Und die Regierung fragte sich: Was haben wir noch zu bieten?

Als Erstes versuchte es Mauritius mit Tourismus. Die unfassbaren Strände und Riffe sind heute Grundlage für die größte Einnahmequelle der Insel. Dann kamen die Textil- und die Finanzindustrie. Seit den 1990er-Jahren siedeln sich Banken und Kanzleien an. Sie bringen Geld mit und Kunden, von denen man nicht so genau weiß, ob man sie haben will. Die Arbeitsplätze, die dadurch entstehen, nimmt aber jeder gerne. »Heute will doch niemand mehr auf der Farm arbeiten«, sagt Bauer Roy.

Das ist der Preis der Erfolgsgeschichte von Mauritius. Aus einer Kolonie der Sklaven und Malocher ist eine selbstbewusste Nation geworden. Als Mauritius unabhängig wurde, lag das Bruttoinlandsprodukt bei gerade mal 400 US-Dollar pro Einwohner, heute sind es 10.000. Der Sprung in die nächste Gehaltsklasse, in die »High-Income Economies«, ist das große Ziel der Insel, eine Art Ritterschlag. Das aber nur erreichbar ist, wenn das Finanzzentrum so bleibt, wie es ist. Wenn es die Europäer nicht schaffen, auch für Mauritius strengere Regeln durchzusetzen. Aus europäischer Sicht ein nobles Vorhaben. Aus Sicht der Inselbewohner die Bedrohung ihrer Lebensgrundlage.

»Wenn das Geld nicht mehr kommt, wird es schwer, den Kopf über Wasser zu halten«, sagt Paul Bérenger. Er sitzt in seinem Arbeitszimmer in einem Vorort von Port Louis, Holzböden, schwere Sessel und ein schöner Schreibtisch aus Holz. Er selbst vornehm ergraut, Stoffhose, Lederslipper und Hemd. Es ist ein wenig so, als wäre die Kolonialzeit gerade erst zu Ende gegangen. Das Zimmer ist voller Moskitos, die sich auf den Gast stürzen. »Sie lieben weiße Haut.«

Die Haut von Paul Bérenger ist selber ziemlich weiß, er war der einzige Premierminister europäischer Abstammung, den die Insel je hatte. Etwa 70 Prozent der Bevölkerung sind indischer Abstammung, etwa 25 Prozent Kreolen, Nachfahren von Sklaven aus Afrika, die sich mit Europäern gemischt haben.

Dazu gibt es ein paar Tausend Chinesen und Franko-Mauritier. »Der Privatsektor ist immer noch sehr weiß«, sagt Bérenger. Es gibt fünf große Familien, Großgrundbesitzer aus der französischen Zeit, denen heute auch die Banken gehören und viele Hotels. Die sich aber nicht in die Politik einmischen. Die ist die Domäne der Hindus, von denen viele Händler sind oder Farmer. Die Hindus haben auch gleich ihr Kastenwesen mitgebracht, die wahre Kaste aber sieht so aus: erst Weiße, dann Inder und dann die Kreolen.

Aber es ist auf Mauritius dennoch etwas entstanden, was einer Art Regenbogennation ziemlich nahekommt. Näher zumindest als in Südafrika ein paar Tausend Kilometer weiter. Es gibt hier keine so furchtbaren Slums, es gibt nicht so viel Gewalt. Das alles wäre in Gefahr, wenn kein Geld mehr kommt, sagt Bérenger. Er hat in den 1960er-Jahren in Paris studiert, »wir hatten Ideale, wir haben für Gerechtigkeit gekämpft. Für eine bessere Welt«. Heute lebt er an einem Ort, an dem nicht unbedingt die Besten der Welt zur Kundschaft zählen. Auf einer Insel, die davon lebt, dass ärmere Staaten in Afrika weniger Geld einnehmen und deren Geschäfte dazu führen, dass es in anderen Ländern ungerechter zugeht. Wie findet er das? Bérenger schaut nur einmal kurz irritiert. »Ah, die Moral. Es gibt nur so viel soziale Gerechtigkeit, wie die Wirtschaft es zulässt«, sagt er. »Wenn der Finanzsektor verschwindet, sind wir tot.«

Danach sieht es derzeit aber nicht aus, der Tourismus boomt weiterhin, das Land hat sich ziemlich clever vermarktet: Mauritius ist für viele ein Traumziel, obwohl es anderswo in Afrika womöglich schönere Strände gibt. Auf Mauritius wird es an manchen Stellen ziemlich eng, stehen die Liegestühle der Resorts fast bis ans Wasser. Darauf liegen Menschen, die oft nichts anderes tun, als lächelnd aufs Wasser zu schauen.

Mosambik

Zur Kasse bitte – in keinem anderen Land Afrikas wird man so stilvoll übers Ohr gehauen.

Einwohner: 30 Millionen
Wirtschaftswachstum: 3,3 Prozent
Unabhängigkeit: 1975
Anzahl chinesischer Restaurants: Drei.
Nationalgericht: Scharfes Piri-Piri-Hühnchen oder Krabben.
Das sollte man gesehen haben: Das Naturkundemuseum hat eine Sammlung von Elefantenföten.
Das muss man wissen: Als die Portugiesen im Unabhängigkeitskampf 1975 endlich besiegt wurden, mussten sie innerhalb von 24 Stunden das Land verlassen. Aus Rache schütteten viele Beton in die Abflussrohre ihrer Häuser.
Darüber redet das Land: Der Touristenboom, der durch die neue Brückenverbindung nach Südafrika kommen soll.

Die Deutsche Demokratische Republik wird vielleicht nirgends auf der Welt so vermisst wie in diesem Stadtviertel von Maputo. Ein kleiner Park, umstellt von Hochhäusern, Plattenbauten, die im tropischen Klima vor sich hin modern. In der Ecke eine kleine Bude aus Stein: »Base Central der Madgermanes« steht auf dem Häuschen, darunter ist eine deutsche Flagge gemalt. Auf dem Platz davor sitzen Männer herum, die erzählen, wie es damals war im real existierenden Sozialismus, wie sie in den Kombinaten und Fabriken der DDR geschuftet und abends gefeiert haben. Seit 30 Jahren gibt es diesen Staat und dieses Leben nicht mehr – ein Umstand, der womöglich nirgends so betrauert wird wie hier in der Hauptstadt von Mosambik. »Wir haben gesehen, wie ein guter Staat aussehen kann, eine gute Regierung«, sagt Jose Cossa, Präsident der Madgermanes, in einer TV-Dokumentation.

So nennen sich die etwa 15 000 Vertragsarbeiter, die einst aus Mosambik in die DDR geholt wurden, als sozialistische Gastarbeiter. »Madgermanes« wurde ursprünglich aus dem Shangaan abgeleitet, in der lokalen Sprache bedeutet »Ma German« die, die aus Deutschland zurückkamen. Daraus wurde schließlich »Madgermanes«, einerseits, weil die Arbeiter, die einst als Jugendliche in die DDR kamen und dort ihre Sozialisation erlebten, also auch irgendwie »Made in Germany« sind. Andererseits sind die »Madgermanes« ziemlich wütend, »mad« also, weil ihre Zeit in der DDR mit dem Fall der Mauer ziemlich plötzlich zu Ende ging. Sie fühlen sich um ihr Leben dort betrogen und um einen Teil ihres Lohnes, den sie nie zu sehen bekamen.

Mosambik war lange eine portugiesische Kolonie, Mitte der 1960er-Jahre formierte sich eine Befreiungsbewegung, die mit sozialistischen Ideen spielte, was den Bruderstaaten im Osten gut gefiel. Sie lieferten Waffen, Mosambik schickte, nachdem der Kampf gegen den Imperialismus 1975 gewonnen war, etwa 15 000 Arbeiter in die DDR, damit sie dort technische Berufe erlernten und ihr Wissen nach der Rückkehr dem Aufbau des Sozialismus zugutekommen würde. Die Mosambikaner hatten die etwa 30 000 Portugiesen aus dem Land geworfen, die davor die Fabriken und die Behörden leiteten. Sie hatten 24 Stunden und durften 20 Kilogramm Gepäck mitnehmen. Das war nach jahrelanger Unterdrückung eine ziemlich nachvollziehbare Reaktion, aber womöglich nicht die beste, denn schon bald fand sich niemand mehr, der wusste, wie man die Maschinen in den Fabriken reparierte oder eine Verwaltung leitet. Die Portugiesen hatten ihre Untertanen lange von jeglicher Bildung ferngehalten, damit sie nicht auf dumme Gedanken kämen. Die Madgermanes sollten sich nun das Wissen in der DDR holen.

Letztlich schufteten die meisten Arbeiter dort, wo kein Deutscher mehr arbeiten wollte. Ein wenig so wie die Gastarbeiter im Westen. Die durften auch nach der Wende bleiben, die Madgermanes wollte das Land möglichst schnell loswerden. Sie konnten entweder bleiben, ohne jeglichen Anspruch, wieder einen Job zu finden, in einem Land, das im Umbruch war, das gerade begann, seine volkseigenen Betriebe abzuwickeln. Wer sofort ging, bekam immerhin drei Monate 70 Prozent des Lohnes und eine Sonderzahlung von 300 Mark. Das war viel Geld, mit dem sich Träume verwirklichen ließen, ein kleines Restaurant oder eine Autowerkstatt. Und zu Hause sollte es ja noch mehr geben, der mosambikanische Staat hatte viele Jahre lang 60 Prozent des Gehaltes der Arbeiter und die Hälfte ihrer Sozialausgaben einbehalten, um die 100 Millionen US-Dollar sollen das gewesen sein.

Seit fast 30 Jahren nun kämpfen die Madgermanes darum, ihren Lohn wiederzubekommen, wenn schon nicht ihr altes Leben. Jeden Mittwoch treffen sie sich zu Demonstrationen in der Innenstadt. Sie haben in den Jahren die Deutsche Botschaft besetzt, das Parlament und einen Gipfel der Afrikanischen Union gestürmt. Hin und wieder hat der Staat versprochen, ein bisschen Geld zu geben, was die Wut der Madgermanes nicht gelindert hat, die Enttäuschung, um Lohn und vor allem ihre Zukunft betrogen worden zu sein.

»Wir sind anders als die anderen hier in Mosambik, weil wir gesehen haben, was es anderes gibt in anderen Ländern, was dort besser ist. Was eine gute Regierung ist«, erzählte der Vorsitzende Jose Cossa in einer TV-Dokumentation. Andere beklagen, keinen Job zu finden, weil die Madgermanes mittlerweile als Krawallmacher bekannt seien, in einem Land, in dem es nicht unbedingt erwünscht ist, seine Meinung zu sagen. Und so sitzen die Madgermanes jeden Tag auf dem Platz zusammen, der aussieht wie ein Mahnmal an den Sozialismus, mit vor sich hin schimmelnden Plattenbauten. Sie unterhalten sich, über das Leben, das sie in Deutschland hätten führen können, die Kinder, die sie dort zurücklassen mussten. Und das neue Leben, in das viele von ihnen nicht mehr richtig hineinfanden. Einige Projekte haben in den vergangenen Jahren dabei geholfen, Väter mit ihren Söhnen und Töchtern zusammenzubringen, die nach dem Fall der Mauer getrennt wurden. Sie besuchen dann manchmal ein Land, das sich in vielem bemüht, dem Klischee von Afrika zu entsprechen.

Als ich einmal mit dem Auto von Südafrika aus einreiste, kamen mir am Grenzübergang freundliche Männer mit um den Hals baumelnden Ausweisen entgegen, die für mich den Papierkram erledigen wollten. Ich schloss eine Autoversicherung ab und zahlte eine Autoüberführungsgebühr. Bei der Ein- und auch noch bei der Ausreise. Es waren Gebühren und Versicherungen, die nicht existierten, die die Damen und Herren am Zoll aber als eine Art Zusatzverdienst sahen. So wie der Staat ja auch die Löhne der Madgermanes als eine Art Zusatzverdienst gesehen hat.

Seit 30 Jahren kämpfen sie um ihr Geld. 30 Jahre, in denen der Staat vom Sozialismus zum Kapitalismus umgeschwenkt ist, was aber in der Realität wenig verändert. Das Land arbeitet weiter hart an seinem Ruf als Bananenrepublik. Maputo ist eine fantastische Stadt, in der die alten Kolonialbauten und die etwas weniger alten Bauten des Sozialismus einigermaßen würdig vor sich hin altern. Es gibt Strände, die jedes Jahr Hunderttausende Südafrikaner anziehen, und die wahrscheinlich besten Krabben der Welt, scharf gewürzt mit Piri Piri. Es ist ein Land, aus dem sich etwas machen ließe. Das dachten sich auch internationale Geldgeber, als sie dem Staat 2013 zwei Milliarden US-Dollar liehen, für eine riesige Thunfischflotte. Die am Hafen von Maputo nicht ganz so riesig aussieht, als ich sie mir anschauen will. Was auch daran liegt, dass 500 Millionen US-Dollar verloren gegangen und weitere 200 Millionen an Schmiergeldern geflossen sind. So geht es seit Jahrzehnten. Weshalb sich viele Madgermanes sagen, dann doch lieber die DDR. Wobei die DDR aber nicht solche Strände hatte und auch keine Piri-Piri-Krabben.

Namibia

Früher war nicht alles schlecht.
Die Deutschnamibier konservieren
ein Deutschland, das es so gar nicht
mehr gibt.

Einwohner: 2 Millionen
Wirtschaftswachstum: −0,09 Prozent
Unabhängigkeit: 1990
Anzahl chinesischer Restaurants: Eins.
Nationalgericht: Eisbein.
Das sollte man gesehen haben: Die Sanddünen von Sossusvlei.
Das muss man wissen: Seit 2014 verhandelt Deutschland mit Namibia über Entschädigungen für den Massenmord an den Ovaherero und Nama.
Darüber redet das Land: Wann wird sich Deutschland offiziell für die Verbrechen der Vergangenheit entschuldigen, fragen die Herero und Nama.

Da steht also der Bock, mitten in der Wüste. Er steht in der Turnhalle von Kolmannskuppe, einer Geistersiedlung am Rande der Wüste, in der es kein Wasser gibt, keine Erde, nur diesen Sand, den der Wind einem immer um die Ohren bläst. Nur 31 Jahre lang, von 1884 bis 1915, war das heutige Namibia eine deutsche Kolonie, Orte wie Kolmannskuppe sind aber gebaut wie für die Ewigkeit. Es ist alles noch da, der Bock in der großen Turnhalle, die Kegelbahn »Gut Holz«, die Reste des Elektrizitätswerkes und der Tante-Emma-Laden. Zu seiner Hochzeit soll die kleine Siedlung die reichste in ganz Afrika gewesen sein, Diamanten wurden hier 1908 gefunden, die Steine brachten den Reichtum, der nach gut 20 Jahren auch schon wieder versiegte, die Bewohner zogen in größere Städte oder zurück nach Deutschland. Heute ist der Ort eine Geisterstadt, in dem eine Version von Deutschland nachgebaut wurde, die es heute nicht mehr gibt, die es vielleicht nie gegeben hat.

Im Ausland würden sie erst merken, wie deutsch sie sind, sagen viele Deutsche im Ausland. Manche werden deutscher, als sie es vorher waren. Kolmannskuppe ist vielleicht auch eine Art Deutschland-Konzentrat, wie auch die anderen Überreste deutscher Siedlungen in diesem schönen, aber auch sehr seltsamen Land. »Südwester« nannten sich die ersten Kolonialisten, heute noch bezeichnen sich manche Nachfahren so. Sie bauten Burgen und Schlösser, gründeten Gesangsvereine und feierten Karneval und Oktoberfest. Im Hotel *Prinzessin-Ruprecht-Residenz* in Swakopmund haben die Zimmer Namen in Frakturschrift bekommen: Erlanger Zimmer, Tegernseer Zimmer. Bei Rentnern aus der ehemaligen DDR erfreut sich das Haus einer großen Beliebtheit, es ist eine Art Leben im Postkartendeutschland.

Etwa 20 000 Deutschnamibier leben heute noch in der ehemaligen Kolonie. Sie wohnen in Lüderitz, ein paar Kilometer weiter von Kolmannskuppe, dem ersten Hafen des Landes, der auch bei Sturm zu erreichen war, oder in Swakopmund, dem hübschen Küstenort im Norden des Landes, wo es drei deutsche Buchläden gibt und Apfelkuchen im *Cafe Anton*. Der Ort ist nach dem Fluss Swakop benannt, der hier ins Meer mündet, Swakop bedeutet in der lokalen Sprache »Scheiße«, was den ersten Siedlern wohl nicht ganz klar war. Vielleicht verwendeten sie später deshalb deutsche Namen, um auf Nummer sicher zu gehen.

Die Deutschnamibier leben auf riesigen Farmen, die sie dann Paderborn oder Abendruhe nennen. Es waren Abenteurer, die hierherkamen, wo es für wenig Geld riesige Flächen zu kaufen gab, etwa 15 Prozent des Landes gehört heute Deutschnamibiern, obwohl sie nur etwa zwei bis drei Prozent der Bevölkerung ausmachen. Viele sind losgezogen, als in Deutschland noch der Kaiser herrschte, sie haben die Nazizeit nicht mitbekommen, nicht die 68er-Bewegung oder die Wiedervereinigung.

Johannes, wie wir ihn hier lieber nennen, ist in Namibia geboren und dann nach Deutschland gezogen, um dort Landwirtschaft zu studieren. Die Eltern haben eine Farm und eine Lodge für Touristen, die er übernehmen soll. Er hat sich wohlgefühlt in Deutschland, hat seine Freundin dort kennengelernt und ist dann doch zurückgekommen, weil ihm die Weite gefehlt habe, Deutschland so eng gewesen sei. Es ist ein Gefühl, dass viele Deutschnamibier haben. Es mag durch die Landschaft kommen, diese unglaublichen Weiten, in einem Land, das mehr als doppelt so groß ist wie Deutschland. Es mag aber auch daran liegen, dass das Leben hier viel billiger ist. Für den Preis eines Reihenhauses in Köln bekommt man hier eine ganze Farm, zumindest war es lange so.

Johannes brachte seine Freundin mit, als er wieder zurückkam, eine Deutschtürkin, was in der Familie nicht so gut aufgenommen wurde. Zumindest aber war es keine Schwarze, das wäre gar nicht gegangen, sagt Johannes. Für seine Freundin ging es aber auch nicht lange gut in Namibia, die Lodge der Familie liegt im Niemandsland, man kann nicht mal eben in den Supermarkt, man kann nichts mal so eben machen, außer in die Weite schauen.

Ich fahre mit Freunden eine Woche durch die Weite dieses Landes, es ist ein Urlaub, der hauptsächlich hinter dem Steuer stattfindet, es gibt nur wenig geteerte Straßen, die meisten sind staubige Pisten, die alle paar Monate platt gewalzt werden, die aber fast immer in einem ziemlich guten Zustand sind, der Geländewagen schwebt fast über den Sand. Alle paar Stunden ändert sich die Landschaft, die Farbe, mal wachsen Büsche und Bäume, mal sieht man nur Sand. Wir steigen 500 Meter in den Fish River Canyon hinunter und mehrere Stunden Sanddünen hinauf, die höchsten der Welt. Man sieht viele Kilometer weit, man sieht sonst keinen Menschen, nur den rötlichen Sand.

Es ist eine Landschaft, für die alle, die schon dort waren, versucht haben, die richtigen Worte zu finden: Magisch, biblisch oder paradiesisch. Es ist für viele ein Sehnsuchtsort, an den sie immer wieder zurückkehren.

Im Radio lassen wir manchmal den deutschen Sender laufen, es gibt eine Sendung, bei der Hörer anrufen können, um über ein Thema ihrer Wahl zu sprechen. Nur ruft eben kaum noch jemand an. Immer wieder gibt die Moderatorin die Nummer durch, immer wieder sagt sie, die Leitungen seien nun freigeschaltet. Endlich: Ein Mann meldet sich, mit der Ansicht, dass es eine große Schweinerei sei, dass die Preise für die Nutzung öffentlicher Toiletten in Swakopmund erhöht worden seien, auf umgerechnet zehn Cent. Dann ist wieder Stille. Die Moderatorin wird mit der Zeit immer flehender, dann beleidigt, stellt schließlich das Konzept der Sendung generell infrage. Wieder: lange Stille.

Dabei gebe es ja durchaus etwas zu besprechen in Namibia, die deutsche Kolonialgeschichte, die Verbrechen an den Herero und die bis heute ungleiche Verteilung des Reichtums. Die vielen Kulturgüter, die geraubt wurden und in deutschen Museen lagern. Auf diese Diskussion haben die Deutschen aber wenig Lust.

Viele seien eher rechts, glaubt Johannes auf seiner Lodge. »Vielleicht nicht so rechts wie der Besitzer von *Peter's Antiques* in Swakopmund, der einmal versucht hatte, einen Nachdruck von Hitlers *Mein Kampf* zu organisieren, aber schon sehr konservativ«, sagt Johannes, der sich da gar nicht ausschließen will.

In Swakopmund besuchen wir *Kücki's Pub*, der bei deutschen Touristen Kultstatus genießt. Es ist voll, die Leute kippen kleine Schnäpse und trinken Weißbier. »Auf der Straße ist man noch in Afrika, doch kaum geht man durch die Tür, ist man in einer deutschen Eckkneipe. Am Tresen sitzen die gleichen Leute wie in Deutschland beim Bier, die Wand ist voll mit Jägermeisterflaschen, und auf der Speisekarte stehen Schnitzel, Pommes und Erdinger Weißbier«, so schreibt es ein Gast begeistert im Internet.

Früher haben die Deutschen ihre Turnhallen und Gesangsvereine mitgebracht, ihre Kegelbahnen und Trachten. Heute sind es eben Weißbier und Schnitzel. Letztlich sind es kleine Trutzburgen in einer Umgebung, die damals wie heute als feindlich empfunden wird. Man will unter sich bleiben, sich nicht integrieren in dieses Afrika, sondern sein Eigenes bauen. Es sind nicht selten dieselben Leute, die besorgt nach Deutschland schauen, in die alte Heimat, und sich fragen, was daraus werden soll, mit all den Ausländern, die sich nicht anpassen wollen.

Nigeria

Warum nur sind alle in Nigeria
so verrückt nach Scrabble?

Einwohner: 194 Millionen
Wirtschaftswachstum: 1,9 Prozent
Unabhängigkeit: 1960
Anzahl chinesischer Restaurants: Zu viel, um sie zu zählen. Das schönste liegt auf Victoria Island direkt am Meer.
Nationalgericht: Nigeria steht seit Jahren im Wettbewerb mit Ghana und Senegal um das beste Jollof, ein Reisgericht mit Tomatenmark, Maniok und Süßkartoffel.
Das sollte man gesehen haben: Vom Turm des Rathauses in Lagos hat man einen grandiosen Blick über die Stadt.
Das muss man wissen: Im Jahr 2100 soll Nigeria 640 Millionen Einwohner haben.
Darüber redet das Land: Fremde werden meist zwei Dinge gefragt: In welcher Kirche bist du? Wie viele Kinder hast du?

Wellington Jighere sagt, er sei derzeit ganz gut in Form, und nimmt sich ein großes Stück Fleisch vom Teller. Jighere ist Sportler und Weltmeister in einer Sportart, in der es nicht wirklich auf Ernährung ankommt und auch nicht auf die körperliche Fitness. Wenn Jighere gut in Form ist, dann bedeutet das, dass er ungefähr 90 Prozent aller Wörter des Collins-Wörterbuches auswendig kennt, des Standardwerkes für alle Scrabblespieler in der anglofonen Welt. Jighere war 2015 der erste Weltmeister aus Afrika, eine ziemliche Erscheinung bei der WM in Australien, wo er mit einem Cowboyhut auf dem Kopf antrat – und für alle überraschend gewann, für alle, außer ihn selbst. Man muss den unbedingten Willen haben, sagt Jighere. Er hat ihn gehabt.

Nigeria ist in Europa für vieles bekannt, für Trickbetrüger, die in E-Mails Hilfe bei einer Erbschaft anbieten oder andere hanebüchene Geschichten erzählen, die damit aber offenbar auch Erfolg haben. Nigeria besteht für viele, die Nigeria noch nie gesehen haben, vor allem aus Korruption und islamistischen Terroristen, ist vielleicht noch ein Ort, der ganz gute Fußballer hervorbringt. Nigeria ist aber viel mehr, ein Land mit großen Literaten, Unternehmern und dem wahrscheinlich besten Humor des Kontinents. Und es ist auch: die erfolreichste Scrabblenation der Welt.

Von den 100 besten Spielern der Welt für englische Wörter kämen derzeit 29 aus Nigeria, erzählt Jighere in einem Restaurant. Zehntausende Scrabblespieler gibt es in Nigeria, die regelmäßig an Turnieren teilnehmen, das Spiel ist als offizieller Sport anerkannt und bekommt staatliche Förderung, der nigerianische Scrabbleverband ist in allen 36 Bundesstaaten aktiv. Als Jighere Weltmeister wurde, gratulierte ihm der Präsident am Telefon.

Mit 14 Jahren fing er an und verlor das erste Spiel gegen seinen Bruder, so wie alle Scrabblespieler ihr erstes Spiel verlieren würden, sagt Jighere. Er sei damals eher ein Stubenhocker gewesen, der lieber Brettspiele mochte, als draußen mit dem Fahrrad herumzufahren oder Fußball zu spielen, wie so viele seiner Klassenkameraden. »Ich habe mich sofort in Scrabble verliebt«, sagt er. Es ist ein Spiel, in dem man ein gutes Gedächtnis braucht, wer mehr Wörter kennt, kann mehr Kombinationen legen – und man braucht ein Talent für Mathematik, um zu berechnen, wie man die Steine legt, um die meisten Punkte zu bekommen. »Und vor allem viel Willen«, sagt Jighere. Von diesem Willen besitzen viele Nigerianer offenbar mehr als andere Nationen. »Manche spielen Scrabble, um aus Nigeria rauszukommen«, sagt er. Sie melden sich für Turniere im Ausland an, um dann nie mehr zurückzukommen.

Es gibt eine Meinungsumfrage, nach der 74 Prozent der Nigerianer gerne in einem anderen Land leben würden, wenn sie denn könnten. In den sozialen Medien bezweifelten viele Nigerianer die Zahlen, sie sagten, den Schlangen vor den europäischen Konsulaten nach zu urteilen, müsste die Zahl noch viel höher sein. Der lokale Humor gehört wie gesagt zu den besten des Kontinents. »Viele wollen reisen und dann die Heimat aus Übersee vermissen«, witzelt eine nigerianische Website.

Warum also wollen so viele weg? Weil sie einen besseren Job wollen natürlich, den man in Nigeria oft nur über Beziehungen bekommt. Wer nicht die richtige Telefonnummer hat, den richtigen Verwandten an der richtigen Stelle, für den sieht es nicht so gut aus. Andererseits ist Nigeria kein hoffnungsloser Fall, nicht so ärmlich und trist wie manch anderes Land in Afrika. Sieht man mal von Südafrika ab, dann gibt es wohl nirgends so viel Kultur und Kunst. Nigeria hat Literaturnobelpreisträger hervorgebracht und bestimmt mit den Afrobeats derzeit die internationale Musikszene. In Lagos gibt es Galerien und schicke Restaurants und viele gebildete Menschen, die etwas machen wollen aus ihrem Leben. Aber eben im eigenen Land an ihre Grenzen stoßen. Man kann die hohe Ziffer auch so lesen, in Nigeria leben viele motivierte und selbstbewusste Leute, die sagen, ich kann es überall schaffen.

»Ich habe nie daran gedacht, das Land zu verlassen. Wenn Gott gewollt hätte, dass ich Deutscher bin, dann wäre ich in Deutschland geboren«, sagt Wellington Jighere zu diesem Thema. Für ihn scheint es nie eine Überlegung gewesen zu sein. Jighere kommt aus dem christlichen Süden Nigerias, sein Vater hatte mehrere Frauen und »etwa 22 Kinder«. Die Eltern waren froh, wenn er sich mit Scrabblespielen und -üben selbst beschäftigte, nur gingen ihm irgendwann die Leute aus, die noch gegen ihn spielen wollten, weil sie nie gewinnen konnten. Also riefen sie irgendwann einen bekannten Spieler an, der schon Turniere gewonnen hatte. Auch gegen ihn gewann Jighere einige Partien und traute sich dann selber zu, bei Wettbewerben anzutreten. Schon einige Jahre später, im Jahr 2007, reiste er zu seiner ersten Weltmeisterschaft nach Indien – fast hätte das Land ihm damals das Visum verweigert, weil die Behörden schon wussten, dass nicht alle Spieler aus Nigeria auch zurückkommen würden. Jighere kehrte natürlich zurück und arbeitete an seiner Karriere, verbrachte die Nächte mit dem Wörterbuch, tingelte von Turnier zu Turnier, auf denen es manchmal nur 100 US-Dollar zu gewinnen gab.

Und weil der nigerianische Verband von diesen bescheidenen Gewinnen und all seinen Einkünften die Hälfte verlangte, klappte Jighere im Jahr 2010 das Brett zu, aus Protest gegen die gierigen Funktionäre.

Gäbe es einen Wettbewerb um das korrupteste Land in Afrika, Nigeria wäre wohl einer der Favoriten. Immer mal wieder unternimmt die Regierung halbherzige Versuche, die Schmiergeldkultur einzudämmen, immer wieder verlaufen sie im Nichts. Vor einigen Jahren stellten sie die Visavergabe auf ein zentrales System um, mit elektronischer Bezahlung, damit nicht jede Botschaft in die eigene Tasche wirtschaftet. Als ich mein Visum beantrage, zahle ich dennoch fast 150 US-Dollar zusätzlich, die in keiner Gebührenliste verzeichnet sind. Insgesamt kostet mich die Einreiseerlaubnis mehr als 500 US-Dollar. Ich zahle, so wie jeder Nigerianer zahlt, wenn ihn die Polizei nicht weiterfahren lässt, wegen irgendeines angeblichen Defektes am Auto. Man kann der Korruption nicht entkommen. Man muss wohl einfach eine möglichst heitere Haltung zu ihr finden. Ein Politikwissenschaftsprofessor hat mir einmal fast eine Stunde lang das Elend der Käuflichkeit und die Zustände des Landes erklärt, um dann zu sagen: »Aber sind wir mal ehrlich, wenn wir von diesen Kleinigkeiten mal absehen, möchte doch jeder gerne Nigerianer sein.« Er lachte, meinte es aber letztlich völlig ernst.

Jighere war am Anfang des Protestes gegen den korrupten Verband mit zehn anderen ausgetreten, hatte mit ihnen die großen Turniere boykottiert. Jahr um Jahr kamen ihnen aber die Gleichgesinnten abhanden, zum Schluss waren sie nur noch zu dritt, es fehlten ihnen die Druckmittel.

Also gab Jighere nach und trat wieder in den ungeliebten Verband ein, zumindest gegen das Versprechen, dass die Funktionäre den Sport künftig doch etwas mehr promoten. Bisher finden die Turniere eher unter Ausschluss der Öffentlichkeit statt, in Lagos hat der Countryklub eine eigene Scrabbleabteilung, mitmachen oder zuschauen darf aber nur, wer sich eine teure Mitgliedschaft leisten kann.

Scrabble ist in Nigeria fast Volkssport, seine besten Spieler aber sieht man selten im Fernsehen. »Das liegt auch daran, dass viele gute Spieler keine Lust haben, Interviews zu geben«, sagt Jighere, der damit kein Problem hat. Er versucht mittlerweile, seinen Sport auf vielen Ebenen voranzutreiben. Er trainiert mit Spielern, die sich verbessern wollen, plant die Gründung einer Online-Akademie und vertreibt das Brettspiel selbst samt Zubehör. Abends sitzt er dann wieder vor dem Lexikon und streicht die Wörter durch. Er blättert sich durch die Seiten des Collins-Wörterbuches und markiert jedes der 722 000 Wörter, die ihm schon bekannt sind. So bereitet er sich auf die nächste WM vor, die mal wieder nicht in Nigeria stattfindet, obwohl es hier die besten Spieler und wohl auch die meisten Fans gibt.

Aber was spräche eigentlich dagegen? Lagos gilt als Prototyp der unregierbaren Metropole, als Moloch, den selbst die Nigerianer als hoffnungslosen Fall ansahen und deshalb ihre Hauptstadt in die Retorte Abuja verlegten. All das ist nicht ganz falsch, trifft aber Lagos nicht. Dort leben 20 Millionen Menschen, vielleicht auch 30, von denen die, die ein Auto haben, mehrere Stunden im Stau stehen jeden Tag – das dann aber auf einer atemberaubenden Hochstraße, die auf Stelzen ins Meer gebaut wurde. Direkt daneben gibt es schöne Strände und Buchten, es gibt neue Luxusstadtteile und alte ranzige.

Aber überall herrscht eine unglaubliche Intensität, man ist sofort mittendrin im Leben, kann sich nicht entziehen, wird freundlich angequatscht, spricht andere an und lässt sich mitreißen vom Sog dieser Stadt. Eine Stadt, die ihren eigenen Sound hat, den von Generatoren und Klimaanlagen, ein ständiges Surren. Kein Land hat so viel Erdöl in Afrika wie Nigeria, das dennoch fast all das Benzin, mit dem die Generatoren und Klimaanlagen betrieben werden, importieren muss. Seit Jahrzehnten wird immer wieder der Bau von großen Raffinerien angekündigt, seit Jahrzehnten passiert wenig. Jetzt zumindest hat ein milliardenschwerer Unternehmer einen neuen Anlauf gestartet, und man kann die Anfänge einer Großbaustelle besichtigen.

Es ist ein fantastisches Land, aber auch ein seltsames. Mit einer großen Diskrepanz zwischen seinen großartigen Bewohnern und den gleichen Politikern, die sie immer wieder wählen, von denen sie immer wieder enttäuscht werden. Manchmal verzweifeln sie daran, manchmal lachen sie sich darüber kaputt. Ein lokales Sprichwort lautet: Wenn du denkst, du hättest Nigeria verstanden, dann hat es dir jemand nicht richtig erklärt.

Republik Kongo

Falsche Adresse – die Republik Kongo leidet darunter, immer mit dem großen Nachbarn verwechselt zu werden.

Einwohner: 5 Millionen
Wirtschaftswachstum: 0,8 Prozent
Unabhängigkeit: 1960
Anzahl chinesischer Restaurants: Eins.
Nationalgericht: Benachin, Trockenfisch mit Reis und leckerer Soße.
Das sollte man gesehen haben: Der Blick auf den Kongo von der Aussichtsplattform des Tour Nabemba.
Das muss man wissen: Im Tele-See soll angeblich Mokèlé-mbèmbé leben, ein dinosaurierartiges Seeungeheuer – die Antwort der Republik Kongo auf das Monster von Loch Ness.
Darüber redet das Land: Die neue Brücke über den Kongo, deren Bau angeblich bald begonnen werden soll.

Kinshasa und Brazzaville sind die am nächsten beieinander liegenden Hauptstädte der Welt, es sind nur ein paar Hundert Meter über den Kongo-Fluss, der den beiden Ländern ihren Namen gegeben hat – der Demokratischen Republik Kongo auf der einen und der Republik Kongo auf der anderen Seite. Die Namen tragen nicht eben dazu bei, die beiden Länder unterscheidbar zu machen. Es sind wahrscheinlich die am meisten verwechselten Staaten der Welt. Wenn im Fernsehen über die viel größere Demokratische Republik berichtet wird, kann der Zuschauer dazu regelmäßig die Landkarte der viel kleineren Republik sehen. Ein paar Experten haben gerade ein großes Buch über den riesigen Kongo herausgegeben, mit der Karte des kleinen auf der dritten Seite.

Solche Pannen ärgern natürlich vor allem den kleineren Kongo. Als Schwestern werden die so nahe beieinander liegenden Hauptstädte manchmal bezeichnet, nichts könnte falscher sein. Will man im Bilde bleiben, könnte man höchstens sagen, dass die beiden Kongos Zwillinge sind, bei Geburt getrennt, die sich seither recht unterschiedlich entwickelt haben. Der eine ist riesig und etwas rüde und neigt zur Gewalt. Der andere ist klein geraten und fühlt sich nicht richtig wahrgenommen von der Welt. Der Kontakt der beiden ist eher spärlich.

Mit dem Boot sollten es eigentlich nur ein paar Minuten sein über den Fluss, es könnte ein schöner Tagesausflug werden. Mich kostet das Übersetzen etwa fünf Stunden in einfache Richtung. An der Grenzabfertigung in Kinshasa dauert es Stunden, bis alle Formulare ausgefüllt und Gebühren gezahlt werden. Es scheinen mit jeder Stunde mehr zu werden, irgendwann lässt sich nicht mehr sagen, welche Gebühr sich die Zöllner ausgedacht haben und welche es wirklich gibt. Genau das ist auch das Ziel. Der Wartesaal ist heiß und stickig, die Leute nahe dem Wahnsinn, ein betrunkener Soldat versucht, mir den Rucksack wegzureißen.

Einmal auf dem Boot ist man in ein paar Minuten über den Fluss in Brazzaville, wo einen freundliche Zollbeamte begrüßen. Einer versucht es zaghaft mit einer ausgedachten Gebühr für die Fotos, die man angeblich gerade vom Hafen gemacht habe. Da ich aber nicht einmal mein Telefon heraus geholt habe, weigere ich mich standhaft. Der Zöllner gibt rasch und verschämt lächelnd auf. Das Erpressen und Ausnehmen können sie auf der anderen Seite eben doch besser.

»Die da drüben glauben, alles besser zu können, dabei sind sie die schlimmste Bananenrepublik überhaupt«, sagt Antoine, ein 22-jähriger Student, der auch mit dem Boot herübergekommen ist in seine Heimatstadt Brazzaville. »Die glauben, uns in allem dominieren zu können, in der Musik, mit ihren Fernsehsendern, und dann nehmen sie uns auch noch die Jobs weg.« So sieht es Antoine. Vor etwa zehn Jahren habe der kleinere Kongo Tausende Arbeiter aus dem großen Kongo zurück über den Fluss gescheucht, manche einfach ins Wasser getrieben. Nicht sehr schön sei das gewesen, aber manchmal eben notwendig. »Wir lassen nicht alles mit uns machen, wir wollen nicht so werden wie die.«

Nach seiner Schilderung ist Kinshasa ein riesiger Moloch, in dem sich die löchrigen Minibusse durch den Stau quälen, der Verkehr nicht einmal durch Ampeln geregelt werde. In Brazzaville hingegen sei die Zivilisation schon lange angekommen, es gäbe grüne moderne Taxis, über die Boulevards wehe der Duft von frischen Croissants.

Ganz falsch ist das nicht, nur hat es eben die Welt da draußen noch nicht mitbekommen. Noch nicht einmal die Nachbarn auf der anderen Seite.

Immer mal wieder versucht die Regierung der Republik deshalb, gewisse Zeichen zu setzen. Als in Kinshasa ein paar Hochhäuser in den Himmel wuchsen, baute man in Brazzaville gleich das höchste Gebäude Zentralafrikas, den 106 Meter hohen Tour Nabemba, benannt nach dem höchsten Berg des Landes. Weil sich die Strahlkraft mit den Jahrzehnten aber etwas abnutzte, setzte der kleinere Kongo noch einen drauf und baute eine Corniche, eine schöne Uferstraße entlang des Kongo, deren einziger Zweck es ist, ihre Schönheit den Nachbarn gegenüber zu präsentieren, 24 Stunden am Tag.

Höhepunkt der Corniche ist eine 2500 Meter lange Brücke, die aber keineswegs über den Kongo-Fluss führt. Die sehr große Konstruktion überspannt nur einen sehr kleinen Zustrom, der kaum auszumachen ist, verläuft aber ansonsten parallel zum großen Kongo-Fluss. Sie dient vor allem dem Zweck, den Nachbarn zu zeigen, dass Brazzaville eine Brücke besitzt und das viel größere Kinshasa nicht. Damit das da drüben nicht vergessen wird, wird die Brücke bis spät in die Nacht beleuchtet, mit einem Feuerwerk der Farben, so als ob jeden Tag Silvester wäre.

Joseph Kabila, der langjährige Präsident der Demokratischen Republik Kongo, hatte das Feuerwerk direkt vor der Nase, vom Präsidentenpalast aus ist es schier unmöglich, die Brücke zu übersehen. Irgendwann schien er genug zu haben und kündigte an, nun auch eine Brücke haben zu wollen, eine richtige, über den ganzen Fluss zu den Nachbarn in Brazzaville. Die waren erstaunt, sagten aber zu, das Vorhaben angehen zu wollen. So nahe waren sich die getrennten Zwillinge schon lange nicht mehr.

Die beiden Staaten haben eigentlich eine gemeinsame Geschichte, sie sprechen dieselben Sprachen und essen dasselbe Essen. Sie wurden nur bei der Geburt getrennt, von den europäischen Kolonialisten auseinandergerissen. An beiden Ufern des Kongo existierte viele Jahrhunderte das Königreich Kongo, ein Staat, in dem es eine Verwaltung gab und einigermaßen feste Grenzen. Ein Reich, das seinen Bürgern lange einen festen Lebensraum gab. Bis die Kolonialisten kamen. Der belgische König Leopold II. machte den großen Kongo zu seinem Privatreich, ließ die Menschen auf den Kautschukplantagen sich zu Tode arbeiten und ihnen die Arme abhacken, wenn sie das Tagessoll nicht erfüllten. Die Franzosen schnappten sich, was übrig blieb, die andere Seite des Flusses.

Beide Staaten wurden 1960 unabhängig und schauen seither recht unterschiedlich auf diese Unabhängigkeit zurück. Es geht dabei auch um die Frage, wie Länder in Afrika mit ihrer Geschichte umgehen, die ihnen geraubt wurde. Sie leben in Staaten und Grenzen, die von Europäern erfunden wurden. Wie also schafft man etwas Eigenes? Im großen Kongo haben sie die Straßen umbenannt, die an die belgischen Herren erinnerten. Hinter dem Nationalmuseum liegt die Statue des belgischen Königs im Gebüsch, so als wollte man allen deutlich machen, dass dieser Mann auf den Müllhaufen der Geschichte gehört und nicht in ein Museum.

Auf der anderen Seite des Flusses sind sie genau den umgekehrten Weg gegangen, haben dem kolonialen Entdecker ein Mausoleum gebaut. Genau dort, wo früher ein Müllhaufen lag. Pierre Savorgnan de Brazza steht als Statue vor seinem eigenen Grab, er sieht ein wenig so aus, als hätte ihn jemand mit Lawrence von Arabien verwechselt. Brazza war der Namensgeber der Stadt, ein junger Italiener aus adeligem Hause, der Verbindungen nach Frankreich hatte, zur See fuhr und sich anbot, den Kongo zu vermessen. Aus dem Vermessen wurde eine Landnahme, die lokalen Könige mit ein paar Perlen abgespeist. Dennoch wird er von manchen im kleinen Kongo bis heute als eine Art Gentleman-Eroberer verehrt, der nicht so brutal war wie viele andere. Für die Bevölkerung machte es wenig Unterschied, sie wurde letztlich versklavt. Brazza kam zumindest noch einmal zurück in die Stadt, die nach ihm benannt wurde, und schrieb einen detaillierten Bericht über die Grausamkeiten der französischen Kolonialherren.

Zu seinem 100. Geburtstag ließ die Regierung Brazza und seiner Familie das Mausoleum bauen. Ein großer Klotz mit griechischen Säulen. Es wirkt wie der hilflose Versuch, sich selbst etwas Geschichte zurückzugeben und dem Nachbarn über dem Fluss zu zeigen, dass man überhaupt eine hat. Sonderlich gut besucht ist das Mausoleum nicht. Antoine hatte schon erzählt, dass viele in der Republik Kongo das Geld lieber für etwas Sinnvolleres ausgegeben hätten. Andere, so sagte er, fürchten sich, dort von den Geistern der Kolonialherren infiziert zu werden.

Ruanda

Wie daheim. Ruanda ist die Schwäbische Alb Afrikas. Alles ist sauber, alle sind pünktlich. Nicht mal den Rasen darf man betreten. Ist das überhaupt noch Afrika?

Einwohner: 12 Millionen
Wirtschaftswachstum: 8,6 Prozent
Unabhängkeit: 1962
Anzahl chinesischer Restaurants: 15. Vom Restaurant *Bamboo Rooftop* sieht man über die ganze Stadt.
Nationalgericht: Ibihaza, gegarte Kürbiswürfel mit Bohnen.
Das sollte man gesehen haben: Das Ufer des Kiwu-Sees.
Das muss man wissen: Ruanda war 1994 Schauplatz des Völkermords der Hutu an den Tutsi. Heute ist es eines der sich am schnellsten entwickelnden Länder Afrikas.
Darüber spricht das Land: Unter dem autokratischen Regime wird nur das Nötigste gesprochen.

»Tritt nicht auf den Rasen«, sagt ein Mann mit unfreundlicher Stimme vor einem großen Bürogebäude in Kigali und schiebt noch hinterher: »Getränke dürfen nicht mit hineingenommen werden.« Grimmig schaut der Mann mir dabei zu, wie ich meine Cola in einen Mülleimer werfe. Herrlich, denke ich, das ist ja fast wie daheim. Ich komme aus einer Stadt am Rande der Schwäbischen Alb, in der es manche Leute bedauern, dass sie die Kehrwoche nach sieben Tagen an die Nachbarn weitergeben müssen.

Ruanda ist ein wenig so, als sei die Schwäbische Alb in Afrika gelandet: Da sind die grünen Hügel und die Menschen, die nicht sehr viel lachen und nicht besonders viel feiern, sondern früh ins Bett gehen, damit man am nächsten Morgen pünktlich zur Arbeit kommt. Da sind die strengen Regeln, die Straßen der Hauptstadt Kigali sind immer sauber, das Parkverbot wird eingehalten, in der Öffentlichkeit essen gilt als verpönt. Am Flughafen wird das Gepäck nach Plastiktüten durchsucht, die in Ruanda verboten sind.

Bei Ruanda denken die meisten in Europa immer noch zuerst an den Völkermord – nicht oft in der Weltgeschichte sind so viele Menschen in so kurzer Zeit gestorben. Bis zu einer Million Tutsi wurden 1994 von der Hutu-Mehrheit mit Macheten die Glieder und Köpfe abgehackt: ein Völkermord von nur rund 100 Tagen.

Wenn man heute durch Kigali fährt, sieht man Frauen in den Parks und an den neuen Straßen, die mit kleinen Macheten Büsche und Bäume stutzen. Nirgends entspricht der Kontinent so wenig dem Bild, das man im Westen von ihm hat. Ordentlich, fleißig, alle haben zu tun, die Wirtschaft wächst seit Jahrzehnten mit acht Prozent oder mehr, vom Flughafen Kigali hebt die nationale Fluggesellschaft RwandAir mit neuesten Maschinen ab. Wenn ein Ruander laut wird, schauen sich seine Mitbürger um und fragen ihn, ob er zu lange im Ausland war.

Kigali ist eine Stadt ohne Slums, weil Staatspräsident Paul Kagame sie einfach verboten hat. Genauso wie er Plastiktüten verboten hat, barfuß zu laufen und aus dem Strohhalm zu trinken. Und nun hat Kagame eben den Import von Altkleidern verboten.

Afrika ist ein Kontinent, in dem vieles von dem landet, was Europa nicht mehr braucht. Es fahren Busse herum, die noch die Aufschriften von Metzgerbetrieben aus dem Münsterland haben. Auf den Märkten werden Kopfschmerztabletten aus Italien verkauft, die ihr Haltbarkeitsdatum überschritten haben. In Accra türmt sich der gigantische Elektroschrott Europas, im Kongo fliegen die alten russischen Flugzeuge. Und in jedem Land kaufen die meisten Bürger die abgelegte Kleidung des Westens. Wie arme Verwandte.

»Es ist auch eine Frage des Stolzes«, sagt Linda Mukangoga. Ich treffe mich mit ihr in der Lobby des *Marriot*-Hotels, was ihr Vorschlag war. Es ist eines der neusten, luxuriösesten und auch teuersten Hotels des ganzen Kontinents. »Schön nicht«, sagt Mukangoga. Sie hat mit einer Freundin das Fashionlabel Haute Baso gegründet, mit einer kleinen Boutique in der Hauptstadt und Geschäften in Europa, die ihre Mode verkaufen. Normalerweise geht Kleidung nur den umgekehrten Weg. Viele Menschen in Ruanda würden glauben, dass sie sich neue Kleider generell nicht leisten können, sagt Mukangoga. Das müsse aber nicht so sein. Ihr Label ist Teil einer »Made in Ruanda«-Kampagne, mit der die Regierung die eigene Industrie stärken will. Deshalb wurden die Kleiderimporte verboten.

Es ist ein unerhörter Vorgang, denn ein afrikanischer Staat sagt dem Westen, wir wollen eure Spenden nicht mehr. Wir wollen unsere Kleider tragen, aus unseren Fabriken. Es geht um Stolz und auch um Geld. Es geht um die Frage, wie sich Afrika entwickeln kann und nach wessen Regeln.

Für viele Menschen in Europa ist der Gang zum Altkleidercontainer eine gute Tat. Für die Regierung in Ruanda in Ostafrika sieht die Sache anders aus. »Für uns hat es höchste Priorität, unsere eigenen Produkte herzustellen«, sagt Präsident Paul Kagame. Drei Viertel aller verkauften Kleider in Ruanda sind gebrauchte Importe, es sind Importe, die viel billiger sind, als es in Ruanda neu hergestellte Ware jemals sein könnte. Nur ohne Einfuhren, sagt Kagame, hat die eigene Industrie eine Chance. Mit der Textilindustrie begann einst der Aufstieg Europas und auch Asiens. Jetzt soll er in Afrika gelingen. Zwei Textilfabriken gibt es bisher in Ruanda, die eine hat vor allem Polizeiuniformen im Angebot. Dutzende sollen es bald werden.

Eine Fabrik wird Linda Mukangoga niemals bauen für ihr Label, sie arbeitet mit lokalen Handwerkern zusammen, fast 250 schneidern für sie, nähen Kleider, weben Stoffe und fertigen Taschen. Je nach Bedarf. Auf allen steht das Etikett: »Made in Rwanda«, das früher nur für den Völkermord stand, heute aber den Aufbruch einer ganzen Nation symbolisieren soll.

So hat sich das die Politik ausgedacht, hier oben auf den Hügeln der Stadt in einem der großen Ministerien, in das man einfach so hineinspazieren kann. In den langen Fluren treffe ich auf junge, ehrgeizige Leute, die in kleinen Büros sitzen oder auf dem Flur zusammenstehen. Es ist ein Kontrast zu vielen anderen afrikanischen Ländern, in denen die Minister ihre halbe Verwandtschaft zu Mitarbeitern machen, die Büros aber verwaisen. Ruanda hat eine der effektivsten Verwaltungen des Kontinents, deren Mitarbeiter oft als Technokraten bezeichnet werden, was etwas abschätzig klingt. Sie arbeiten aber an einem großen Plan.

Schon vor 20 Jahren, kurz nach dem großen Morden, hat die Regierung die »Vision 2020« entworfen. Auf 31 Seiten wurde damals ein neues Ruanda skizziert: die Transformation des armen Agrarstaates in ein modernes Land. Aus Bauern sollten

Arbeiter, aus Studenten die Mittelschicht werden. Und aus Altkleidermärkten: eine eigene Textilindustrie.

Singapur und China sind die großen Vorbilder, Länder, die als Billigwerkbänke des Westens angefangen haben, nun aber selbst wohlhabend geworden sind, zu teuer für die Billigproduktion. In China verdient ein einfacher Arbeiter in einer Textilfabrik heute 500 Euro im Monat, in Afrika ein Fünftel davon. Eine Chance für den Kontinent. Länder wie Äthiopien locken schon seit Jahren die großen Hersteller an, H&M und Tchibo lassen dort produzieren, Zehntausende Jobs entstehen.

»Wir sollen das Beispiel sein, dass es funktioniert«, sagt Malou T. Jontilano. Sie steht in einer großen Halle voller Nähmaschinen auf einem Hügel über Kigali. Die Regierung hat hier eine *Special Economic Zone* eingerichtet, einen riesigen Gewerbepark. Innerhalb eines Tages, so das Versprechen der Behörden, bekommen die Investoren alle notwendigen Genehmigungen. »Die Regierung ist sehr gut zu uns, alles funktioniert«, sagt Jontilano. Sie ist Ende vierzig, eine zähe Frau aus den Philippinen, seit fast drei Jahrzehnten ist sie unterwegs, als eine Art Söldnerin der Textilindustrie, die dort Fabriken aufbaut, wo es gerade am billigsten ist. Eine Art globale Drückerkolonne.

Sie war in China, Ägypten, Bangladesch, Kambodscha, Äthiopien, Kenia und Madagaskar, in insgesamt 24 Ländern, es ist ein großer Wanderzirkus. Vor vier Jahren hat sich ihre chinesische Firma C&H hier in Ruanda niedergelassen, sie haben eine Halle gebaut, ein paar Maschinen hingestellt und die Arbeiter trainiert, ein paar Monate später wurden die ersten Waren in die ganze Welt verschickt, Hosen nach Amerika, Jacken nach Deutschland, wo der Discounter KiK zu den Kunden gehört. Für viele ist die Kette ein Feindbild, ein Symbol dafür, was schief läuft im globalen Kapitalismus, der Wegwerfkleidung zu Dumpingpreisen produziert. Der immer dorthin zieht, wo es kaum Arbeitnehmerrechte gibt, und dann schnell die Zelte abbaut, sobald gerechte Löhne gezahlt werden müssen. Es ist Kleidung, die nach Unrecht riecht.

Es gibt aber auch die afrikanische Perspektive. Eine Näherin verdient nach Angaben des Kleidungsherstellers C&H Garments 80 US-Dollar im Monat plus Essen und Transport. Viel Geld in einem armen Land, das aus Sicht der Regierung eben irgendwo anfangen muss. Sie sagt letztlich: Europa ist auch mit Manchester-Kapitalismus groß geworden. Und nicht mit dem Bioladen.

»Im Textilbereich können Sie schnell viele Arbeitsplätze schaffen«, sagt Malou T. Jontilano, »auch wenn viel automatisiert wird, ist es eine arbeitsintensive Branche. Wenn wir hier in Ruanda funktionieren, werden auch andere kommen.« Die ersten Jahre sind sehr gut gelaufen, die erste Fabrik von C&H hat 400 Angestellte, die zweite, in der sie gerade steht, schon 1000 und die dritte, die bald fertig wird, noch einmal 1500. Es sei eigentlich ganz einfach, sagt die Managerin: Die Qualität muss stimmen, der Preis und die Lieferzeiten.

Es gibt keine Loyalität zu einem Land oder einer Gesellschaft. Es ist eine Industrie der Tagelöhner, wer nicht spurt, fliegt raus und braucht am nächsten Tag nicht mehr zu kommen. An den Toren vor der Fabrik in Kigali sitzen die Leute auf den Bordsteinen, es gibt immer jemanden, der den anderen ersetzen kann.

Sorgen macht Jontilano allerdings das geplante Verbot der Secondhandkleidung und der drohende Handelskrieg mit den USA. In den USA sitzt die Secondary Materials and Recycled Textiles Association, eine Lobbygruppe, deren Mitglieder gut verdienen mit dem Export von Secondhandkleidung, auf etwa 100 Millionen Euro wird der Umsatz der USA und Europas mit Ruanda geschätzt. Die Kleidung, die im Altkleidercontainer landet, ist keine milde Gabe, sie ist ein Geschäft wie jedes andere. Etwa eine Million Tonnen werden in Deutschland jährlich gesammelt, gemeinnützige Vereine können ihr Logo auf die Container kleben lassen und bekommen dafür eine Lizenzgebühr. Textilhändler lassen die Kleider in Osteuropa zu Billiglöhnen sortieren und verschiffen sie dann nach Asien und Afrika, für die Tonne bekommen sie bis zu 400 Euro. Es ist ein Geschäft, das in Afrika die ganze Textilindustrie ruiniert hat.

Auch, weil viele Afrikaner gerne europäische Secondhandware kaufen, große Auswahl, guter Preis. Habumgugisha Claude hat einen lilafarbenen Blazer im Angebot, eigentlich für Frauen, aber man könnte ihn sich auch als Mann mal genauer anschauen, jetzt, da man schon einmal hier ist.»Guter Preis«, sagt Claude, ein kleiner, drahtiger Mann, er hält den Blazer in die Luft und nennt eine Summe in ruandischen Franc mit vielen Nullen, umgerechnet acht Euro.»Vielleicht für die Frau zu Hause«, sagt er und lächelt.

Um ihn herum im Markt von Kigali hat sich eine Menge versammelt, viele Verkäufer, die wenige Kunden haben, aber dafür viel Zeit, um zu schauen, ob wenigstens ein Kollege etwas verkauft.»Die Zeiten sind schwer, die Ware wird immer weniger, die Kunden auch«, sagt Claude.»Und ich verstehe immer noch nicht, warum.«

30 Jahre ist er alt, acht davon steht er jetzt schon an diesem kleinen Altkleiderstand, der sein Traum war, ein paar Bretter und ein Spiegel, darauf ein Dutzend Hosen und einige Oberteile.»Meine Leidenschaft«, sagt Habumgugisha Claude. Er hat sich auf Damenkleidung spezialisiert, weil Damen mehr Kleider kaufen als Herren. Aber auch die Frauen bleiben weg, seit die Regierung von Ruanda die Importzölle auf Altkleider immer weiter erhöht hat.

Für Habumgugisha Claude ist sein Beruf außergewöhnlich, obwohl er in Ruanda und ganz Afrika sehr gewöhnlich ist. Seine Waren kauft er beim Großhändler, wo sie in großen Bündeln ankommen, er achtet auf die Farben, auf die Größen. Das lila Jackett bietet er für acht Euro an, bezahlt hat er dafür etwa einen Euro. Der Gewinn von sieben Euro hält ihn ein paar Tage über Wasser. Und dann? »Ich weiß es nicht.«

Der Regierung um den autoritären Präsidenten Kagame sind seine Sorgen vielleicht nicht ganz egal, aber eben nicht so wichtig. Sie will Investoren ins Land bringen, hochwertige Arbeitsplätze schaffen. Auch im Tourismus.

Urlaub im Land der Völkermörder, das scheint für viele Europäer eine gewöhnungsbedürftige Vorstellung zu sein. Wer einmal in Ruanda war, weiß um die Schönheit des Landes, die grünen Berge, die Ufer des Kiwu-Sees. Der Lonley Planet hat das Land immer wieder auf die Liste der Länder gesetzt, die man gesehen haben muss. Für Urlauber ist ja alles da: Es gibt aus vielen europäischen Hauptstädten Direktverbindungen, sehr gute Hotels und Restaurants. Und vor allem gibt es die einmalige Chance, Berggorillas zu sehen, von denen es nur noch wenige gibt auf der Welt. Aber für viele ist die Hürde immer noch zu hoch. Weshalb sich die Regierung entschieden hat, auf den Trikotärmeln des FC Arsenal zu werben, drei Jahre lang ist dort nun »Visit Rwanda« zu lesen, für geschätzte 35 Millionen Euro. Als ich 2018 in der SZ darüber berichte, bekomme ich so viele Reaktionen wie sonst fast nie, fast alle sind negativ. Wie können die nur Entwicklungshilfe zum Fenster rauswerfen, schreiben Leser in den sozialen Medien. In England tobt die Boulevardpresse, das Geld solle besser dazu benutzt werden, hungernde Kinder zu retten, die es in Ruanda aber gar nicht gibt. Es wirkte so, als hätte Afrika gefälligst arm zu bleiben. »Jeder, der unseren Vertrag mit Arsenal kritisiert, weil wir ein armes Land und Empfänger von Hilfsgeld sind, will entweder, dass wir arm bleiben, oder versteht nicht, dass in jeder Branche die Kosten für Marketing ein normaler Teil der Geschäftsausgaben sind«, sagt Clare Akamanzi, die Geschäftsführerin der staatlichen Entwicklungsagentur. Ruanda ist ein Land mit einem Plan, ob er aufgeht, wird sich zeigen. Anschauen sollte man es sich aber einmal.

Sambia

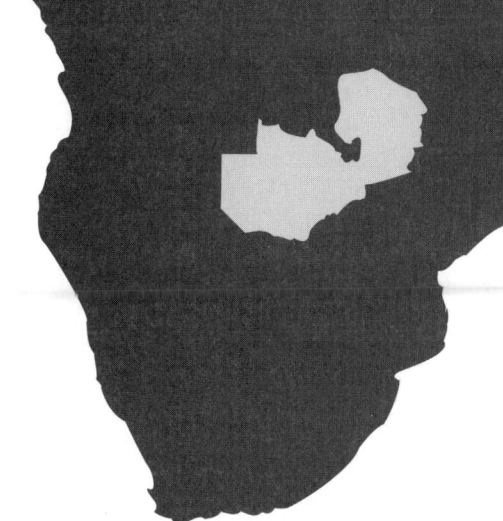

Nirgendwo in Afrika
gibt es so viele Chinesen,
das gefällt nicht allen.

Einwohner: 18 Millionen
Wirtschaftswachstum: 3,5 Prozent
Unabhängigkeit: 1964
Anzahl chinesischer Restaurants: Mehr als 40.
Nationalgericht: Ifinkubala, frittierte Raupen mit Tomaten und Zwiebeln.
Das sollte man gesehen haben: Die Victoriafälle.
Das muss man wissen: Der Erste Weltkrieg ging eigentlich in Sambia zu Ende, hier kapitulierten die deutschen Truppen zwei Wochen nachdem in Europa bereits der Waffenstillstand unterzeichnet war.
Darüber spricht das Land: Werden wir bald von China regiert?

Da drüben, sagt der Taxifahrer, da drüben habe er gerade wieder einen gesehen. »Das ist doch verrückt«, meint er, »was machen die in unseren Armeelastern?« Die, das sind die Chinesen – dass es welche gibt in Lusaka, der Hauptstadt Sambias, ist nicht das Verrückte. Das Interessante ist, wie viele es sind und wie groß ihr Einfluss ist. »Sie sind dabei, unser Land zu übernehmen«, ruft der Taxifahrer. Jeden Tag sehe er Chinesen, die in Armeelastwagen hocken oder sie gleich selbst fahren, die in Polizeiautos vorne sitzen und schauen, als seien sie selbst staatliche Ordnungshüter. »Das geht zu weit«, sagt der Fahrer. Die Frage ist, ob sich die Entwicklung überhaupt noch zurückdrehen lässt.

Kein anderes Land der Welt ist auf dem afrikanischen Kontinent so präsent wie China. Es passiert so gut wie nie, dass man in einem Flugzeug sitzt, in dem keine Chinesen sind. Aus keinem Land kommen so viele Kredite, Arbeiter und Projekte. In Äthiopien und Kenia haben die Chinesen große Eisenbahnlinien gebaut. In Mosambik eine riesige Brücke und in Sierra Leone Straßen. Im Gegenzug bekommen sie besonders günstigen Zugang zu Rohstoffen, zu Öl und seltener Erde und Gold. Zu allem, was ihre stetig wachsende Volkswirtschaft so braucht. Europa sieht Afrika im Großen und Ganzen eher noch als Kontinent, dem geholfen werden muss, wohin man Entwicklungshelfer schickt. Aus China kommen Geschäftsleute und Baufirmen, die mit Wohltätigkeit eher nichts zu tun haben, die Geschäfte machen wollen. Die also Afrika auf der einen Seite auf Augenhöhe beggenen, die ihr Gegenüber als Geschäftspartner sehen, nicht als Hilfsempfänger. Die aber auch oft Länder in die Schuldenfalle treiben. Aber vielleicht doch mehr Fortschritt hinterlassen, größere Infrastrukturprojekte als Europa mit seiner Entwicklungshilfe, die dort mal einen Brunnen baut und hier ein kleines Konfliktlösungsseminar abhält, die aber Afrika in Jahrzehnten nicht so dramatisch verändert hat wie das chinesische Engagement in wenigen Jahren. Wohl nirgends kann man die Vor- und Nachteile dieses Engagements so gut beobachten wie in Sambia.

Sie haben es sich heimelig gemacht. Das Neonlicht strahlt so stark, dass man blinzeln muss, wenn man das chinesische Restaurant in Lusaka betritt. Der große Raum sieht aus, als wäre er gerade erst spontan mit Plastikstühlen ausgestattet worden, dabei gibt es das Lokal schon viele Jahre. Das Hotel daneben wirbt damit, sowohl ein Casino zu besitzen als auch Tischtennisplatten, was auch schon das Freizeitverhalten der chinesischen Community in Sambia beschreibt, die zu den größten in Afrika gehört. Aber jetzt wollen die Chinesen eher unter sich sein, Fragen zum Leben in Sambia werden nicht beantwortet. »Es ist kein guter Zeitpunkt«, sagt ein Mann nur.

Es hat sich etwas zusammengebraut in den vergangenen Monaten in Sambia, wo sich immer mehr Bürger fragen, wem das Land eigentlich gehört. Überall in der Hauptstadt sind chinesische Restaurants und Hotels zu sehen, in denen all die essen und schlafen, die auf den vielen Baustellen arbeiten, auf denen chinesische Firmen mit chinesischen Arbeitern und Krediten Straßen und Krankenhäuser bauen, den Flughafen und ein riesiges Stadion. Ein Land modernisiert sich, so sieht es die Regierung in Lusaka. Nur, zu welchem Preis?

Es ist nicht neu, dass China in Afrika riesige Infrastrukturprojekte baut. Neu sind das Misstrauen und die Skepsis, die den Investoren aus Fernost entgegenschlagen.

»Viele Straßen sind aber leider wie Kaugummi, sie werden weich in der Sonne«, sagt Jimmy Maliseni von der Organisation Alliance for Community Action, die gegen die Verschwendung öffentlichen Geldes kämpft. »China ist sehr destruktiv. Wer profitiert außer den chinesischen Unternehmen und unseren Politikern? Wir haben als Bürger nur wenig Vorteile. Wir denken jetzt, dass wir etwas entwickeln, aber in zehn Jahren müssen wir alles reparieren.«

Nach einer Studie der Weltbank zahlte Sambia für einen Straßenkilometer 360.000 US-Dollar an chinesische Firmen – das Doppelte des afrikanischen Durchschnittes. Auch beim großen Flughafen und der Fußballarena mit mehr als 50 000 Plätzen fragen Kritiker, wem dies mehr nutze, den Sambiern oder den Chinesen. »Rücksichtslose Propaganda« nennt Sambias Präsident Edgar Lungu solche Kritik.

Die Opposition sieht das anders und kritisiert, dass bei den chinesischen Projekten nur 20 Prozent der Arbeiter Einheimische sind. »Die Konstruktion der Projekte ist meist überteuert, die Qualität minderwertig, der Gewinn geht nach China«, sagt der Bürgerrechtler Maliseni. Andere in Sambia sind nicht so unzufrieden, die Chinesen bauen zurzeit ein großes Krankenhaus und kündigen weitere Projekte an. Im Herbst 2018 hatte die chinesische Regierung zum China-Afrika-Gipfel nach Peking geladen und weitere 60 Milliarden US-Dollar an neuen Krediten für Afrika angekündigt.

Über die Rückzahlung wird nicht so offensiv gesprochen. Im Falle von Sambia sind alle Kreditverträge geheim. Auch die Gesamtverschuldung bleibt unklar. Offiziell beträgt sie 18,2 Milliarden US-Dollar, das Land gibt 20 Prozent seines Haushaltes für Kreditrückzahlungen aus. Ein dramatischer Anstieg, erst im Jahr 2005 waren Sambia von den westlichen Geldgebern alle Schulden erlassen worden.

Dass China seinen Schuldnern ähnliche Milde gewährt, ist unwahrscheinlich. Auch in Afrika hat der Fall Sri Lankas für Schlagzeilen gesorgt, das seinen Verpflichtungen gegenüber Peking nicht nachkommen konnte, weshalb China nun für 99 Jahre die Pacht für einen riesigen Hafen gehört. In Sambia berichteten Zeitungen, dass China bei einem Zahlungsrückstand den staatlichen Energieversorger und den Flughafen übernehmen werde, was beide Seiten dementierten. Eine chinesische Firma hat über ein Joint Venture aber bereits 60 Prozent des Staatsfernsehens übernommen, für die Laufzeit eines Kredites über 25 Jahre. Entsprechend freundlich ist nun die Berichterstattung. Die staatlichen Zeitungen drucken regelmäßig Artikel in Mandarin. Immer wieder werden Grundstücke an Chinesen verkauft, teilweise auch welche, auf denen Schulen oder andere öffentliche Gebäude stehen. »Wem gehört das Land?«, fragten Demonstranten, die im September 2018 durch die Hauptstadt Lusaka zogen, manche trugen T-Shirts mit dem Aufdruck: *#sayno2China*. Andere Oppositionsgruppen geben vor allem der Regierung die Schuld an der derzeitigen Lage, die China erst die weitreichenden Möglichkeiten eröffne.

Sambia gehörte lange zu den Musterländern Afrikas. Seine Armee hat noch nie einen Krieg geführt, die Wahlen sind meist einigermaßen frei und fair. Die Wirtschaft wuchs lange im Rekordtempo, in Lusaka werden überall neue Einkaufszentren gebaut, europäische Autofirmen eröffnen Filialen. Es ist ein riesiges Land, mehr als doppelt so groß wie Deutschland. Eine faszinierende Landschaft mit der sandigen Kalahari und dem Quellgebiet des Sambesi. Es gibt die Bangweulusenke, ein riesiges Feuchtgebiet, und die Victoriafälle.

Lusaka wirkt trotzdem wie ein Dorf, groß, aber sehr entspannt, das Klima auf 1250 Metern ist angenehm. Außer in Simbabwe habe ich bisher nirgendwo so freundliche Menschen getroffen. Im Restaurant oder in einer Bar sitzt man nie lange allein. Viele Ausländer der Hilfsorganisationen sind weitergezogen, das Land konnte seine Abhängigkeit von der Entwicklungshilfe drastisch reduzieren, von 57 Prozent 1995 auf fünf Prozent im Jahr 2010. Dann aber fiel der Kupferpreis dramatisch, dessen Export etwa 80 Prozent aller Ausfuhren ausmacht. Seitdem steigen die Verschuldung und die Zahl der

Geschäfte, bei denen die Opposition einen hohen Anteil an Korruption vermutet. Mehr als 40 Feuerwehrfahrzeuge wurden zu stark überhöhten Kosten in Europa bestellt. Militär und Regierung kaufen Flugzeuge, deren Verwendung unklar ist. Für einen Jet des Präsidenten wurde ein Raketenabwehrsystem geordert, obwohl Sambia gar nicht bedroht wird. Finnland, Schweden und Großbritannien haben Teile ihrer Entwicklungshilfe eingefroren, weil viel Geld verschwand, das als Unterstützung für die Ärmsten vorgesehen war.

»Unsere Politiker haben keine Agenda, außer mehr Geld für sich zu bekommen. Wir haben uns so viel Geld geliehen, aber niemand weiß, wo es ist.« So sieht es Pilato, 34, einer der bekanntesten Musiker Sambias, der Korruption und das Wirken Chinas immer wieder thematisiert – und dafür im Gefängnis landete. Anfang des Jahres 2018 tauchte er monatelang in Südafrika unter, weil es Drohungen gegen ihn gab. Als Treffpunkt für das Gespräch hat er die kleine Klinik eines Freundes vorgeschlagen, hinter einer hohen Mauer mit Stacheldraht. »Ich spreche für Leute, die nicht repräsentiert sind in der nationalen Debatte. Ich spreche für die Leute, die arm sind, weil unsere Ressourcen veruntreut werden.«

Letztlich singt er vor allem. Von einer »Ratte«, die immer mehr Geld will; von Ministern und ihrem Luxus. Er zeigt aber nicht nur mit dem Finger, sondern fragt auch, wieso das Land die Falschen an die Spitze wählt. »Unsere Führer kommen nicht aus dem Nichts, es ist unsere Gesellschaft, die solche Führer produziert. Wenn wir einen aus dem Amt jagen, kommt der Nächste. Wir als Gesellschaft müssen uns hinterfragen. Warum sagen wir den Politikern nicht: ›Du darfst das nicht haben, du bist korrupt.‹? Unsere Gesellschaft nimmt die, die Geld haben.«

Die Frage ist, woher das Geld künftig kommt. Bisher waren es vor allem die Rohstoffe, die Sambia Einnahmen gebracht haben. Der Tourismus könnte eine größere Rolle spielen. Weshalb die Regierung auf die Idee gekommen ist, seine Kolonialgeschichte stärker zu vermarkten.

Aus europäischer Sicht endete der Erste Weltkrieg in einem Eisenbahnwaggon im Wald von Compiègne, wo Reichsminister Matthias Erzberger am 11. November 1918 für Deutschland den Waffenstillstand unterzeichnete. Aus afrikanischer Sicht endete der Krieg erst zwei Wochen später, an einem Kreisverkehr im Norden Sambias. Dort akzeptierte Paul von Lettow-Vorbeck, Oberbefehlshaber der Truppen in Deutsch-Ostafrika, am 25. November 1918 den Waffenstillstand, der den Krieg endgültig beendete.

Der General hatte von der Kapitulation in Europa nichts mitbekommen und tagelang weitergekämpft, bis seine Truppen am 13. November von den Briten die Neuigkeiten erfuhren, sie aber erst für eine Finte hielten. Er weigerte sich weiter, einen Krieg zu beenden, in dem es in Ostafrika nur darum ging, die alliierten Truppen zu beschäftigen und von Europa fernzuhalten. Es gab weitere sinnlose Tote in einem an sinnlosen Toten nicht gerade armen Krieg.

Während das Kriegsende in Europa alles änderte, änderte sich in Afrika erst mal gar nicht so viel. Die deutschen Kolonialtruppen gingen, die anderen Kolonialherren teilten sich ihren Besitz auf, ein Unterdrücker löste den anderen ab, das heutige Sambia war lange eine britische Kolonie, dann ein Teil Rhodesiens. Das Ende des großen Krieges wurde schnell vergessen, weil andere Kriege folgten, an die Unterzeichnung des Waffenstillstandes erinnerte nur ein kleiner Steinklotz in einem Kreisverkehr von Mbala, einer Kleinstadt im Norden des früheren Nordrhodesiens, das heute Sambia ist. Eine kleine Tafel erinnert daran, was damals passierte, daneben steht das riesige Schild eines Supermarktes, der für Trockenfisch wirbt. Vergessener könnte Geschichte nicht sein.

Das soll sich nach den Wünschen der sambischen Regierung jetzt ändern, die den Ort, an dem der Erste Weltkrieg wirklich zu Ende ging, touristisch vermarkten möchte. Im Vorfeld des 100. Jahrestages im Jahr 2018 gab es eine kleine Tourismusmesse, die Regierung denkt an Reisende, die gerne Wasserfälle und Flughunde mit den Schlachtfeldern des Ersten Weltkrieges verbinden möchten. Um für das Konzept ein bisschen Werbung zu machen, hatte man auch deutsche Regierungsvertreter eingeladen, was in Berlin aber auf Skepsis stieß. Der Botschafter hat am 100. Jahrestag eine kleine Rede gehalten und dem örtlichen Museum einige Gedenktafeln gestiftet, die das Wirken der deutschen Truppen unter General Lettow-Vorbeck historisch einordnen. Der General wird in Sambia vielleicht nicht unbedingt verehrt, aber von manchen doch als einer gesehen, der den britischen Kolonialisten das Leben schwer gemacht hat, bevor er kapitulieren musste.

Zum Jahrestag hat es eine kleine Parade geben, zum Gedenken an die »gefallenen Helden«, wie es auf der Einladung hieß. Daneben sind Fotos zu sehen von einheimischen Soldaten, die von Deutschen wie von Briten zwangsrekrutiert wurden, aber auch eines von Lettow-Vorbeck in heldenhafter Pose.

In Deutschland wurde Lettow-Vorbeck nach dem Krieg lange als im Felde ungeschlagener »Löwe von Afrika« verehrt, als eine Art Gentleman-Krieger, der seine treuen Askaris nicht im Stich ließ. Es dauerte viele Jahre, bis sich die Einsicht durchsetzte, dass er letztlich ein recht gewöhnlicher Kriegsverbrecher war.

Senegal

Die hohe Kunst des Improvisierens.
Warum es in Afrika kaum Adressen gibt,
man aber doch meist zum Ziel findet.

Einwohner: 16 Millionen
Wirtschaftswachstum: 6,2 Prozent
Unabhängigkeit: 1960
Anzahl chinesischer Restaurants: Zwei.
Nationalgericht: Jollof, Reisgericht mit Tomaten, Zwiebeln und Fleisch oder Fisch.
Das sollte man gesehen haben: Die Aussicht vom Leuchtturm in Dakar.
Das muss man wissen: Das neu eröffnete Museum der schwarzen Zivilisationen in Dakar ist das größte, das die Entwicklung des Kontinents aus afrikanischer Perspektive zeigen will.
Darüber spricht das Land: Wo gibt es das beste Jollof?

Seit zwei Stunden sitze ich in einem Taxi in Dakar, es ist heiß, ich schwitze und verliere die Geduld. Seit zwei Stunden versuchen wir, die Botschaft von Äthiopien im Senegal zu finden, wo ich mein Visum abholen will. Die Botschaft ist in den vergangenen Jahren offenbar mehrfach umgezogen, die Adressen, die im Internet angegeben sind, sind nicht mehr aktuell, die Telefonnummern auch nicht. Also fahren wir, der Taxifahrer und ich, durch die Millionenmetropole Dakar und versuchen, uns zur Botschaft von Äthiopien durchzufragen. Mein Französisch ist zu diesem Zeitpunkt in keinem sehr guten Zustand, das des Fahrers aber auch nicht unbedingt: Alle paar Meter halten wir an, und er beginnt, Passanten anzuschreien: »Ambassade du Tschad?«, ruft er immer wieder. Und immer wieder sage ich ihm, dass ich nach Äthiopien will, und immer wieder fragt er nach der Vertretung des Tschad, bis ich ihn einmal ziemlich anschreie, danach funktioniert es besser, vielleicht hat er tatsächlich Hörprobleme. Nach Stunden treffen wir durch diverse Zufälle auf den Gärtner der Residenz des äthiopischen Botschafters, der uns Folgendes mitteilt: »Die Botschaft selbst ist so oft umgezogen, dass ich auch nicht weiß, wo sie gerade ist.«

Ein paar weitere Stunden später haben wir sie dann doch gefunden, der Taxifahrer und ich sind fast am Weinen, wir umarmen uns tatsächlich. Er sagt noch einmal mit hoher Stimme »Chad« und lacht. Es ist wie so oft in Afrika, der Weg zu einem Ziel ist nicht immer ganz leicht, aber letzlich klappt er eigentlich immer, auch wenn man viele Umwege nehmen muss. Und auf diesen Umwegen trifft man immer auf viel Hilfsbereitschaft, auf Menschen, die bereit sind zu improvisieren, die eigentlich gerade was ganz anderes vorhatten, aber erst zufrieden sind, wenn der Reisende sein Ziel erreicht hat. In Ländern wie Nigeria und dem Kongo geschieht das so gut wie nie umsonst, in vielen anderen schon.

Den Weg von A nach B zu finden ist schwierig, in vielen Ländern gibt es schlicht kein Adresssystem, sind keine Straßennamen vorhanden oder werden schlecht gepflegt. Die Orientierung in großen Städten erfolgt anhand von Punkten, die jeder kennt (»Nach dem *Intercontinental* rechts ...«), in kleineren Orten anhand von Leuten, die jeder kennt (»Nach dem Haus des Imans rechts ...«). Auf den Formularen zur Kontoeröffnung mancher Banken ist unter dem Adressfeld ein großer weißer Freiraum, auf dem ihre Kunden die Lage ihres Hauses einfach aufmalen konnten. Wenn heute ein Afrikaner in Europa ein Päckchen nach Hause verschickt, dann schreibt er oft keine komplette Adresse auf die Sendung, sondern nur den Ort, den Namen und eine Telefonnummer. Wo das Päckchen dann übergeben wird, ist Verhandlungssache. So wie die Menschen in vielen Ländern einen großen Teil ihrer Zeit damit verbringen zu scheinen, jemandem anders zu erklären, wo er hinkommen soll.

Mittlerweile gibt es natürlich auch viele Apps, die sich des Problems der fehlenden Adressen angenommen haben. Auch sind Uber und andere Taxidienste in vielen Ländern präsent, Dienste also, wo eine App dem Fahrer sagt, wo er den Kunden abholen soll und wo er hinwill. Wenn man in Lagos oder Nairobi ein Uber bestellt, bekommt man dann aber oft einen Anruf des Fahrers, der wissen will, wo man sich befindet. Dasselbe passiert, wenn der Fahrer dann da ist, man zu ihm ins Auto steigt. Steht doch auf deiner App, sage ich dann. Was meistens einen bösen Blick des Fahrers zur Folge hat, der beleidigt ist, dass ich mein Wissen um den Zielpunkt und den Weg dorthin nicht mit ihm teile, ihn um ein Schwätzchen betrüge.

In Dakar gab es 2017 noch kein Uber, nur die klassischen Taxis, deren Fahrer sich durchfragen, wenn sie den Weg nicht kennen. Nachdem wir die äthiopische Botschaft gefunden haben, drehen wir noch eine Art Ehrenrunde durch Dakar, das sicher eine der schönsten Städte Afrikas ist. Große Teile liegen auf einem Küstenzipfel, es gibt eine schöne Corniche, an deren Rand riesige Fitnessparks aufgestellt wurden und in der Abendsonne Hunderte an den Geräten trainieren. Surfer hängen in den Wellen, in den Restaurants an der Küste kann man leckeren Fisch und Muscheln essen und den Sonnenuntergang anschauen. Auf einem kleinen Berg steht ein Leuchtturm, dessen Funktion heute vor allem darin besteht, im Erdgeschoss eine Bar mit großer Terrasse zu beherbergen, mit einem Ausblick über die ganze Stadt.

Ein paar Hundert Meter weiter befindet sich das Monument de la Renaissance Africaine, eine 49 Meter hohe Bronzestatue, die aber viel größer wirkt, weil sie auf einem großen Hügel steht. Der ehemalige Präsident Abdoulaye Wade hat während seiner Amtszeit den Auftrag zum Bau gegeben, um das goldene Zeitalter Senegals und ganz Afrikas auszurufen. Man kann an der 2010 fertiggestellten Statue aber umgekehrt auch ganz gut erklären, warum die Zeiten dann doch nicht so glanzvoll sind. Präsident Wade hatte ursprünglich vorgehabt, an den Einnahmen des Eintrittsgeldes persönlich beteiligt zu werden, weil das Ganze ja schließlich seine Idee gewesen sei. Dazu kam es dann aus einer Mischung von früher Abwahl des Präsidenten und verspäteter Fertigstellung doch nicht. Die Bronzestatue, die die Renaissance Afrikas beschwören soll, tut bei genauem Hinschauen eher das Gegenteil, man sieht eine Familie, Mann und Frau mit kleinem Kind, die nach Norden weisen, nach Europa, nicht nach Süden, auf den Rest des Kontinents. Sie zeigen auf den Sehnsuchtsort Europa, dorthin, wohin so viele Senegalesen fliehen. Die geografische Misslichkeit mag auch daran liegen, dass keine afrikanische Firma das Denkmal gebaut hat, das doch so patriotisch sein soll, sondern eine nordkoreanische Kunstbrigade, die seit Jahrzehnten gut im Geschäft ist mit afrikanischen Diktatoren. An Künstlern mangelt es nicht in Afrika, aber oft zählt halt nur das, was aus dem Ausland kommt. So wie der Fahrstuhl auf die Aussichtsplattform, der aber trotzdem nicht funktioniert.

Den vielen Hundert jungen Senegalesen ist das an diesem Tag egal. Sie tollen den Berg hinauf und lassen sich mit der Statue im Hintergrund fotografieren, mit dem Stolz auf dieses riesige Bauwerk ihres Landes im Gesicht.

Am nächsten Tag fahre ich nach Norden, dorthin, wo der Mann auf der Statue hinzeigt, es geht nach Saint-Louis, das manche das Venedig des Senegals nennen. Stundenlang fahren wir über Landstraßen, durch Steppe, die immer wieder von Dörfern unterbrochen wird, die immer gleich aussehen, ein paar Hütten, ein paar Männer, die unter dem Palaverbaum palavern oder dösen. Die Frauen sitzen an der Straße und verkaufen ungeschälte kleine Orangen in Plastiktüten. 20 Frauen stehen nebeneinander, jede hat das gleiche Angebot wie die Frau neben ihr, wenn ein Auto kommt, rennen alle 20 Frauen auf das Auto zu. Ich werde nicht der Erste sein, der sich nach den vielen Stunden mit demselben Schauspiel fragt, was denn wäre, wenn die Frauen mal etwas anderes anbieten würden als die immer gleichen Nüsse und vor allem Orangen. Was wäre, wenn eine mal Obstsalat verkaufen würde oder gepressten Orangensaft? Ich würde zugreifen.

Gepresster Orangensaft würde das Leben in den Dörfern wahrscheinlich nicht grundlegend ändern, aber es wäre ein Versuch, eine Innovation. So machen alle das, was sie immer gemacht haben, was nicht wirklich reicht für ein Leben, mit dem man zufrieden sein kann. Also legen die Verwandten alles zusammen, was sie haben, und schicken einen auf die Reise, der es nach Europa schaffen soll, wo das Gold auf der Straße liegt.

Massamba Fall ist so einer, der losgeschickt wurde, der losgeschickt werden wollte. So wie seine Freunde auch. Vor zehn Jahren haben sie in ihrem Dorf unter dem Baum im Schatten gesessen und gewartet. Darauf, dass einer der Bauern einen Job für sie hat, sei es auch nur für ein paar Stunden. Sie haben darauf gewartet, dass das Leben losging. Es waren lange Stunden, Tage, Wochen, Monate und Jahre. Immer mal wieder haben sie im Fernsehen eine dieser Telenovelas aus Lateinamerika gesehen, mit den dicken Autos und den noch dickeren Klunkern. Es waren Serien aus Mexiko oder Kolumbien, aber für Massamba Fall und seine Freunde im Norden Senegals war das Europa. Der Ort, wo das Geld auf der Straße lag. Sie schauten sich die Serien an und immer wieder zischte einer: »Barsa ou Barsakkh« – »Barcelona oder Tod«.

Zehn Jahre später sitzt Massamba Fall in einer kleinen Halle in Saint-Louis. Über ihm hängt ein großes Plakat mit der Aufschrift: »Es ist besser, sich selbst eine Arbeit zu schaffen, als zu flüchten.« Den zweiten Teil kann Fall nicht mehr umsetzen, beim ersten will er nun sein Bestes versuchen. »Ich würde nie wieder nach Europa gehen. Der Rassismus war furchtbar, es gab keine Jobs, und ich musste mich jahrelang vor der Polizei verstecken.« Es waren zehn Jahre seines Lebens, nach denen er als gemachter Mann zurückkommen wollte, so hatte er es ja den vielen Verwandten versprochen, die das Geld gesammelt hatten für seine Flucht mit dem Boot durch das Meer nach Spanien. Für sie ist er als Versager zurückgekommen, als einer, der es nicht geschafft hat, das Gold einzusammeln, das dort auf der Straße liegt. »Ich konnte nicht mehr«, sagt Massamba. Wäre es nur nach ihm gegangen und nicht nach der Familie, wäre er früher zurückgekehrt. So hat er es zehn Jahre versucht in Spanien. Zehn Jahre lang habe man nachts nach ihm getreten, habe er nie genug gehabt, um etwas nach Hause zu schicken. Die meiste Zeit hat er gefälschte Waren auf der Straße verkauft und ist vor der Polizei weggerannt. Zum Schluss hatte er sogar Papiere und einen Job am Meer, Verleih von Liegestühlen. Weiter ging es nicht. Fall ist nach Hause, obwohl er hätte bleiben können. Er sitzt nun in einem Kurs der Internationalen Organisation für Migration (IOM), die Rückkehrern in ein neues Leben helfen will. Damit sie nicht wieder nach Europa gehen, damit sie hier eine Zukunft haben. 30 Menschen sitzen in einer Turnhalle in Saint-Louis, sie lernen einfachste Methoden der Buchführung, sie lernen, langfristig zu planen. Sie lernen oft das erste Mal im Leben überhaupt, die meisten haben keine Schulbildung. Nach dem Training wollen sie kleine Läden eröffnen oder eine Schneiderei. Es geht auch darum, dass die Teilnehmer in den Augen ihrer Familien keine Loser mehr sind, dass sie irgendetwas vorzuzeigen haben. Massamba Fall möchte einen Laden eröffnen, obwohl es nicht gerade mangelt an kleinen Läden in den kleinen Dörfern. Aber was soll er sonst tun.

Das als Venedig Afrikas geadelte Saint-Louis war früher mal die Hauptstadt der französischen Kolonien in Westafrika, es gibt ein paar sehr schöne Straßenzüge, der Fluss Senegal, der dem Land seinen Namen gab, fließt hier ins Meer, trennt eine kleine Insel vom Festland ab, was schon für den Vergleich mit Venedig reichte. Im Wasser staut sich der Plastikmüll, an den Ufern türmen sich die Boote der Fischer, die kaum noch Fische finden, seitdem chinesische Fischfabriken die Meere leer fischen.

»Gott hat mein Schicksal in den Händen, ich kann selber eh nichts tun«, sagt der frühere Flüchtling Massamba Fall. Er lacht dabei, er ist wieder zu Hause und wird seinen Freunden davon erzählen, was es trotz allen Problemen heißt, eine Heimat zu haben.

Auf dem Rückweg nach Dakar fahre ich am neuen Flughafen vorbei, der schneller fertig geworden ist als der in Berlin. Daneben wird eine neue Stadt gebaut, in die die Regierung aus dem engen Dakar ziehen soll, eine Eisenbahn entsteht und Industrieparks. Womöglich ist das tatsächlich der Beginn der Renaissance im Senegal.

Sierra Leone

In Gottes Hand. Auf einem
chinesischen Motorrad unterwegs
zu den Diamantenminen im Urwald.

Einwohner: 7 Millionen
Wirtschaftswachstum: 3,7 Prozent
Unabhängigkeit: 1961
Anzahl chinesischer Restaurants: Eins.
Nationalgericht: Palaver Sauce, ein Eintopf aus Fisch und Cassava-Blättern.
Das sollte man gesehen haben: Die alten Holzhäuser in der Innenstadt von Freetown mit Blick auf die Lagune.
Das muss man wissen: Der Name des Landes stammt noch von portugiesischen Entdeckern und bedeutet Löwengebirge, in dem es aber keine Löwen mehr gibt.
Darüber spricht das Land: Alle fluchen auf die Chinesen, die an vielen Straßen Mauthäuschen aufgebaut haben – mit der Maut aber kaum die Straßen instand setzen.

Als wir in Nairobi losgeflogen sind, sagte die junge Frau, das könne ja heiter werden, das Flugzeug sehe ja nicht gerade vertrauenswürdig aus. Es war eine recht neue Maschine von Kenya Airways. Bei der Zwischenlandung in Ghana stöhnte die Dame, so werde das nie etwas werden. Als wir schließlich in Freetown, Sierra Leone, landeten, wurde die Hitze beklagt, als an der Meerenge ein Boot bestiegen werden musste, war der kühle Wind zu stark und schließlich das Boot zu wacklig. Ich fragte die junge Frau, woher sie komme. »Tansania«, sagte sie schnippisch, als ob das offensichtlich wäre.

Eine gewisse Geringschätzung Afrikas ist durchaus auch manchen Afrikanern eigen, so, als ob es mit den Dingen, die der Kontinent selbst hervorgebracht hat, nicht sehr weit her sein könnte. Vielleicht ist diese Geringschätzung eine Folge der kolonialen Erfahrung, der Wahrnehmung, meist nicht sonderlich weit oben zu stehen, wenn die weltweiten Bestentabellen erstellt werden. Vielleicht ist es auch ein individuelles Problem. So scheint es in diesem Fall zu sein.

»Puh, was für ein Moloch«, sagt die Frau, als in der Ferne die Silhouette von Freetown auftaucht. Wir scheinen mit verschiedenen Augen auf die Welt zu schauen. Der Flughafentransfer in Freetown ist vielleicht der spektakulärste und schönste, den dieser Kontinent zu bieten hat. Vom Airport-Ausgang sind es ein paar Meter bis zu einem langen hölzernen Steg, der in die Lagune hinausführt. Wir besteigen ein kleines Boot und setzen die etwa 20 Kilometer hinüber. Erst sehen wir das andere Ufer gar nicht, nur jenes, das wir verlassen, eine endlose Sandküste, schönste Strände und endlose Palmenreihen.

So sieht also die Hölle aus. Sierra Leone war Schauplatz eines bitteren Bürgerkrieges, in dem um die Bodenschätze des Landes gekämpft wurde, um Diamanten und Macht. Es war einer der grausamsten Kriege Afrikas, in dem Tausenden die Arme und Beine abgehackt wurden.

Es gibt die großen Kriegsschauplätze der Geschichte, wo die Natur zumindest dem nicht zu widersprechen scheint, was dort passiert ist. Der russische Winter, die nebligen Ardennen und der Dschungel von Vietnam. In Sierra Leone sieht es einfach so aus, als käme gleich ein gut gelaunter Kellner um die Ecke, mit einer halben Kokosnuss mit Schirmchen und Strohhalm.

Und so viel anders ist es dann auch gar nicht, an einem Samstagabend in Freetown. Mitten in der Stadt formt der vielleicht fünf Kilometer lange Sandstrand einen Halbmond, umrahmt von einer langen Promenade. Auf ihrer rechten Seite stehen neue Hotels und Restaurants, auf der linken improvisierte Beachbars, mit Bier aus Eiskübeln. Beck's Bier hat gerade eine große Werbekampagne gestartet, an jeder Ecke wurde eine Leuchtreklame aufgehängt. Viel weiter könnte dieser neue Markt nicht entfernt sein von der klassisch norddeutschen Kühle, die die Marke früher verströmte, von Segelschiffen und Dünenlandschaften.

Im Dunkeln sieht man, wie die Lichter der Häuser die Hügel hinaufgehen, ein paar alte aus Holz sind noch dabei, aus Kolonialzeiten, mit einem schönen Blick auf die Lagune. Ein paar Meter vom Strand hat gerade ein neues Burger-Restaurant aufgemacht, auch in Sierra Leone ist die Welle noch nicht abgeflaut, der schicke Laden würde in jeder europäischen Hauptstadt etwas hermachen, natürlich gibt es auch Craft Beer und Cupcakes.

Afrika ist für viele in Europa einfach ein trostloses Stück Erde, in dem es außer wilden Tieren und Hunger nicht viel zu sehen gibt. Ich habe nur sehr wenige Schlangen gesehen. Und jede Stadt und jedes Land waren viel besser, als ich es in den meisten Fällen erwartet und in manchen befürchtet hatte. An der Lagune von Freetown habe ich großartiges Sushi gegessen. Die Backpacker der Welt, sie könnten genauso selbstverständlich durch Westafrika und Sierra Leone reisen. Es ist schön, es ist sicher und billig. Es gibt fast alles.

Nur eben nicht für alle. Das ist die Tragik so vieler rohstoffreicher Staaten, nicht nur in Afrika. In Sierra Leone wurden einige der größten Diamanten der Welt gefunden, riesige Steine, die aus Gruben im Urwald gebuddelt wurden. Viel Glück haben sie dem Land bisher nicht gebracht. Es gab Bürgerkriege mit Hunderttausenden Toten, in denen eine unübersichtliche Zahl von Rebellen vorgab, um Freiheit zu kämpfen, letztlich aber nur für Diamanten mordete, die sich die Schönen und Reichen um den Hals hängen. Glanz und Elend.

Im Jahr 2006 brachte Leonardo Di Caprio *Blood Diamond* in die Kinos, spätestens seitdem hatte die Diamantenbranche ein Problem, sanken ihre Umsätze, weil sich immer weniger mit den Blutsteinen schmücken wollten. Als in einem kleinen Dorf in Sierra Leone ein riesiger Diamant gefunden wurde, einer der 20 größten jemals entdeckten, witterten die PR-Profis der Branche ihre Chance. »Peace Diamond« haben die Strategen der Diamantenindustrie den Stein genannt, es klang wie ein Versprechen, der Erlös sollte den Menschen in Sierra Leone zugutekommen, dem Land Frieden bringen. Dem Dorf Koryardu versprach man Strom, Wasser, eine richtige Schule. Vielleicht sogar eine Straße. Es sollte eine schöne Geschichte werden, von denen es in diesem Teil Afrikas so wenige gibt. Nur war es wirklich so? Deshalb war ich nach Sierra Leone gefahren, erst mit dem Flugzeug zwei Tage unterwegs gewesen und dann noch einen Tag mit dem Land Cruiser ins Landesinnere, stundenlang durch dichten tropischen Wald, bis die Piste nicht mehr weiterging und wir auf ein Motorrad umsteigen mussten. Motorräder sind so eine Sache. Sie sind oft gefährlicher als Krieg und Krankheiten.

Ich weiß schon, dass das ein Fehler ist, als ich noch nicht einmal richtig auf dem Motorrad sitze. Der Fahrer gibt Gas, die Straße ganz im Osten von Sierra Leone wird immer schmaler und ist dann nur noch ein dünner brauner Strich, der durch den Wald führt. Das chinesische Motorrad hüpft über Felsen und schwimmt durch Bäche, es geht so steil hinunter und hinauf, dass der Motor immer wieder abstirbt und man vom Sitz hechten muss. »Sehr gefährlich alles«, schreit der Fahrer, für den Fall, dass das seinem Beifahrer entgangen sein könnte. Er nimmt eine Hand vom Lenker, um zu zeigen, wo es vor wenigen Tagen einen tödlichen Unfall gab. Dann gibt er wieder Gas und brüllt durch den Fahrtwind: »Aber wir können sowieso nichts machen, Gott hat es in der Hand, wann es für uns zu Ende ist.« Helme sind daher ohnehin überflüssig. Als wir dann nach einer Stunde im Dorf angekommen sind, sagt der Fahrer, ich solle mich auf dem Rückweg doch bitte etwas locker machen. Ich glaube zu diesem Zeitpunkt nicht, dass es eine Rückreise geben wird, nicht auf dem Motorrad.

Im Dorf gibt es schnell große Aufregung, es ist heiß und wird immer heißer. Vor fast einem Jahr haben sie den Diamanten gefunden, haben ihn der Regierung gebracht, anstatt ihn außer Landes zu schmuggeln. Die Regierung hatte den Diamanten für sieben Millionen US-Dollar verkauft und versprochen, dass ein Teil der Erlöse der Allgemeinheit zugutekommen solle. Seit einem Jahr wartet das Dorf auf die neue Zeit. »Alle sind reich geworden, nur ich und das Dorf sind fast leer ausgegangen«, sagt Komba Nyandomoh, auf dessen Land der Stein gefunden wurde. Er zeigt das Loch, aus dem sie den Stein gekratzt haben, mitten im Dschungel. Er zeigt uns die Schule ohne Dach und Bücher. Fragt man einen der Diamantenhändler in New York, deren Erfindung der »Peace Diamond« war, wo denn die Verbesserungen seien für die Leute, die neue Schule und das Krankenhaus, droht der Händler mit seinen Anwälten und sagt, man müsse sich eben noch ein bisschen gedulden.

Weil auch in den folgenden Monaten immer wieder Journalisten in die Gegend fahren, immer wieder fragen, wo das Geld geblieben ist, sieht sich die Regierung schließlich doch gezwungen, das einzuhalten, was versprochen wurde – und beginnt mit dem Bau einer Schule und einer Krankenstation. Eine Geschichte mit einem recht guten Ende.

Simbabwe

Etwas mehr Begeisterung. Ein Putsch, der sich nicht wie einer anfühlt – mit Soldaten, die die Bürger auffordern, ihre Fähnchen zu schwenken.

Einwohner: 15 Millionen
Wirtschaftswachstum: 3,5 Prozent
Unabhängigkeit: 1980
Anzahl chinesischer Restaurants: Etwa zehn, wobei ausgerechnet das *Wonderful* nicht zu empfehlen ist.
Nationalgericht: Kampenta, kleine, frittierte Fische aus dem Sambesi-Fluss.
Das sollte man gesehen haben: »The Great Zimbabwe«, die beeindruckenden Überreste einer Stadt, in der ab dem 11. Jahrhundert bis zu 20 000 Menschen gewohnt haben. Und deren ausgefeilte Architektur jenen widerspricht, die behaupten, in Afrika habe es keine Zivilisation gegeben.
Das muss man wissen: Simbabwe hat Afrikas beste Wasserballmannschaften.
Darüber redet das Land: Wann bekommen wir auch mal eine gute Regierung?

Eigentlich sollte die letzte Maschine an diesem Abend fast ausgebucht sein, aber im Flugzeug von Johannesburg nach Harare sitzen nur ein halbes Dutzend Leute, alle schweigen, alle stieren vor sich hin und fragen sich wahrscheinlich, ob es eine gute Idee ist, in ein Land zu fliegen, in dem am Morgen die Armee mit einem Putsch begonnen hat. Auch ich habe nicht das beste Gefühl, schaue dann in den Momenten des Zweifels aber die beiden schwangeren Frauen an Bord an – wenn die sich das trauen, wird es schon nicht so schlimm werden.

Am Flughafen ist es schon fast Mitternacht, die Zollbeamtin in Harare fragt mich, was ich vorhabe in Simbabwe, »Tourismus«, sage ich, weil ich kein Journalistenvisum habe und inmitten des Putsches auch keines bekommen würde. Die Zollbeamtin findet aber auch nichts Seltsames daran, inmitten eines Staatsstreiches sich ein paar Elefanten anschauen zu wollen. Letztlich hat sie wohl noch keine klaren Anweisungen von oben bekommen, die ersten Stunden des Coups sind für alle Beteiligten noch schwer zu überschauen, am nächsten Tag schließen sich die Grenzen für fast alle Medien und Besucher.

Am nächsten Morgen fahre ich ab sechs Uhr mit einem Taxifahrer durch die Stadt, um zu schauen, wie er sich anfühlt, dieser Putsch. Seltsam, manchmal hören wir Schüsse, immer wieder fahren Panzer vorbei. Letztlich gibt es aber auch erstaunlich viel Normalität, Menschen gehen einkaufen und in die Kirche. Die Regierungszeitung hat eine interessante Schlagzeile auf dem Titel: »Business as usual across the nation«. So würden es die putschenden Generäle gerne sehen: alles normal, es gibt nichts zu sehen, gehen Sie weiter. Auf der anderen Seite hätten die Soldaten aber offenbar auch gerne etwas mehr Begeisterung. Es ist 6.30 Uhr am Donnerstagmorgen, als das Militär in Simbabwe zu dem Schluss kommt, dass die Bevölkerung auf seinen Putsch bisher nicht mit der angemessenen Euphorie reagiert hat. In einer Seitenstraße im Zentrum der

Hauptstadt Harare hält ein grüner Geländewagen, ein Offizier in Tarnuniform springt heraus, läuft zu einer Gruppe Taxifahrer, die auf dem Bordstein sitzen und auf Fahrgäste warten. »Hey Leute, ihr solltet viel fröhlicher sein, jetzt wird alles anders«, sagt der Soldat. Dann wartet er und schaut ein wenig ungeduldig. Ein paar Taxifahrer klatschen in die Hände, ein paar grinsen, ein paar bleiben einfach sitzen.

Vielleicht ahnten manche schon damals, dass wenig anders werden würde. Dass lediglich ein Despot den anderen ablösen würde.

Damals im November 2017 sah die Sache noch anders aus, damals traf ich Menschen, wie Elizabeth Muzadzi. Dies jetzt sei das erste Mal in ihrem Leben, dass sie sich traue, in der Öffentlichkeit ihre Meinung zu sagen, das erste Mal in ihren 49 Jahren, sagt sie und schaut nach rechts und nach links, holt kurz Luft und sagt: »Mugabe muss weg. Wir haben ihn satt. Was ist das für ein Leben? Ich stehe morgens um 4.30 Uhr an der Bank an, um etwas Geld von meinem Konto abzuheben. Nie ist etwas da. Ich konnte mir nicht einmal den Bus leisten, um zur Beerdigung meiner Nichte zu fahren. Wir sind am Ende.« Elizabeth Muzadzi verschränkt die Arme und lächelt.

Die Freiheit ist ein süßer Trank, besonders wenn man ihn gerade zum ersten Mal gekostet hat. Viele Zehn-, wenn nicht Hunderttausende Menschen sind in Simbabwe gerade auf den Geschmack gekommen, sind nicht mehr das, was sie zu Beginn dieser Woche noch waren, Bürger einer Diktatur. Mittwochfrüh rollten die Panzer durch die Stadt, ein paar Schüsse fielen, die Soldaten setzten den greisen Diktator unter Hausarrest. Es war ein vorsichtiges Erwachen, aber noch eher eine Freude, die man nur mit guten Freunden teilt. Am Samstag nun bebt die ganze Stadt, ist auf den Beinen, um gegen Mugabe zu demonstrieren, zu vollenden, was die Generäle begonnen haben: Mugabe aus dem Amt zu entfernen.

Drei Viertel der Menschen Simbabwes haben nie einen anderen Präsidenten gekannt, niemand hat wohl so einen Tag erlebt wie den Samstag, ein ganzes Land findet sich gemeinsam auf der Straße wieder, vereint gegen den Mann, der es so viele Jahre schaffte, das Abnormale normal erscheinen zu lassen. Mugabe war einst ein gefeierter Freiheitskämpfer, er hat das Land, das früher Rhodesien hieß, von einem weißen Regime befreit. Zuletzt war er nur noch eine Karikatur seiner selbst. Er liebte knallbunte Jacketts mit seinem Bild darauf, er hielt dieselben Reden zweimal, und er ist, auch das konnte man auf offener Bühne sehen, offenbar inkontinent. Er war der nackte Kaiser, von dem niemand zu sagen wagte, dass er nackt ist.

Simbabwe ist für viele Besucher und Berichterstatter letztlich ein Rätsel. Würde man unter den Kollegen abstimmen lassen, welches Land die nettesten, lustigsten und gebildetsten Menschen hat – Simbabwe wäre wohl bei den meisten der Favorit, das Land, in das man am liebsten fährt. Auch nach fast vier Jahrzehnten der Diktatur hat es das Regime nicht geschafft, die Gesellschaft völlig zu zerstören.

Was es kaputtgemacht hat, sind Biografien und Träume, ein normales Leben. Harare war einmal eine der schönsten Städte Afrikas, wenn nicht der Welt. Eine großzügig angelegte Gartenstadt mit breiten Straßen und üppigem Grün. Man kann stundenlang durch die Hauptstadt spazieren, hier und da ein Schwätzchen halten. Die Augen der Jungen sind voller Hunger auf die Zukunft, sie fragen einen, wie man die Lage sieht, hoffen darauf, dass das Ausland hilft, die korrupte Elite an der Macht zu ersetzen. Nach Jahren des vergeblichen Wartens gehen sie dann lieber selbst ins Ausland. Mehr als fünf Millionen sollen es sein, die in die Nachbarländer geflüchtet sind. In Südafrika würde wahrscheinlich ohne die Simbabwer die ganze Gastronomie zusammenbrechen, deren Arbeitgeber bevorzugt

Leute aus dem Nachbarland einstellen, weil sie so gut qualifiziert sind und so zuverlässig.

Zu Hause bleiben die, die zu alt sind, deren Hoffnungen sich nicht erfüllt haben. Auf einer Demonstration der Kriegsveteranen sieht man alte Männer, die mit den Jahren immer dünner, ihre alten Anzüge immer weiter geworden sind, das ganze Land ist ein paar Nummern kleiner geworden. Vom reichsten des Kontinents zum Land der Bettler, in dem die Elite mit ihren Rolls-Royces am Elend vorbeirauscht.

Vor der Bühne am Versammlungsort stehen Veteranen des Befreiungskampfes, einer erklärt, welcher Orden ihm für welche Schlacht angehängt wurde. Stolze Helden, von denen aber viele müde geworden sind vom Kämpfen um etwas Anerkennung, um ihre Rolle im neuen Staat. Victor Pkuretu lehnt sich auf seinen Gehstock und trägt eine Jacke, die aussieht, als wäre er nicht der Erstbesitzer. »Es fällt mir schwer, das zu sagen, aber unser Held von damals ist ein Verbrecher geworden. Er muss weg«, sagt Pkuretu. Er hat mit Mugabe gekämpft im Unabhängigkeitskrieg, ist dafür viele Jahre in den Internierungslagern des weißen Regimes verschwunden. Und hat sich in den Jahren danach oft gefragt, ob sich der Kampf gelohnt habe, einen Job hat er nie bekommen. »Ich bin jetzt 77 Jahre, ich möchte nur noch einen schönen Ort, um mich auszuruhen. Ich hoffe, die Jungen werden es besser machen.«

Südafrika

In Kapstadt wird man von
vorn bis hinten bedient.

Einwohner: 58 Millionen
Wirtschaftswachstum: 0,8 Prozent
Unabhängigkeit: 1994 endete die Apartheid.
Anzahl chinesischer Restaurants: Mehrere Hundert.
Nationalgericht: Braai, Fleisch grillen mit Freunden, Beilagen sind nicht notwendig.
Das sollte man gesehen haben: Den Blick vom Tafelberg.
Das muss man wissen: Südafrika hat elf offizielle Sprachen, so viele wie kein anderes Land.
Darüber redet das Land: Bekommt Präsident Cyril Ramaphosa die Korruption in den Griff?

Wenn ich morgens aufwache, muss ich mich nur ein wenig nach rechts drehen, dann sehe ich das Meer. Ich sehe es, wenn ich unter der Dusche stehe oder auf dem Klo sitze. Ich schaue aufs Meer, wenn ich mir morgens einen Tee koche, wenn ich auf dem Sofa sitze oder auf dem Balkon grille. Ich gehe am Meer joggen und fahre mit dem Roller am Meer entlang zur Arbeit. Aus dem Fenster im Büro sehe ich kein Wasser, dafür aber den Tafelberg. Manchmal schaue ich aus dem Fenster und denke, dass es doch nicht schlecht wäre, für immer hier zu leben. Manchmal denke ich daran, dass es irgendwann aber vorbei sein wird, ich zurück nach Deutschland gehen werde, was einen stechenden Schmerz zur Folge hat. Und manchmal habe ich einfach genug von Kapstadt und Südafrika.

Die Stadt ist wahrscheinlich die schönste auf der ganzen Welt, wobei ich noch nie in Rio de Janeiro war. Hinter unserem Haus beginnt der Signal Hill, nach vorne sehen wir das Meer und den Hafen. Zum Strand brauchen wir fünf Minuten, genauso lang in die andere Richtung, und wir sind in den bunten Häusern von Bo-Kaap. An den Wochenenden stellt sich die schwierige Frage, ob man zum Wandern geht, zum Surfen oder in die Weinberge fährt oder sich ein Häuschen irgendwo in einer Bucht mietet und abends schön essen geht. Alles in einer Stunde erreichbar.

Immer mal wieder fahren wir durchs Land, das wahrscheinlich so schön und vielfältig ist wie kein anderes auf der Welt. Es gibt die riesige Halbwüste der Karoo, mit ihrer Weite und dem besonderen Licht. Es gibt einsame Küstenstraßen, die sich direkt neben der Brandung entlangschlängeln. Es gibt die grünen Hügel KwaZulu-Natals mit den traditionellen Rundhütten und einsamen Stränden. »Ahh, du lebst den Traum«, sagte mal ein Kollege in Westafrika, als ich ihm von Kapstadt erzählte. Es ist natürlich ein Traum. Ich merke aber auch jeden Tag, dass dieses Land für sehr viele einfach nur ein Albtraum ist.

Wenn wir aufs Meer schauen, sehen wir auch den endlosen Strom der schwarzen Arbeiter und Haushaltshilfen, die von hier viele Kilometer zum Bahnhof laufen, weil sie sich die paar Cent für den Bus sparen.

Hin und wieder stehen meine Frau Greta und ich auf dem Balkon und hängen die Wäsche auf oder wischen den Boden. Ich habe hin und wieder das Gefühl, dass uns manche unserer weißen Nachbarn dabei anschauen, als hätten wir nicht mehr alle Tassen im Schrank. Viele von ihnen haben in den vergangenen Jahrzehnten nie den Müll rausgebracht oder das Klo geputzt. Vor 25 Jahren wurde in Südafrika zwar die Rassentrennung aufgehoben, in der Realität gibt es aber Millionen Schwarze, die vielen Weißen den Haushalt führen, die Hunde rausbringen, den Garten in Schuss halten, die Kinder großziehen und das Essen kochen. Die sie in Restaurants bedienen, die Häuser bewachen und zur Arbeit fahren. Wenn ich in meinem Fitnessklub das Klo verlasse, steht dort ein netter Schwarzer mit der Klobürste in der Hand, der schaut, ob es etwas zu beseitigen gebe. Es wirkt oft so, als habe der Kolonialismus nie aufgehört. *Master and Servant.* Von unserem Balkon hat man einen schönen Blick auf die Gefängnisinsel Robben Island, manchmal denke ich darüber nach, wie viele unserer Nachbarn früher mit einem kühlen Glas Weißwein auf der Terrasse ihres hübschen viktorianischen Häuschens gesessen sind und auf die Insel schauten, so als sei nichts dabei. So wie viele jetzt auf die endlosen Kolonnen der schwarzen Arbeiter und Hausangestellten schauen, als sei das normal. Etwa 15 Euro bekommt eine Haushaltshilfe am Tag, auch das, ganz normal.

Viele Stunden fahren die schwarzen Angestellten jeden Morgen zur Arbeit und abends wieder nach Hause, stehen im Stau, bis die Sonne untergeht. An einem schönen Frühlingstag bin ich ganz ans Ende dieser Kolonne gefahren, dorthin, wo die ankommen, die auf dem Land keinen Job finden und nun ihr Glück in der Großstadt suchen. Je länger man aus der Stadt hinausfährt, desto einfacher werden die Häuser, am Ende sind es nur noch Hütten.

»Das hat mich 9000 Rand gekostet«, sagt Patricia, sie steht auf einem Feld im Norden von Kapstadt und hält ein Feuerzeug gegen einen trockenen Busch. Sie ist dabei, Platz zu schaffen, für eine neue Hütte, für ihr neues Leben. Einige Meter weiter tragen ein paar Freunde Eimer mit Sand herbei, den sie auf dem abgebrannten Boden verteilen, für eine Art Fundament. Ein kleiner Pick-up bringt ein paar schiefe Wände vorbei, die dann zu einer schiefen Hütte zusammengenagelt werden. Es muss schnell gehen. Patricia ist im neunten Monat schwanger. Überall neben ihr werden neue Hütten hochgezogen, die dann oft nicht lange stehen, von der Polizei wieder abgerissen werden, weil die Baugenehmigung fehlt. 600 Euro soll die Hütte von Patricia kosten, das ist ein sehr gutes monatliches Durchschnittseinkommen. So viel habe ich gerade für einen neuen Couchtisch ausgegeben.

Es gibt viele weiße Südafrikaner, die sich über die Folgen der Apartheid Gedanken machen. Manche versuchen zu helfen, haben wie unsere Nachbarn die Mentorschaft für benachteiligte Kinder aus Townships übernommen. Manche würden gerne helfen, wissen aber nicht wie. »Schaut, was die aus dem Land gemacht haben«, sagen wenige Weiße, denken es aber zumindest.

Richtig ist zumindest, dass der ANC 25 Jahre nach dem Ende der Apartheid eher eine mafiöse Organisation ist als eine Partei oder Befreiungsbewegung. Man kann fast jeden Tag den Fernseher anmachen und zuschauen, wie eine der vielen Untersuchungskommissionen versucht, das ganze Schlamassel aufzuklären. Zeugen berichten von Handtaschen voller Geld, die ANC-Politikerinnen bekommen haben, die Männer bevorzugten Luxuskarossen. Mehrere Milliarden Euro haben sie sich in die eigenen Taschen gesteckt, haben sich gesagt, jetzt sind wir mal an der Reihe. Was für ein bitterer Verrat, was für ein entsetzlicher Betrug an Millionen Schwarzen, für die sich nach dem Ende der Apartheid nichts verändert hat.

»Haben wir immer gewusst«, sagen jetzt nun manche Weiße, »die können es einfach nicht.« Korruption und steigende Kriminalität, wohin man schaue. Sie beklagen, dass es für sie sehr schwer geworden ist, einen Job zu bekommen in der Verwaltung, wo nun Schwarze bevorzugt werden. Sie sehen sich als Opfer der neuen Zeiten, in denen es nicht sonderlich populär sei, ein Weißer zu sein. Dabei ist es doch für sehr viele Weiße gar nicht schlecht gelaufen, die Reichtümer, die sie über Generationen vor allem dadurch angehäuft haben, weil sie Schwarze und *Coloured* als billige Arbeitskräfte missbrauchen und ihnen das Land stehlen konnten, diese Reichtümer konnten sie weitgehend behalten. Zudem sind sie nicht mehr Bürger eines Rassistenstaates, den man lieber meidet, sondern kommen aus dem Land, das weltweit als Regenbogennation bekannt ist.

Was sie vergessen, ist, dass viele Millionen Schwarze die eigentlichen Opfer sind, für die Rassentrennung nur durch die ökonomische Apartheid abgelöst wurde. »Manchmal hasse ich den ANC. Aber es bleibt der ANC, den wir lieben«, sagt Gugu Magaqa. Neben ihr sitzen die Verwandten auf dem Sofa, sie tragen T-Shirts mit dem Foto ihres Mannes und den Farben des ANC. Der ANC und die Politik waren das Leben von Sindiso Magaqa – und auch sein Tod mit 34 Jahren. Er war Generalsekretär der Jugendliga, einer der kommenden Stars, bekannt im ganzen Land. Er war jung, sah gut aus und konnte reden, was seinen Aufstieg beschleunigte. Magaqa war aber auch ein Mann mit einem moralischen Kompass und ein Sturkopf, was im ANC nicht so gerne gesehen wird. Das kostete ihn letztlich das Leben, getötet wurde er wohl von den eigenen Leuten. Ich sitze im Haus der Familie im ländlichen KwaZulu-Natal, vor der Tür steht der Mercedes-Geländewagen des Verstorbenen, durchsiebt von Kugeln. »Wir bringen uns einfach gegenseitig um, es wird immer weitergehen«, sagt die Witwe. Im Frühjahr wurde auch ihr Onkel erschossen. Fast 100 ANC-Mitglieder wurden seit 2014 in der Region KwaZulu-Natal ermordet. Weil sie gegen die Korruption waren oder weil sie zu korrupt waren und den anderen nichts abgeben wollten.

Südafrika gehört zu den gefährlichsten Ländern der Welt, jeden Tag werden fast 60 Menschen umgebracht, in Deutschland, das deutlich mehr Einwohner hat, sind es weniger als drei im Durchschnitt. Bevor wir hierherzogen, habe ich die Kriminalitätsstatistiken angeschaut, habe die Mordrate in den verschiedenen Stadtteilen verglichen. Jetzt leben wir hinter einem hohen Elektrozaun, wenn ich vergesse, die Alarmanlage abzuschalten, steht wenig später ein freundlicher Mann mit einem Gewehr vor der Haustür und fragt, ob alles in Ordnung sei. Bisher war es das. Der größte Teil der Kriminalität findet viele Kilometer entfernt statt, in den Cape Flats, einem endlosen flachen Landstrich, wohin das Apartheidregime *Coloured* und Schwarze zwangsumgesiedelt hatte, um selber die schönsten und fruchtbarsten Teile des Landes für sich zu behalten. An dieser Verteilung hat sich seit dem Ende der Apartheid wenig geändert, Drogenbanden machen das Leben für die meisten Bewohner zur Hölle.

Manchmal kommt die Hölle aber auch ziemlich nah an uns heran. Einmal wird der Anwalt eines bekannten Kriminellen mit einem Kopfschuss ein paar Straßen weiter erschossen, vor den Augen seiner Kinder. Mal werden Wanderer mit Messern angegriffen und lebensgefährlich verletzt, genau auf jener Route, auf der wir einen Tag zuvor auch unterwegs waren. Mal wird ein Mann vor einer Bar erstochen, in der wir gerade ein Bier getrunken hatten. *Incidents* nennt man das hier, Vorfälle also, ein sehr technischer Ausdruck für den Wahnsinn, der hier manchmal passiert, an den man sich aber auch erstaunlich schnell gewöhnt. Weil man sich doch irgendwie sicher ist, dass es einen selbst nicht betreffen wird.

In Südafrika »passiert nie das Beste, aber auch nie das Schlimmste«, sagte ein Politiker einmal. *Resilience* ist eines der Schlüsselworte dieses Landes, »Widerstandsfähigkeit« kommt dem auf Deutsch wohl am nächsten. Das Land und seine Bewohner sind nicht so leicht in die Knie zu zwingen, sie haben sich ein dickes Fell zugelegt.

Manchmal ist es auch einfach eine Frage der Perspektive, wie man das Land betrachtet. In Kapstadt wirkt es oft so, als seien die Unterschiede fast so groß wie zum Ende der Apartheid. In Johannesburg sieht die Sache schon anders aus. Dort gibt es Restaurants, wo alle Gäste schwarz sind, die Kellner aber weiß. Man sieht hier viel mehr gemischte Paare, es gibt eine wachsende schwarze Mittelschicht. Soweto ist nicht mehr das hoffnungslose Township, sondern eine Stadt in der Stadt, mit durchaus reichen Vierteln, mit großen Häusern, vor denen teure Geländewagen stehen.

Viele Touristen, die durch Südafrika reisen, machen einen großen Bogen um Johannesburg, das wegen der ausufernden Kriminalität nicht den besten Ruf genießt. Es ist aber eine der interessantesten Städte der Welt, sie wurde vor gut 130 Jahren gegründet, wuchs rasant und hat nun um die vier Millionen Einwohner. Sie liegt auf 1753 Metern Höhe, auf einem ziemlich öden Plateau. Nicht einmal einen Fluss gab es dort, was sonst eigentlich immer die Voraussetzung war für die Gründung einer Siedlung, Johannesburg entstand nur, weil in der Nähe die größten Goldvorkommen der Welt gefunden wurden. Die Stadt wuchs wie im Rausch. Sechs Millionen Bäume wurden gepflanzt, stolze Hochhäuser gebaut.

Heute sieht die Innenstadt an manchen Teilen etwas verkatert aus, die Goldvorkommen sind kleiner geworden, viele

Firmen und Einwohner in die Vororte abgewandert. Teile des Zentrums waren viele Jahre lang sich selbst überlassen, Häuser standen leer und verkamen. Seit einiger Zeit erleben Viertel wie Maboneng aber einen erstaunlichen Aufschwung: Gebäude werden renoviert, Galerien und Restaurants eröffnen. Es ist ein Viertel im Aufbruch, ein Stadtteil für Schwarz und Weiß. Vielleicht kommt man dem Traum von der Regenbogennation nirgends so nahe wie hier.

»Es geht doch nicht um Schwarz und Weiß«, sagt ein paar Hundert Kilometer weiter nördlich Kobus de Beer. Er steht in der Nähe von Tzaneen in der Provinz Limpopo und trägt ein kurzärmeliges Hemd und Kakishorts, es ist die Uniform der Buren, der holländischstämmigen Bauern, die vor Jahrhunderten in einem großen Treck in diese Region gekommen sind, sie fruchtbar gemacht haben. Etwa 73 Prozent des privaten Farmlandes gehören nach Ansicht der Regierung Weißen, obwohl sie nicht einmal zehn Prozent der Bevölkerung ausmachen. Seit Jahren wird deshalb über eine Landreform diskutiert, auch über Enteignungen.

Kobus de Beer hält das für keine gute Idee, man müsse nur ins Nachbarland Simbabwe schauen, wo die weißen Farmer vertrieben wurden und das Land nun pleite ist. Er sagt aber auch, dass der Reichtum Südafrikas gerechter verteilt werden muss und hilft dabei mit – einen Teil ihres Landes haben Kobus de Beer und seine zwei Brüder verkauft, mit einem Mentorenprogramm helfen sie neuen schwarzen Landwirten dabei, ihrer Felder zu bewirtschaften.

Edward Monyela ist einer von ihnen, früher war er Polizist in Johannesburg, geträumt hat er aber immer von einer eigenen Scholle, so wie sie der Großvater hatte, bevor er in der Apartheid vertrieben wurde von seinem Besitz. Monyela baut auf fünf Hektar Kürbisse und Auberginen an, die er den Brüdern de Beer bringt, die sie verpacken und an die Supermarktkette Spar verkaufen. »Es gibt hier nur Gewinner«, sagen die Brüder. Es ist eine schöne Gegend, in der alles ein wenig gemütlicher zugeht. Als ich an der Tankstelle bezahlen will, weigert sich die Kassiererin, meine Karte zu nehmen und guckt mich streng an: Ich merke gerade noch, dass ich mich nicht nach ihrem Befinden erkundigt habe: »How are you?«, sage ich also. Sie lächelt, ohne ein Schwätzchen kommt man hier nicht davon. In solchen Momenten ist es einfach ein großartiges Land.

Sudan

Das erste Haus am Platz – drei Griechen betreiben ein Hotel in Khartum, das schon Leni Riefenstahl besuchte.

Einwohner: 42 Millionen
Wirtschaftswachstum: −2,1 Prozent
Unabhängigkeit: 1956
Anzahl chinesischer Restaurants: Es gibt ein ganzes chinesisches Viertel, in dem die chinesischen Arbeiter wohnen, die dort heimlich Bier in Teekannen serviert bekommen.
Nationalgericht: Kawari, eine Suppe aus Schafsfüßen.
Das sollte man gesehen haben: Den Sonnenuntergang am Zusammenfluss von blauem und weißem Nil.
Das muss man wissen: Die USA verhängten viele Jahre lang Wirtschaftssanktionen gegen den Sudan. Aber nicht auf alle Produkte. *Gummi arabicum* durfte weiter exportiert werden, ein Pflanzensaft der Akazie, der vor allem im Sudan hergestellt wird und ohne den die Abfüllung von Coca-Cola nicht möglich wäre, weil sonst die süße Limo am Glas der Flasche kleben bleiben würde.
Darüber redet das Land: Wir sind frei!

Es ist spät abends auf dem Flughafen von Addis Abeba, ein paar müde Männer und Frauen warten auf den Flug nach Khartum, der kurz vor Mitternacht starten soll. Jeder ist mit sich beschäftigt, mit dem Handy, einem Buch oder seinen Gedanken, bis ein Mann in den Wartesaal stürmt und hier und dort Gespräche beginnt, mir den Arm um die Schulter legt. Er sei, so sagt der Mann, gerade aus dem Gefängnis gekommen, wo er zwei Tage in der Ausnüchterungszelle verbracht habe. Es muss ein phänomenaler Rausch gewesen sein, von dem er noch Reste hinüberretten konnte. So mache er das immer, sagt der Mann, bevor er nach Aufenthalten im Ausland in den Sudan zurückkehre, der ein trockenes Land ist, was den Alkohol angeht. So beginnt also die Reise in den Sudan, heiter und fröhlich, das ganze Flugzeug lacht mit dem Mann, kichernd steigt man aus der Maschine.

Eine solch lustige Ankunft war nicht unbedingt zu erwarten gewesen, fünf Monate hatten die sudanesischen Behörden über dem Visumsantrag gebrütet, zweimal die Woche hatte ich mit der Botschaft in Pretoria telefoniert, mal war der Antrag verloren gegangen, mal im Sicherheits- und mal im Außenministerium verschollen. Es schien nicht so, als würde sich der Sudan auf Besuch von außen freuen. Ein Land, das einmal Osama bin Laden Unterschlupf gewährte und seit Jahrzehnten von einem untersetzten Diktator regiert wird, der bei öffentlichen Auftritten seltsam tanzt. Ähnliches lässt sich über viele Staaten Afrikas von außen sagen, wenn man die Länder auf ihre Haltung zu Demokratie und Menschenrechte abklopft. Man betrachtet ein System und verurteilt es und die Menschen, die darin leben müssen, gleich mit. Das eine hat mit dem anderen aber oft wenig zu tun. Sudan hat einen sensationell schlechten Ruf, der auch nicht unbedingt unberechtigt ist, aber eben auch Menschen, die einem mit einer Offenheit und einem Interesse begegnen, die es zu einem sehr angenehmen Reiseziel machen.

Es ist ein kühler Sommerabend, wir sind mit einem sudanesischen Kollegen unterwegs, um einen der bekanntesten Oppositionsführer zu treffen. Wir müssen die SIM-Karten aus den Handys nehmen, damit der Geheimdienst uns nicht verfolgen kann. Im Abendrot geht es durch kleine Gassen, bis wir vor einem Innenhof stehen, in dem die Frauen lachen und kichern und das Abendessen zubereiten. Drinnen sitzen die Männer und reden über Politik. Es wirkt wie zwei abgeschlossene Lebensbereiche, Mann und Frau, die sich nur hin und wieder überschneiden, jeder in seiner Welt. Viele Stunden sitzt man da, es gibt immer neue Leckereien, immer wenn ich denke, dass es nun zu Ende geht, kommt noch ein Zuckergebäck oder ein Kaffee. Anschließend werden wir zum Spaziergang durch das Viertel eingeladen, durch enge Gassen mit weiß getünchten Mauern, an jedem zweiten Eingang schaut ein Nachbar heraus, der zutiefst beleidigt wäre, wenn wir die Einladung zu weiterem Tee und Gebäck ausschlagen würden. Die Menschen lassen einen ganz nahe an sich heran, in ihre Häuser, an ihre Sorgen. Es wirkt so, als wüssten sie gar nicht, was Distanz ist. Es ist sehr angenehm. Und hört erst in den frühen Morgenstunden auf, um diese Uhrzeit war ich womöglich noch nie so intensiv mit Menschen zusammen, ohne Alkohol getrunken zu haben.

Ja, ja, der Alkohol, das waren noch Zeiten, sagt George Pagoulatos, ein freundlicher Herr mit weißen Haaren, die an der Seite gescheitelt sind. Pagoulatos und seinen beiden Brüdern gehört das Hotel *Acropole* in der Innenstadt von Khartum, das von außen nach nicht viel aussieht, aber innen angenehm kühl und freundlich eingerichtet ist. Das *Acropole* ist das älteste Hotel am Platz, seine Geschichte ist auch die jüngere des Sudan. Es sei immer etwas los gewesen, erzählen die Brüder den Gästen, es gab Unabhängigkeit, Regierungswechsel, Verstaatlichung und Islamisierung, es gab Terroranschläge und die Einführung der Scharia. Die Eltern der Brüder waren am Ende des Zweiten Weltkrieges vor der Armut und dem Grauen des Zweiten Weltkrieges aus Griechenland geflüchtet. Man findet die Griechen an den seltsamsten Orten in Afrika, sie betreiben Restaurants (die meist kein Gyros haben) und Hotels, sie sind weit weg von der Heimat der Vorfahren und haben sich doch viel Griechisches bewahrt, verbringen die Wochenenden oft gemeinsam in einem Hellenic Club, der meist eine Mischung aus Vereinsheim und Freibad ist.

Die Eltern der Brüder Pagoulatos eröffneten 1952 das Hotel und übernahmen den Vertrieb von Amstel Bier, es gab eine Bar im *Acropole* und auch wilde Partys. Im Jahr 1983 ließ die Regierung allen Alkohol in den Nil kippen, den sie finden konnte, ab jetzt galt die Scharia. Ein paar Jahre später wurde ein Bombenanschlag auf das *Acropole* verübt, sieben Menschen starben, das Hotel wurde verwüstet und zog ins Gebäude gegenüber. Als Leni Riefenstahl mit 97 Jahren noch in den Nuba-Bergen Filme drehte und ihr Hubschrauber abstürzte, organisierten die drei Brüder einen Kapitän und ein Flugzeug, das sie herausholte. So wie sie für ihre Gäste immer alles organisieren, was sich sonst nicht organisieren lässt.

Journalisten übernachten im *Acropole*, Mitarbeiter von Hilfsorganisationen und vor allem Touristen und Archäologen, die auf dem Weg in den Norden des Landes sind, wo man an vielen Orten nur eine Schaufel in den Sand stecken muss, um auf die Geschichte zu stoßen. Das Gebiet des heutigen Sudan gehört zu den ältesten Zivilisationen, die seit Jahrtausenden entlang des Nils leben. In Europa kennt man die Pyramiden der Ägypter, der Sudan hat mehr davon, nur kommt eben kaum jemand vorbei, um sie zu sehen. Der Weg zu ihnen dauert etwa vier Stunden von der Hauptstadt, erst durch das endlose Gewühl von Khartum, dann den Nil entlang, der die Wüste in eine grüne Oase verwandelt. Etwas kleiner sind die Pyramiden als die des Nachbarn im Norden, weil sie nicht nur für die Herrscher und die Elite gebaut wurden, sondern für viele erschwinglich sein sollten.

Die Regierung hat große Pläne für den Tourismus, will ein neues Museum bauen und mehr Besucher anlocken. Das *Acropole* ist bisher gut gebucht und wird es wohl weiter sein. Nur wird es in der nächsten Generation womöglich nicht mehr von der Familie Pagoulatos betrieben. Die Kinder der Brüder sind nach Griechenland gegangen, haben dort Hotels eröffnet, die nicht alle so gut laufen sollen wie das *Acropole*, was aber offenbar nicht zum Umdenken führt. Die Brüder sagen, sie seien darüber traurig, hätten aber doch Verständnis, was gebe es in Khartum schon außer Arbeit für junge Leute. Es gibt keine Bars, keine Kinos, es gebe wenig Zukunft.

Die Jungen von Khartum treffen sich an den Wochenenden abends am Nil, nahe der Stelle, an der weißer und blauer Nil zusammenkommen und den riesigen Strom bilden, der dann nach Ägypten fließt. Jungs und verschleierte Mädchen kaufen sich eine Cola und schauen von der Brücke zu, wie die Sonne untergeht, in den Nil zu tauchen scheint. Es ist ein magischer Moment, alle schweigen glücklich.

Als ich ein Jahr später zurückkomme, ist die Brücke leer, schaue ich den Sonnenuntergang fast alleine an. Die Jungen, die damals hier standen, haben Besseres zu tun, sie machen Revolution. Sie tun etwas, was ich nie für möglich gehalten hätte. Es ist eine Revolution der Jugend, wie sie der Kontinent noch nicht sehr oft gesehen hat. Ein Aufstand der Frauen.

»Wir sind zu Hause gesessen und haben darauf gewartet, dass die Männer den Wechsel hinbekommen«, sagt Islam Yousef. Sie sitzt jetzt nicht mehr zu Hause, sondern auf dem Gleis einer Bahnstrecke, die mitten durch die sudanesische Hauptstadt Khartum führt. Die Schienen sind noch warm von der Hitze des Tages, ein paar Meter unter dem Bahndamm ziehen seit Stunden Hunderttausende Demonstranten vorbei, die für einen neuen Sudan protestieren. Viele Frauen sind dabei, manche mit einem weißen Kopftuch, manche mit einer Baseballkappe auf dem Kopf. Sie tragen Transparente gegen die Militärdiktatur oder rezitieren laut revolutionäre Gedichte und Lieder – an denen es nicht mangelt im Sudan, das Land hat eine reiche Tradition der Revolutionen und Aufstände. Nur haben sie die Gesellschaft bisher nicht wirklich vorangebracht. »Die Männer haben den Wechsel nicht geschafft. Also haben wir uns entschieden, ein Teil des Protestes zu sein, einen Teil des Risikos einzugehen, einen Teil der Prügel abzubekommen«, sagt Yousef, eine der Mitorganisatorinnen der Demonstrationen. Seit Dezember gehen die Menschen im Sudan zu Hunderttausenden auf die Straße, erst demonstrierten sie gegen die steigenden Brotpreise, aber ziemlich schnell dann gegen das Regime des Diktators Umar al-Baschir. Der hatte in den fast 30 Jahren an der Macht große Routine darin entwickelt, seine Gegner ins Gefängnis zu werfen oder mit Geld und Posten zu korrumpieren. Nur gegen den Protest der Frauen hat er kein Mittel gefunden.

Geht da nicht hin, haben die Väter den jungen Frauen gesagt, erzählt Yousef. Manche haben es bei Worten belassen, manche haben ihre Töchter so lange geprügelt, bis sie kaum noch laufen konnten. Die Töchter sind trotzdem losmarschiert. Yousef, 26, erzählt von einer Frau, die für alle zum Vorbild geworden sei. Eine »Tea Lady«, eine jener Zehntausenden, die im Sudan an jeder Ecke sitzen und für ein paar Cents Tee verkaufen und von vielen Männern wie ein Nichts behandelt wurden. Diese Frau, erzählt Yousef, habe plötzlich ein Regierungsgebäude angezündet. »Da wussten wir, alles ist möglich.« Sie hat Freundinnen und Bekannte, die im Protest durch Tränengasgranaten Arme oder Beine verloren haben. »Weil sie die Granaten zurückgeworfen haben und nicht weggerannt sind wie die Männer«, sagt Yousef. Letztlich stand das Regime von al-Baschir vor der Entscheidung, den Protest einfach niederzuschießen. Oder den Diktator zu opfern. Al-Baschir war zu allem bereit, er soll in seinen letzten Tagen zu Vertrauten gesagt haben, der Koran erlaube aus seiner Sicht, ein Drittel oder auch die Hälfte der Bevölkerung zu töten, wenn es erforderlich sei. Die Armeespitze sah es anders und setzte ihn ab.

Der Diktator ist weg, aber das System eigentlich noch dasselbe. »Wir kämpfen weiter für unsere Ziele, wir haben noch nicht alles erreicht«, sagt Yousef. »Deep state« nennen die Sudanesen das System, das sie seit Jahrzehnten regiert, eine Mischung aus Militärs, Islamisten und Parteien, die alles dominiert, die wie eine Hydra ist, der immer neue Köpfe wachsen. Millionen Bürger hatten keine Hoffnung auf Besserung und haben das Land verlassen. »Ich wollte auch ins Ausland gehen«, sagt Yousef. Jura hat sie studiert an der University of Khartum, die in schönen, alten Kolonialgebäuden aus der britischen Zeit entlang des Nils residiert und sich in den vergangenen Jahren immer noch etwas Unabhängigkeit erkämpfen konnte unter dem repressiven Regime. Nach ihrem Examen begann Yousef auch diejenigen zu vertreten, die vom Regime verfolgt wurden. Mit mäßigem Erfolg. »Unser Rechtssystem hat nichts mit Gerechtigkeit zu tun, ich hatte ständig Zweifel, ob ich meinen Klienten überhaupt helfen kann.« Sie hat sich nach Stipendien umgeschaut, nimmt an einem Programm der Friedrich-Ebert-Stiftung in Khartum teil, das junge Leute in der Zivilgesellschaft fördert. Für manche der besonders Begabten war das Programm ein gutes Sprungbrett ins Ausland. Yousef sagt, sie habe sich aber zum Bleiben entschieden. Es gebe so viel zu tun.

Als al-Baschir stürzte, setzte das Militär einfach einen seiner engsten Vertrauten ein, gegen den die Opposition dann auf die Straße ging, nach einem Tag war er wieder weg, genauso ging es dem Geheimdienstchef. Es ist ein zähes Ringen darum, wie der neue Sudan aussehen soll, wer das Sagen hat. An diesem Donnerstag zeigen beide Seiten ihre Macht, die Demonstranten sind zu Hunderttausenden vor das Hauptquartier der Armee gezogen. Ein paar Straßen weiter lässt das Militär einen nicht enden wollenden Zug von Pick-ups vorbeiziehen, die Maschinengewehre auf die Ladefläche montiert haben und Körbe mit Panzerabwehrraketen. An einem Tag einigen sich Demonstranten und Armee prinzipiell auf die Bildung einer gemeinsamen Übergangsregierung, der angeblich 15 Personen angehören sollen, 8 aus der Opposition und 7 aus dem Militär. Es ist ein erster Schritt auf dem Weg zu einem neuen Sudan. Der aber noch ziemlich lang ist.

Dass al-Baschir gehen musste, darüber waren sich fast alle einig, die große Frage ist, was danach kommen soll. Jeder hat so seine Idee. Auf dem Platz und den Straßen vor dem Armeehauptquartier hat sich seit einigen Wochen das Protestzentrum der Opposition eingerichtet, eine eigene revolutionäre Republik, der neue Sudan im Kleinen.

An seinen Rändern haben die Demonstranten Straßensperren aufgebaut, an denen jeder kontrolliert wird, Männer und Frauen getrennt. Alle paar Meter werden Rucksäcke durchsucht, nach allem, was als Waffe benutzt werden kann. Neben den Sperren liegen in großen Kisten Hunderte Kugelschreiber und ein paar Messer. Sie wollten verhindern, dass das alte Regime Provokateure schicke, um ihren Protest zu diskreditieren, sagen sie an den Sperren. Meist ist es ein fröhliches Abtasten und Durchsuchen. Manchmal aber trifft man auch auf herrische Halbstarke, die es genießen, nun selber mal ein bisschen Macht zu haben, die Pässe sehen wollen oder Leute abweisen. »Ihr klingt schon fast so wie die, gegen die wir demonstrieren«, warnt ein älterer Sudanese. Hinter den Sperren hat sich ein Zeltcamp gebildet, das so etwas ist wie eine Dauerausstellung derer, die unter dem Regime zu leiden hatten, die Opfer al-Baschirs, die nun zum ersten Mal so richtig offen berichten dürfen, was ihnen widerfahren ist in den vergangenen Jahrzehnten. Frauenrechtsorganisationen berichten über häusliche Gewalt, Ärzteverbände über den Zusammenbruch des Gesundheitssystems. An einer Ecke hat eine Gruppe aus Darfur einen Stand aufgebaut, eine Region, in der Reitermilizen im Auftrag des Regimes die afrikanischstämmige Bevölkerung verfolgten und zu vernichten versuchten. Sie haben Banner aufgehängt, auf denen die Opfer des Konflikts zu sehen sind, Fotos, die bisher nicht gezeigt werden durften. Ein junger Mann erzählt, wie das war, als die arabischstämmigen Milizen vor fast 15 Jahren in sein Dorf kamen und den Vater ermordeten. »Die Verbrechen wurden nie im ganzen Land bekannt, weil das Regime die Medien manipuliert hat, jetzt ist es Zeit für Gerechtigkeit.« Nur einen Stand weiter stehen die Opfer aus den Nuba-Bergen, auch dort ließ das Regime seine Gegner massenhaft hinrichten. Sie alle wollen nun gehört werden – und werden nun auch gehört.

Den ganzen Tag ziehen kleine Gruppen zum Platz des Protestes, die Vereinigung der Lebertransplantierten ist darunter, am Nachmittag hängt dann auch die sudanesische Bankervereinigung ihre Fahnen auf. Plötzlich wollen alle dabei sein, plötzlich waren alle im Widerstand.

»Früher waren wir vor allem als Frauen mit unserem Protest am Rande der Gesellschaft, nun sind wir plötzlich in der Mitte«, sagt Islam Yousef. Ein ganzes Land ist gerade dabei, sich neu zu sortieren, es ist eine Revolution, die bis in die Familien geht. »Mein Vater ist bekennender Islamist. Er hat mir immer wieder gesagt, ich soll nicht auf die Demonstrationen gehen«, erzählt Yousef. Wie viele der älteren Männer habe er die Angst, dass die Revolution auch den politischen Islam hinwegfegen wird. Für den Vater ist der Protest der Tochter nichts anderes als »Kommunismus«, was im Sudan auch eine Chiffre ist für alle, die gegen die Islamisten sind. Für Freitag hatte sich Yousefs Vater zu einem Gespräch bereit erklärt, nach einem Treffen mit seinen Gefährten der Baschir-Partei, die besprechen wollten, wie es weitergeht. Als er nach Stunden nicht ans Telefon geht, macht sich die Tochter Sorgen, später verschickt sie Facebook-Videos, die zeigen, wie Demonstranten das Treffen der Baschir-Partei stürmen, Yousefs Vater soll verhaftet worden sein. Die Revolution der Töchter bringt die Väter ins Gefängnis.

Togo

Wünsch dir was –
in Lomé gibt es den größten
Voodoo-Markt der Welt.

Einwohner: 8 Millionen
Wirtschaftswachstum: 4,8 Prozent
Unabhängigkeit: 1960
Anzahl chinesischer Restaurants: Drei.
Nationalgericht: An der Küste gibt es gegrillte Krabben mit Chilisoße.
Das sollte man gesehen haben: Marché des Féticheurs – der größte Markt für Voodoo-Zubehör der Welt.
Das muss man wissen: Die deutschen Kolonisatoren wollten Togo zu einer »Musterkolonie« machen. Ein Wort, das jeder Togolese kennt.
Darüber redet das Land: Nachdem die Fußballnationalmannschaft die Qualifikation zum Afrika-Cup verpasst hat, wollen die Fans einen einheimischen Trainer. Die Ausländer sind teuer und bringen nichts.

Sagbata sitzt in einer kleinen Hütte auf einem Kissen, die Beine verschränkt. Neben ihm steht ein etwas unübersichtlicher Altar, auf dem Figuren liegen, getrocknete Schlangenhaut und mehrere keine Fläschchen. Sagbata läutet mit einer eisernen Glocke und murmelt etwas, damit die Geister den Gast gnädig empfangen. »Warum kommst du zu mir?«, fragt Sagbata und schaut mich erwartungsvoll an. Auf dem Kopf trägt er eine bunte Kappe, die einen an den Karneval denken lässt, auf seiner Stirn haben sich schon ein paar Schweißperlen gebildet.

Es ist noch früher Morgen in Lomé und doch schon mehr als 30 Grad heiß. Die kleine Hütte von Sagbata steht am Rande des Marché des Féticheurs, des größten Marktes für Voodoo-Zubehör der Welt. Um einen sandigen Platz herum gruppieren sich ein Dutzend Stände unter Wellblechdach, in den Auslagen gibt es Krokodilköpfe und Schlangenfleisch, getrocknete Vögel und die Zähne einer Python – alles also, was man für eine kleine Voodoo-Zeremonie im Haus haben sollte. Die Stände sind so etwas wie Apotheken dieser Religion, dahinter sitzen die Priester, die Rezepte ausstellen, für alle Belange des Lebens.

»Also, was kann ich tun«, sagt Voodoo-Priester Sagbata, ein Mann von 50 Jahren, dessen Haut gegerbt wie Leder wirkt. Ich berichte von den Problemen mit der Hüfte. Sagbata überlegt kurz und empfiehlt dann Schlangenfleisch, zu Pulver gerieben, dann bitte verdünnen und in Alkohol einlegen, nach ein paar Stunden dann täglich trinken. Sagt Sagbata bestimmt, das werde helfen. »Sonst noch etwas«, fragt er und erklärt, in welchen Lebenslagen er noch helfen könne, umreißt seine Spezialgebiete: Sicherheit auf Reisen, Schutz vor Gedächtnisverlust, Unversehrtheit von Haus und Hof und natürlich Potenzsteigerung, er holt ein Stöckchen von seinem Altar, das man reiben und dann mit Wasser einnehmen müsse. »Dann kannst du ficken wie ein Pferd«, schreit sein Assistent plötzlich aus der Ecke. Das müsse ich erst zu Hause absprechen, antworte ich. In Ordnung, sagt der Priester Sagbata.

Er hat recht wenig zu tun mit diesen zwielichtigen Gestalten, die man aus amerikanischen Horrorfilmen kennt, die Nadeln in Stoffpuppen stecken, um sie zu verhexen.

»Das mache ich nicht, das macht hier niemand«, sagt Sagbata. Für Leute wie ihn ist Voodoo vor allem eine positive Religion, die Menschen hilft, Probleme löst und das Leben verbessert. Millionen Menschen bezeichnen sich in Westafrika als Voodoosi, als Anhänger des Glaubens, der in Benin eine offizielle Religion ist und in Togo seinen größten Fetischmarkt hat.

Voodoo, ursprünglich Vodun, bedeutet erst einmal nichts anderes als »Gott« oder »Geist«, es ist eine Religion, deren Traditionen und Gebräuche mündlich weitergegeben werden. Voodoo ist alles: Geburt und Leben, Alltag und Banalität. Eine Frau kann dafür beten, dass sie schwanger wird, ein Junge dafür, dass sein Fußballverein die Meisterschaft gewinnt. Alles ist möglich, oberstes Ziel ist ein glückliches Leben. Ganzheitlich würde man das heute wohl nennen. Es gibt wenig konkrete moralische Vorschriften, wie man zu leben hat, wichtig ist, den Göttern und Geistern Kraft zu geben, durch Opfer und Gebete. Verlieren die Götter ihre Kraft, verlieren sie ihre Macht, das Leben zu beeinflussen.

An der Spitze der Götter steht der Schöpfer Mawu-Lisa, ein Zwitterwesen, mit dem der Mensch nicht direkt in Kontakt treten kann. Eine Führungsebene darunter stehen die etwa 400 Götter und Geister, die für alle Lebenslagen zuständig sind. Es gibt Shango, den Wettergott, und Gu, den Eisengott, der sich in den vergangenen Jahrzehnten der Moderne angepasst hat, der für alles verantwortlich ist, in dem Eisen steckt, also auch für Waschmaschinen und Computer. Wenn Letzterer kaputt ist, geht man zur Werkstatt oder zum Heiler, am besten zu beiden.

Es gibt in Togo viele, die in der Öffentlichkeit Voodoo als etwas hinterwäldlerisch abtun, als etwas, das vielleicht in der Provinz noch praktiziert wird, aber doch nicht in der aufgeklärten Großstadt – die dann aber doch hin und wieder zum Voodoo-Priester gehen, sicher ist sicher.

Es gibt Priester, die in Trance verfallen, denen dann erscheint, warum ihr Patient von Leiden befallen ist, es gibt welche, die Muscheln werfen und aus ihnen lesen oder Träume deuten.

Ich hatte schon in Benin den Tempel der Pythons besucht, einen der heiligsten Orte der Voodoo-Religion. Die Schlangen sollen der Mittler sein zwischen Erde und Himmel, der direkte Draht zu den Göttern. Um die Begegnung mit den Schlangen für den Menschen angenehmer zu machen, wurden ihnen die Giftzähne gezogen. Die Schlangen liegen im Schatten in einem kleinen Rundhaus, alle auf einem Haufen. Der Priester ist so freundlich, mir eine um den Hals zu hängen, man spürt die Wirbelsäule der Schlange, das Blut pochen, das durch ihren Körper fließt – danach darf ich etwas Geld in eine Ecke werfen und mir etwas wünschen, das dann in Erfüllung geht. Ich wünsche mir, dass Liverpool die Champions League gewinnt. So soll es sein, sagt der Priester.

Und so kam es dann auch. Was aber zu der Frage führt: Warum geht es Ländern wie Togo und Benin nicht besser, wenn sie Religionen haben, die doch keine Wünsche offenlassen? Die Antwort des Priesters: weil die Menschen in Sünde gelebt haben, weil sie den Göttern zu wenig geopfert haben – so ähnlich hatte man das auch schon in anderen Religionen gehört.

Ich könne den Zustand der Sittenlosigkeit nun wenigstens ein bisschen ändern, sagt der Priester. Er holt ein paar Fetische hervor, die mein Leben verbessern oder zumindest beschützen würden. Ein Fetisch kann ein kleines Stöckchen sein, um das etwas Tierhaut gewickelt ist, oder ein Stoffkissen mit ein paar Muscheln darauf, alles in Handarbeit des Priesters hergestellt: Es sind Stellvertreterobjekte, in denen sich die Kräfte der Götter sammeln und auf mich übertragen sollen. So wie die Esoteriker in Europa Heilsteine und Amulette benutzen.

Ich entscheide mich für zwei Stöckchen aus rotem Holz, die mit Leder zusammengebunden sind, von welchem Tier das Leder stammt, kann nicht unmittelbar geklärt werden. Der Priester nickt, nun gilt es, den Preis zu bestimmen. Darüber entschieden letztlich die Götter, so der Priester, er übermittle die Entscheidung durch würfeln, er lässt ein paar Muscheln auf den Boden fallen. Das Opfer, das von mir verlangt wird, beträgt genau 20.000 Franc, umgerechnet etwa 30 Euro. Man kann davon ausgehen, dass die Muscheln auch so fielen, wie sie es taten, weil ein weißer Mann vor dem Priester saß. Fünf Euro habe ich, sage ich dem Priester, es wird lange gefeilscht und sich schließlich auf diesen Betrag geeinigt. Die Götter mögen keinen Streit, sagt der Priester. Er schlägt eine Glocke, legt das Hölzchen in eine Schale, dann muss ich es in die Faust nehmen und dreimal an mein Herz schlagen. Jetzt sei ich auf Reisen sicher, sagt der Priester.

Es sind die kleinen und großen Ängste, mit denen die Religionen seit Jahrhunderten spielen.

Wer an die Geister glaubt und an die Götter, findet für alles eine Erklärung, im Guten wie im Schlechten. Bekommt man ein Kind, dann hat man die richtigen Opfer gebracht, und die Götter haben die Schwangerschaft ermöglicht. Was aber, wenn der erhoffte Erfolg nicht kommt? Wenn der Nachbar reicher ist oder mehr Kinder hat, wenn ihm die Götter mehr gewogen sind? Dann kommen der Neid und die Missgunst, die Überzeugung, dass etwas nicht mit rechten Dingen zugegangen ist, man selbst betrogen wurde. Helfen muss wieder

der Priester, Voodoo wird zur Hexerei, der Nachbar soll mit einem bösen Zauber belegt werden, der erfolgreichere Kollege mit einem Fluch. Es ist erstaunlich, wie weit das, was wir als Aberglaube oder Hokuspokus bezeichnen würden, auch bei manchen gebildeten Afrikanern verbreitet ist, wie groß die Angst ist, verhext zu werden. Als die afrikanischen Teams zur Fußballweltmeisterschaft nach Deutschland fuhren, hatten sie alle eigene Magier und Hexenmeister dabei, die die Spieler der anderen mit einem Fluch belegten und die eigenen verhexten Spieler von ihm befreiten. Öffentlich reden tut man über diese dunkle Seite des Voodoo eher nicht, man praktiziert ihn im Geheimen, in den dunklen Hütten der Vororte.

Der vorzeigbare Voodoo hingegen lebt in einer erstaunlichen Koexistenz mit den neuen Religionen, dem Christentum und auch dem Islam. In Togoville haben die deutschen Kolonialisten 1910 eine große Kirche gebaut und viele Bewohner zum Protestantismus missioniert, ein paar Jahrzehnte später ließen die französischen Besatzer viele Togolesen zum Katholizismus konvertieren und weihten die Kirche um. Papst Johannes Paul II. besuchte sie 1985, man kann noch heute den Steg zum See sehen, den sie zu Ehren des Papstes bauen ließen, damit der Heilige Vater keine nassen Füße bekommt. Im Togosee selbst soll den Anwohnern einige Jahre zuvor die Jungfrau Maria auf einem Holzboot erschienen sein. Weil Holz in dieser Witterung nicht ewig hält, haben die Bewohner das Boot einbetonieren lassen, es steht links neben der Kirche.

Ein paar Meter weiter finden sich die Altäre, auf denen zu besonderen Anlässen ein Huhn oder ein Schaf geopfert wird, man sieht noch das getrocknete Blut. Sonntags in die Kirche und am Mittwoch zum Voodoo-Priester, das ist hier kein Widerspruch, sondern eine sinnvolle Ergänzung.

Das Marienwunder hat der Vatikan offiziell anerkannt. In Togoville, am Ufer des Sees, fragen manche aber hinter vorgehaltener Hand, ob es nicht doch ein Voodoo-Geist gewesen sei, der sich da in Wahrheit gezeigt habe.

Uganda

Mama Africa – zu Besuch
bei der Mutter von 38 Kindern.

Einwohner: 39 Millionen
Wirtschaftswachstum: 6,2 Prozent
Unabhängigkeit: 1962
Anzahl chinesischer Restaurants: Mehr als 20.
Nationalgericht: TV Chicken, Hähnchen, das in einem Ofen geröstet wird, der an einen Fernseher erinnert.
Das sollte man gesehen haben: Den Victoriasee.
Das muss man wissen: Mit Idi Amin, dem Schlächter von Afrika, hatte Uganda einen der übelsten Diktatoren des Kontinents, der sich auch noch für den König von Schottland hielt. Seit einigen Jahrzehnten ist das Land aber zumindest recht stabil.
Darüber spricht das Land: Schafft es der bekannte Rapper Bobi Wine, der nächste Präsident zu werden?

Was ich denn so schreiben wolle über Uganda, fragt der Grenzbeamte am Flughafen. »Ich hoffe nur das Beste«, schiebt er mit ernstem Blick hinterher. Ich erzähle ihm wahrheitsgemäß, dass ich vorhabe, eine Geschichte zu schreiben über eine Frau, die 38 Kinder bekommen hat. Der Beamte schaut mich an, als habe er die Vermutung, ich sei betrunken oder sonst nicht ganz dicht, er lässt sich die Zahl wiederholen, die schon seit Tagen im Internet durchgereicht wird. »Nie davon gehört«, sagt der Grenzbeamte, der den Eindruck macht, als müsse er überlegen, ob diese Zahl für Uganda nun eine positive Nachricht ist, eine Art Rekord, oder eher nicht, das Land vielleicht etwas hinterwäldlerisch dastehen lässt? Schließlich winkt er mich durch.

Mit einem Taxi fahre ich etwa vier Stunden in die Provinz, anfangs sind die Straßen breit und gut, später eng und schlammig. Immer wieder müssen wir anhalten, nach dem Weg fragen, in der Welt da draußen ist die 38-fache Mutter eine Berühmtheit, in Uganda noch nicht. Was auch daran liegt, dass ich in ihrer Heimatregion den falschen Namen nenne, wenn wir fragen, ob jemand den Weg zu ihr kennt.

Ärzte vermuten, dass bei der Uganderin ein genetischer Defekt dafür sorgt, dass innerhalb eines Zyklus mehrere Eizellen gleichzeitig heranreifen. Mariam Nabatanzi Babirye, so hatte sie in der ugandischen Zeitung geheißen, deren Bericht dann um die Welt ging. In ihrem Dorf kennt man sie aber vor allem unter dem Namen: Nalongo Muzaala Bana – »Die, die Zwillinge kriegt«, denn mit Zwillingen hat es angefangen, als sie zwölf oder dreizehn war. Dann kamen die Drillinge, die Vierlinge. Immer mehr. Jetzt ist Mariam 37 Jahre alt und hat 38 Kinder. Wohl keine lebende Mutter auf der Welt hat so viele Kinder, weshalb ich sie besuchen wollte.

Als ich ankomme, sitzt sie mit einigen Kindern auf der Schwelle zu ihrem Wohnzimmer und scheint nicht erstaunt zu sein.

Was es denn zu essen gebe und wann, fragt die Mutter eines ihrer 38 Kinder. »Bohnen, bald«, sagt Jagat, der an den Kochtöpfen steht und der so heißt, weil er zu einer Zeit geboren wurde, in der die Mutter gerne eine indische Fernsehserie angeschaut hat, in der ein Jagat der Hauptdarsteller war.

»Ich brauche etwas, an das ich mich erinnern kann, sonst verliere ich den Überblick«, sagt Mariam Nabatanzi Babirye. Auf ihrem Schoß liegt Eduard, der so genannt wurde, weil der Vater den Namen über das Telefon durchgegeben hatte. Weil der Vater aber ein Säufer ist, ein Schläger und ohnehin fast nie da, heißt Eduard, 6, nun Kityamuwesi, was in Uganda »Trotz allem geht es weiter« heißt. »Das konnte ich mir besser merken«, sagt Mariam.

Man tuschelte ein bisschen unter den Nachbarn und in der Moschee, das schon, mehr war da aber nicht – bis der *Daily Monitor* aus der Hauptstadt im Frühjahr 2017 vorbeischaute. Und eine große Geschichte schrieb, die sich dann um die ganze Welt verbreitete.

Die ist doch irre, sagten die Leser in England. Das kann doch nicht sein, sagten die Leser in China. Wie soll das gehen?, fragten die Leser in Deutschland.

Mariam Nabatanzi Babirye sitzt auf der kleinen Steinstufe vor ihrem Haus und macht die Wäsche. Für sie hat sich die Welt nicht verändert. Aber ihre Geschichte hat die Welt verändert, ein kleines bisschen zumindest. Wahrscheinlich keine lebende Frau hat so viele Kinder von einem einzigen Mann bekommen. »Es rufen Leute an und fragen nach meiner Familie, wollen alles Mögliche wissen, ob die Zahl wirklich stimmt«, sagt sie.

Zwei Kinder liegen auf ihrem Schoß und werden von ihr gestreichelt, vier Kinder toben in einem engen, dunklen Raum, drei stehen bei den Kochtöpfen in der Küche, drei sitzen vor dem Fernseher. Ein halbes Dutzend rennt durch den Hof mit tiefrotem Lehmboden. Ein Älterer trägt ein Özil-Trikot, lehnt an der Hauswand und schaut sich das alles mit verschränkten Armen an. »Die anderen sind bei Verwandten untergekommen oder spielen gerade mit Freunden«, sagt Mariam und schaut ein wenig traurig, so, als wären ihr gerade einige Beweisstücke abhandengekommen.

»Eigentlich wollte ich sechs Kinder«, sagt sie. Eine überschaubare Familie, einen netten Mann. Ein anderes Leben als das ihres Vaters, der mit verschiedenen Frauen um die 60 Kinder habe. Eine der Frauen habe damals Glassplitter ins Essen gemischt, vier Kinder starben, Mariam nicht. Mit zwölf sei sie verheiratet worden, weil das Geld nicht reichte. Der Mann, fast 30 Jahre älter, habe sie misshandelt und geschlagen. Es kamen sechs Zwillinge, vier Drillinge, drei Vierlinge und zwei einzelne. Der Älteste ist 23 Jahre alt, die Jüngste 4 Monate.

Sie alle leben zusammen in sechs aus Stein gemauerten kleinen Häuschen. Die Kinder schlafen auf dem Boden, es gibt ein altes Sofa und einen Fernseher mit Satellitenempfang. Manche Fenster haben Glas, manche nicht, hinter dem Haus steht eine einfache Toilette.

Wie das geht, 38 Kindern eine Mutter zu sein? Das Wichtigste sei, sagt Mariam, dass sie keinen bevorzuge, denn »dann würde alles zerbrechen«, und manchmal sei sie gar nicht Mutter, »sondern eher Tante oder Freundin, die Streit schlichtet oder freundschaftlichen Rat gibt«. Im Haushalt hat jedes Kind seine Aufgabe. Morgens machen die Kleinen den Tee, die Größeren das Feuer, die darüber kontrollieren die Hausaufgaben. Sie holen Holz, sie machen das Essen. Mariam selbst ist die Koordinatorin des Ganzen. Und wenn es gerade nichts zu koordinieren gibt, dann macht sie die Wäsche oder schaut, dass etwas Geld ins Haus kommt. Sie ist eine Art Heilerin, behandelt ihre Kunden mit Pflanzen und Kräutern. Auf der Veranda sitzt gerade ein Ingenieur aus der Umgebung mit seiner schwangeren Frau, sie hat einen Ausschlag am Fuß. Sie könnten sich ein Krankenhaus leisten, aber sie kommen zu Mariam.

»Das Wissen der Kräuter hat mir geholfen, meine Kinder selbst zu behandeln. Wenn sie krank waren, habe ich einen Sud aufgesetzt und alles war gut.« 37 Kinder hat sie zu Hause bekommen und nur das letzte in der Klinik, mit einem Kaiserschnitt. Als sie aufwachte, fragte sie die Ärzte, ob es denn eine Möglichkeit gebe, dass sie keine Kinder mehr bekomme? Sie würde keine mehr kriegen, sagten die Ärzte, man habe die Gebärmutter entfernt.

Die hohe Kinderzahl, sagt Mariam auf ihrem Hof, hätte irgendwie in ihrer Familie gelegen. Verschiedene Verhütungsmethoden hätten bei ihr nicht funktioniert, von der Spirale musste sie erbrechen. Vor ein paar Jahren sei sie in ein Krankenhaus gefahren, ob man etwas machen könne, habe sie gefragt. Ein Arzt habe dann festgestellt, die Eizellen stauen sich bei ihr, was gefährlich sei: »Man hat mir gesagt, ich würde sterben, wenn ich nicht weiter Kinder produziere.«

Ihr neuer Arzt sagt, dass es natürlich Möglichkeiten gegeben hätte, ihr auch anders zu helfen. Das alles kann man nun in der Hauptstadt in der Zeitung lesen, weshalb der Minister für Ostafrikanische Kommunalangelegenheiten, der ehemalige Ehrenwerte Richter Kirunda Kivejinja, zum Telefon griff und sich bei Godfrey Lugaaju meldete, der die Geschichte für den *Daily Monitor* entdeckt hatte, und ihn in sein Büro bat.

Was denn da draußen in der Provinz los sei? Warum eine Frau 38 Kinder bekomme, ohne dass die Regierung davon wisse, fragte er den Reporter. Der Minister holte den lokalen Repräsentanten der Regierung im Dorf von Mariam ans Telefon und machte ihm klar, dass es nicht sein könne, dass Frauen in Uganda 38 Kinder bekommen, ohne dass die Regierung davon wisse. Im Ministerium wurde daraufhin eine Arbeitsgruppe gegründet, die nun beraten will, wie mit Mariam und ihren 38 Kindern umzugehen sei.

Einerseits ist es eine Frage des Nationalstolzes, eine Frau zu haben, die so viele Kinder von nur einem Mann bekommen hat, wie keine andere auf der Welt. Andererseits ist der Mann nicht unbedingt Teil des Nationalstolzes und die Regierung gerade eher dabei, die Zahl der Geburten zu reduzieren. Bald soll dem Kabinett ein Konzept vorgelegt werden. Ein Anfang wäre natürlich, Mariam finanziell zu unterstützen.

Bisher bekommt sie nichts vom Staat. Und nichts von der muslimischen Gemeinde, die sie wegen der Kräuter als Hexerin beäugt. Fast alle ihre Kinder gehen zur Schule. Manchmal mit leerem Magen. Vor einigen Jahren sei ein Weißer da gewesen, von einer Hilfsorganisation, und habe ihr eine Gratisoperation für den herzkranken Jungen angeboten. Aber es wurde dann doch nichts daraus.

So oder so, sagt Mariam, es sei, wie es sei. »Ich liebe alle meine Kinder. Ich will sie alle um mich haben.« Was ihre Pläne sind? Das ganze Zimmer fängt an zu lachen, die Töchter, die Söhne und auch die Schwiegertochter, die den ersten Enkel geboren hat.

»Klar hätte ich gerne wieder einen richtigen Mann.« Ihren hat sie lange nicht mehr gesehen, aber losgesagt hat sie sich auch nicht, hat sie nie in all den Jahren, weil man das nicht macht. »Aber ein anderer Mann würde kaum so viele Kinder wollen.« Dann kommen die warmen Bohnen.

Am Abend fahre ich in die Hauptstadt Kampala zurück, eine andere Welt. Die Stadt liegt auf sieben Hügeln über dem Victoriasee, in der Innenstadt stehen moderne Bürogebäude, zum See hinunter schöne Villen mit riesigen Gärten. Viele Eltern hier haben eher drei Kinder als 38, mit jedem Kilometer Entfernung zum Dorf der Mutter Mariam wird die Geschichte unwirklicher, frage ich mich mehr, ob ich ein Detail übersehen habe, ob die Mutter vielleicht doch Teil eines Betruges war. Aber zu welchem Zweck? Die Nachbarn hatten ihre Geschichte bestätigt, Ärzte in der Hauptstadt auch, die davon ausgehen, dass es bei Mariam Nabatanzi Babirye immer zu einem mehrfachen Eisprung gekommen ist.

Nach meinem Besuch gab es zwei Spendenaufrufe im Internet, die insgesamt fast 10.000 US-Dollar einbrachten, eine riesige Summe für die 38-fache Mutter. Einerseits, teilt man es durch die Anzahl der Kinder, dann sind es 263 US-Dollar pro Kind, was auf ein Jahr verteilt gerade mal 70 Cent pro Tag sind. »Es geht ihr besser«, sagt Godfrey Lugaaju, der Journalist des *Daily Monitors*, der als Erster über sie berichtet hatte. »Es gibt Leute, die ihr Kleider spenden und sich um sie kümmern. Aber es ist immer noch hart, die Schulgebühren bleiben ihr größtes Problem.«

Rein formal gesehen gibt es in Uganda bis zum Ende der Grundschule keine Schulgebühren. In der Realität müssen die Eltern viele Beiträge zahlen, für Essen, für Uniformen und Bücher. Für uns sind das nur ein paar Dollar im Monat, für viele in Uganda ein paar Dollar zu viel. In Kampala schicken daher viele Eltern aus den ärmeren Schichten ihre Kinder zur Bridge International Academy, wo sie insgesamt etwa fünf US-Dollar im Monat bezahlen und dafür auch ein warmes Essen am Tag bekommen. Die Schule ist ein kleiner grüner Klotz mit Wellblechdach, die Kinder tragen grüne Uniformen, die Lehrer halten ein Tablet in der Hand, auf dem sie den Lehrinhalt ablesen.

An etwa 500 Schulen in Afrika und Indien läuft der Unterricht genauso ab, sehen die Gebäude gleich aus, es ist Pädagogik von der Stange. Zwei Absolventen einer Eliteuni haben sich das System ausgedacht und ihre Schulen Bridge International genannt. Mark Zuckerberg und Bill Gates gehören zu den Investoren, die insgesamt mehrere Hundert Millionen US-Dollar bereitgestellt haben.

Die standardisierten Gebäude, Uniformen und Lehrpläne sollen Kosten sparen. Die Lehrer wählen sich jeden Morgen auf ihrem Tablet ein, so kann man gleich noch kontrollieren, ob sie auch zum Unterricht erscheinen, denn das ist das große Problem: Studien belegen, dass in vielen afrikanischen Ländern nur etwa 50 Prozent der Lehrer zum Dienst erscheinen, viele bleiben daheim, weil die Regierung kein Gehalt überwiesen hat. Ein ewiger Kreislauf, der schwer zu durchbrechen ist. Bridge International kommt nach eigenen Aussagen auf eine Anwesenheitsquote von mehr als 90 Prozent, sie zahlen den Lehrern geringere Löhne als die staatlichen Schulen – aber eben immer pünktlich.

Viele Eltern aus den unteren Einkommensschichten sind begeistert von Bridge. Lokale und internationale Gewerkschaften hingegen sehen den Teufel am Werk, der Schulkonzern zahle nur Dumpinglöhne und trage mit seinen immer gleichen Unterrichtsplänen nicht dazu bei, dass Kinder nicht nur auswendig lernen, sondern auch hinterfragen lernen.

In Uganda lässt die Regierung die Schulen immer mal wieder schließen, angeblich wegen fehlender Genehmigungen, dann dürfen sie wieder aufmachen.

Mariam Nabatanzi Babirye hatte nie das Geld, ihre Schulausbildung abzuschließen, sie hofft, wenigstens ein paar ihrer 38 Kinder durchzubringen.

Haben Sie eine Lieblingsinsel?

Fenna Williams sammelt Inseln aller Art: Klassiker wie Capri, das die Sehnsucht nach dem Dolce Vita auslöst, unberührte Inseln wie Solentiname in Nicaragua, karge Eilande wie Jura im rauen Norden Schottlands, auf dem einst George Orwell »1984« schrieb, oder auch solche, die man aufgrund ihrer naturgegebenen Isolation als unentrinnbare Gefängnisse kennt, wie Robben Island. Fenna Williams sammelt sie mit dem Antrieb einer Weltreisenden, mit der Finesse einer Literatin und dem Forscherinteresse einer Krimiautorin. So werden die Inselepisoden zu einer großen Schatzkiste der Landeskunde und Weltgeschichte.

FENNA WILLIAMS
DIE INSELSAMMLERIN
240 Seiten · 14,5 × 21 cm
Hardcover mit Schutzumschlag
ISBN: 978-3-99055-016-8 · € 24,00

Mann trifft Kröte

Eine Schildkröte könnte Geschichten erzählen, von denen der Mensch, im Vergleich dazu ein Jüngling auf Erden, nur träumen kann. Diesen Geschichten auf die Spur zu kommen, war Peter Laufers Ansinnen. Er erzählt von der ersten Begegnung zwischen dem Menschen und dem gepanzerten Reptil, bis hin zur Realität des Schildkrötenlebens, das untrennbar mit dem ökologischen Schicksal der Meere und dem Klimawandel verknüpft ist. Ein Aufruf für die Zukunft unseres Planeten einzutreten, ein Memento der Achtsamkeit und die Geschichte einer Freundschaft.

PETER LAUFER
DER TRAUM DER SCHILDKRÖTE
336 Seiten · 14,5 × 21cm
Hardcover mit Schutzumschlag
ISBN: 978-3-99055-017-5 · € 24,00

So kommt das Salz ins Meer und andere meerkwürdige Geschichten

Die Meere bedecken drei Viertel der Oberfläche unseres Planeten. Die See und ihre Lebewesen formen ihre Welt unter Wasser. So weit, so bekannt. Aber wer weiß schon, dass die Weißen Klippen von Dover ein Werk von Mikroalgen sind? Oder dass Algen keine Pflanzen sind, sondern einfach Algen und ökologisch betrachtet zu den erfolgreichsten Organismen auf dem Planeten gehören? Und dass Seepocken auf Wellen zu den unwahrscheinlichsten Orten surfen, um sich allerorts anzusiedeln? Geschweige denn, wie der Tiefseefisch das Licht aufdreht?

TOM HIRD
OZEANOPÄDIE
352 Seiten · 14,5 × 21 cm
Hardcover mit Schutzumschlag
ISBN: 978-3-99055-004-5 · € 24,00